姑 苏 名 宅

著者：谢勤国　王家伦　陈建红
摄影：王之喆　王家伦　陈　勇

东南大学出版社
·南京·

图书在版编目(CIP)数据

姑苏名宅/谢勤国,王家伦,陈建红著.—南京:东南大学出版社,2015.4(2019.11 重印)
ISBN 978-7-5641-5605-3

Ⅰ.①姑… Ⅱ.①谢…②王…③陈… Ⅲ.①名人—故居—介绍—苏州市 Ⅳ.①K878.2

中国版本图书馆 CIP 数据核字(2015)第 058362 号

姑 苏 名 宅

出版发行	东南大学出版社
社　　址	南京市四牌楼 2 号　邮编:210096
出 版 人	江建中
责任编辑	刘庆楚
网　　址	http://www.seupress.com
经　　销	全国各地新华书店
排　　版	南京星光测绘科技有限公司
印　　刷	南京玉河印刷厂
开　　本	700mm×1000mm　1/16
印　　张	16.5
字　　数	310 千字
版　　次	2015 年 4 月第 1 版
印　　次	2019 年 11 月第 2 次印刷
书　　号	ISBN 978-7-5641-5605-3
定　　价	48.00 元

本社图书若有印装质量问题,请直接与营销部联系。电话(传真):025-83791830

自 序

"姑苏",曾是苏州的泛称,此命名亦缘于姑苏山、姑苏台,然而,"姑苏"在历朝历代中,从未作为一个行政区划的名字出现。明正德间,退休大学士王鏊编撰了一本《姑苏志》,记述苏州一府的方志文化,当即被另一个苏州名人杨循吉揶揄为"不通",因为方志必须以正式的行政区划名称来题名。

1982年国家公布第一批24个"中国历史文化名城",苏州名列其中。

2012年10月26日,苏州市姑苏区、苏州国家历史文化名城保护区成立大会召开。新成立的"姑苏区"合并了原平江、沧浪、金阊三个行政区,涵盖了苏州国家历史文化名城的全部范围。从此,"姑苏"正式成为行政区域的名字,这对区内历史遗存、文物古迹、文化遗产的全面保护是颇为有益的。

谈起苏州,最引人关注的自然是"苏州古典园林",到目前为止,已有9个单位被列入了"世界文化遗产名录"。对苏州园林,很多学者已对其进行了广泛深入的研究,在此过程中,有识之士发现私家园林与住宅是一个整体,对于人类生活而言,住宅是必须的,而"园"只是高级住宅的功能延伸部分。对"古典园林"的研究不遗余力,但对宅院的主体部分缺乏全面的调查和研究,未免有失偏颇。当"古典园林"被列入世界文化遗产之后,有识之士才发现古宅、古建筑才应该是国家历史文化名城中最可贵、最重要的文化载体。

本书力图将姑苏区内的一批"名宅"介绍给读者。"名宅"之"名",主要在于它们的主人大多是名人,有驰骋政界的风云人物、有情趣典雅的收藏专家、有涵盖各种门类的文艺大家,他们曾经在姑苏的历史上风起云涌,声名显赫。此外,一些宅院虽然主人名气不大,但规模宏大、建筑恢宏、装帧精美、陈设大气,因此,都入选我们书中的"名宅"。

这些"名宅"从建筑风格区分,主要有中国传统建筑和近代仿西洋建筑两大类。

中国传统宅院的规模用几"路(落)"几"进"来概括。以坐北朝南宅院为例,所谓的"路",指的是从最南面的前门直至最北面的后门连续的几座厅堂。豪宅东西平行数路,其中最重要的是正路。如路为奇数,正路居中,称中路。若路为偶数,正路偏西侧者居多。离正路最近的东面第一路称为"东一路",第二路称为"东二路"……同理,离正路最近的西面第一路称为"西一路"……"路"与"路"之间隔有"陪弄",也称备弄、避弄,陪弄上有屋顶,如果不点灯,黑乎乎的。奴婢前后进出走陪弄,不能从正路穿堂入室。

每一路从南至北依次排列着厅、楼、上下房,这些纵向排列的厅、楼的幢数称为"进"。"进"与"进"之间的空间称为"天井",那些特别狭小的"天井"被称为"蟹眼天井";讲究的"进"与"进"之间还有砖雕门楼。在空间有余的条件下,往北还可以建多"进"楼厅,但最后一"进"下房是平房。据我们所知,目前苏州古城区内最深的古宅为九"进"。

有些豪宅,"进"与"进"之间有厢房连接,有些厢房还有楼,称为"厢楼",如果前后两"进"的楼房可以通过"厢楼"直接来往,这两栋楼便称之为"走马楼"。所谓的"走马楼",就是两座或多座楼厅上下各自形成连通的空间,这样能省去从甲楼到乙楼下楼上楼的麻烦。最常见的是前后两楼构成"回"字形;也有多路、多进楼层相通的走马楼,今日的参观者,都为当年那些建设者独运的匠心惊叹不已。

豪宅正"路"第一进为"门厅",官宦富室之家,门厅前隔着小巷还建有影壁,也称照壁;第二进是"轿厅",乃贵宾进门下轿之所,主人出行之轿常放此厅;第三进为"大厅",即"正厅",是整个宅院最重要的建筑,正间挂匾额称"××堂",有宽敞明亮、气势宏伟、用材讲究的特点,此是主人会客、议事的场所。以上前三进属外宅,大厅北置石库门,门里便是内宅,男仆不得入内。第四进楼厅也称"内厅"或"女厅",是女主人接待女客之地,第五进楼厅称"堂楼",也有称"小姐楼"者,是主人家庭住房。

正"路"东西两侧的偏"路"不一定像正"路"一样规范,布局也有一定自由。往往设有花园,而花园后面的厅堂就称为"花厅"。

还有不得不说的是"轩",这里的"轩",指的是屋檐或殿堂前檐处。本书涉及的主要有弓形轩(详见《三茅观巷沈宅》)、船棚轩(详见《吴一鹏故居》)、茶壶档轩(详见《西北街88号》)、鹤颈一枝香轩(详见《西北街88号》)、双桁鹤颈轩(详见《彭定求故居》)等。

豪宅内建筑规式多样,功能齐全,可以满足主人生活中各种需求。清末,西风东渐,也有少数豪宅将某"进"改为洋楼的(详见《潘镒芬故居》)。

近代仿西洋建筑也有两大类,一类是独居式宅院,也像传统建筑前后几进。另一类是弄堂式公寓,在一个区域内构建多个风格相似的独家小院落。其共同的建筑特点是硬山式建筑,外立面为全平砌清水砖墙。独居式宅院多数开深井,建水塔,自有一套给水排水系统。弄堂公寓则以水井为生活水源,使用公共排水系统。

可惜的是,大量珍贵的古宅、古建筑已在历次政治运动和大规模城市建设中遭到不同程度的破坏,甚至化为乌有。钢筋水泥堆砌的高楼可以失而复得,但承载姑苏历史文化气息的古宅、古建筑一去而不能复返!待到觉醒时,有些已无可挽回。

本书的选宅范围,基本定在姑苏区的古城区内,极少数跨出护城河,但也限于"城墙根儿"。

关于宅子的分档,我们将"世界文化遗产"定为"五星"级,将全国重点文物保护单位定为"四星"级,将江苏省文物保护单位定为"三星"级,将苏州市文物保护单位定为"二星"级,将苏州市"控保建筑"和其他定为"一星"级。分档时限为2014年6月28日大运河申遗成功后的各级文物"搭车"升级。

本书中,基本上每宅独立成篇,尽量做到"图文并茂"。

但如何在书中排列这些名宅的顺序,我们颇费了一番心思。在多维度尝试未果的窘迫中,只能采取按宅子主人的生年先后排列(生年相同者按卒年排序)的顺序,虽不甚科学,却是无奈之举。对一些宅子主人不甚明了者,我们只能从中找出一个能够确定或大致确定的年份,将之作为排列的依据。这种排列方式也能比较客观地反映出这些宅子的"年龄",让读者与探索者有感性认识。

清代,苏州古城周边有三个行政县,分别为吴县、长洲县和元和县,疆界犬牙差互,但三个县的县衙门都在苏州城里。辛亥革命后,这三个县合并为"吴县"。如今,"吴县"已拆分为"相城区"和"吴中区"两个部分。本书中,凡涉及到上述三个县,都直接称呼,前面不再冠以"江苏"或"苏州"。

"悟以往之不谏,知来者之可追",目前尚存的古宅、古建筑不能再遭受人为的破坏了,只有保护好我们祖祖辈辈薪火相传的老宅,才能让一代又一代苏州人走进老苏州的记忆,才能让更多的人了解苏州古城的历史,才能擦亮苏州文化的这张重要的名片。姑苏好,风景旧曾谙,我们相信,穿越太湖烟雨、岁月山河,那些融汇历史、散发文化气息的名宅,会更加可亲而厚重。

谢勤国

2014年10月

目 录

君子比德于玉，玉涵君子之德——吴一鹏故居 / 1
岂一词"风流"能说尽——唐寅故居 / 6
五峰园中觅"宅"踪——杨成故居 / 10
被"抢救"出来的省级文物——张凤翼故居 / 13
文人的才学，商人的机敏——申时行故居 / 17
状元正气追屈原——文震孟故居 / 22
硕果仅存，两座楼厅忆当年——宋德宜故居 / 27
从"孙岳颁场"到"松鹤板场"——孙岳颁故居 / 30
人间文福无双品，昭代科名第一家——彭定求、彭启丰故居 / 32
宜人的风水，破败的宅院——陆肯堂、陆润庠故居 / 36
寻找"德邻堂"的主人——吴士玉故居 / 39
眉寿堂前话"眉寿"——叶天士故居 / 43
君恩深似海乎？——沈德潜故居 / 47
诗礼继世，耕读传家——潘麟兆故居 / 51
气度不凡的"鲤鱼跳龙门"——东花桥巷汪宅 / 56
四时读书乐，尽得浮生趣——大石头巷吴宅 / 60
犹有书香润华堂——黄丕烈故居 / 66
"尚志堂"姓高，"采菽堂"姓吴——西北街88号 / 70
状元宰相误"南""北"——潘世恩故居 / 74
走近韩氏家族的老宅——韩崇故居 / 79
"很艺术"的学校中的名宅——许乃钊故居 / 82
寻觅隐于市的大隐——袁学澜故居 / 85
谈笑有鸿儒，往来无白丁——吴云故居 / 89

江南收藏甲天下,过云楼收藏甲江南——顾文彬故居 / 92
花落春仍在——俞樾故居 / 98
最完整的太平天国留存建筑——李秀成故居 / 102
耦园住佳耦,城曲筑诗城——沈秉成故居 / 107
残破不堪的正宅,独具情趣的别业——任道镕故居 / 111
无意于仕途,渔樵于山水——李鸿裔故居 / 114
海内三宝,潘有其二——潘祖荫故居 / 118
祖居前的叹息,新宅中的费解——吴大澂、吴湖帆故居 / 122
姑苏建筑"西风东渐"的实证——三茅观巷沈宅 / 126
沉浮于外交漩涡的状元——洪钧故居 / 130
亦官亦商,亦中亦洋的弄潮儿——盛宣怀故居 / 134
败落的老宅,兴盛的家族——王颂蔚故居 / 140
任期最短的国务总理——李经羲故居 / 143
由借钱买书到卖书还债——邓邦述故居 / 147
杰出的战士,渊博的学识,另类的生活——章太炎故居 / 150
天香小筑驻风流——席启荪故居 / 156
"大挪移",是非功过凭谁说——丁春之故居 / 159
"吴门画派"烟火的延续——吴待秋、吴 木故居 / 163
酿畜树蔬,岂夺英雄之志——李根源故居 / 166
灌木楼宝藏的秘密——何亚农故居 / 169
著、度、演、藏各色俱全的曲学大师——吴梅故居 / 172
占尽小桥流水的风情——庞国钧故居 / 175
沉浮于宦海,驰骋于文坛——叶楚伧故居 / 178
"铁血"与"风雅"兼具的革命者——汪东故居 / 181
高风亮节的治黄专家——潘镒芬故居 / 184
红尘中的情节,绿荫下的茧庐——程小青故居 / 187
历史文化的守望者——顾颉刚故居 / 190
修旧如旧?修旧不如旧?——钱大钧故居 / 193
中学未曾毕业的复旦一级教授——郭绍虞故居 / 196
民国风情的遗存——顾祝同故居 / 199
风流总被,雨打风吹去——范烟桥故居 / 202

文学家的教育实践,教育家的文学创作——叶圣陶故居 / 205

延年阁前叹"延年"——周瘦鹃故居 / 209

龟玉岂容毁于椟——詹沛霖故居 / 213

江南第一读书人家——顾廷龙故居 / 216

从木渎首富到国民党政要——严家淦故居 / 219

以"舞"言志的艺术宗师——吴晓邦故居 / 222

雅集酬唱,吴文化的传承——韩家巷4号 / 225

深巷老宅,往事如烟——唐纳故居 / 228

从"蔡贞坊七号"到丽夕阁——蒋纬国故居 / 231

各档房型具备的民国建筑群——志仁里阙宅 / 237

喝水岂忘掘井人——沈惺叔故居 / 240

弦索玎琮,声声入耳——中张家巷沈宅 / 243

后　记 / 247

附录一:传统五路七进宅院布局示意图 / 249

附录二:姑苏名宅位置示意图 / 250

参考书目 / 252

星级指数：☆☆☆　　　　　　　　　　吴一鹏故居——船棚轩穿堂

君子比德于玉，玉涵君子之德

——吴一鹏故居

　　大唐宝历元年(825)，时任苏州刺史的诗人白居易为了解除洪涝之患，并方便百姓游览虎丘，组织开凿了一条山塘河，由阊门直通虎丘。挖出的泥土筑成河堤，这就是名闻遐迩的七里山塘。笔者不知当时是否有过强制拆迁，以致民怨沸腾的事情出现，但"自开山寺路，水陆往来频"却是不争的事实。河床疏浚、道路形成的结果是物流畅通，商业鼎盛，民居稠密。因此山塘街被誉为"姑苏第一名街"。姑苏百姓永远记住了白居易的恩典，刺史离任后，百姓就把山塘街称为"白公堤"。清康熙皇帝下江南，六次游历山塘；乾隆皇帝下江南，也曾五次游历山塘，写下了多首有关山塘的诗。乾隆二十六年(1761)，乾隆皇帝在太后70大寿时，特意在北京万寿山下以山塘街为蓝本仿建了一条苏州街；光绪二十二年(1896)，慈禧太后在颐和园中又再建了苏州街，还是山塘风貌。清乾隆时的著名画家徐扬创作的《盛世滋生图》长卷中的"一街"就是山塘街。

　　阊门、山塘街在《红楼梦》中被盛誉为"最是红尘中一二等风流富贵之地"，那么走进七里山塘，就不会忽略通贵桥的风采，因为通"贵"桥就是通向这"风流富贵之地"的桥梁。

除了通向"风流富贵"外，通贵桥还通向另一去处，那就是含义为"君子比德于玉"的江苏省文物保护单位——玉涵堂吴一鹏故居。

通贵桥南堍有一条通向西南与广济路交叉的临水小巷，叫做东杨安浜，东杨安浜16号，就是玉涵堂吴一鹏故居，俗称阁老厅。这是一座四路五进，坐北朝南的宅子，其主厅玉涵堂为明代遗构。

正路第一进门厅是楼房，石库门面向小河，四开间，门东侧就是江苏省文物保护标志牌。底层为保安办公室，二楼为"苏州市山塘历史文化保护街区综合管理办公室"的办公场所，按管理职能被分为几块。

"德音孔昭"砖雕门楼

门厅后有一座北向的砖雕门楼，额曰"德音孔昭"，此语出自《诗经·鹿鸣》："呦呦鹿鸣，食野之蒿。我有嘉宾，德音孔昭。""德音"，道德品行；"孔昭"，十分显著彰明。

第二进轿厅还是楼房，三开间，东西两侧各有厢楼，紧接砖雕门楼的两翼。厅后有一个上置船棚轩的穿堂，东西两侧窗户甚是明亮，通向一座外钉砖甲的院门，但紧闭着。透过门缝，能看到里面的主厅"玉涵堂"。

这座厅堂是苏州古城墙外唯一的一座明代建筑，堂名意为"君子比德于玉"，把玉比喻为修身的道德标准，体现了主人崇高的道德准则。笔者早就期待能一窥全貌，然而，未能如愿，我们只能引用张品荣先生的描述：

> 面阔三间17米，进深十二檩15米，是苏州地区现存较大的宅第厅堂，扁作梁架，青石鼓磴，东西山墙砖细墙裙，轩敞古朴，厅前青石板地坪，砖雕门楼与大厅正间相对，门楼砖雕精湛，上枋镂有"钦差巡视图"，24位人物栩栩如生，门楼两侧千斤墙全部用磨细方砖贴面，气势恢宏。

主厅后，还有第四、第五两进楼厅，呈走马楼结构，也暂不开放。

据说东路建筑为桃花坞木版年画工作室，这里不仅全面展示了发源于山塘的世界文化遗产申报项目——桃花坞木版年画,而且还全过程演示了此画制作的复杂的过程。但是大门紧闭,且门口没有牌子,我等无法一探究竟。

如今对游客开放的是西一路与整个宅院西北角的后花园。

西一路第一进也是楼厅,如今为参观游览的入口处。进门是一幅硕大的有关山塘风光的玻璃画屏,厅后,就是一座砖雕门楼,额为"孝思维则",《诗·大雅·下武》曰:"永言孝思,孝思维则。"大意为要牢记孝道,孝道就是生活的准则。

第二进还是楼厅,厅前两侧有走廊通向砖雕门楼的两翼。厅内较为宽敞,玻璃罩中置放着山塘模型,透过小桥流水和枕河的水巷风貌,生动形象地展现了山塘之美,远远胜于一般导游的泛泛之谈。甚至能在立体的模型中想象出夜游山塘的种种浪漫来:灯船画舫之上,三五好友把酒言欢,优雅的江南丝竹乐声融合在无边的月色里,歌依着水,水恋着船,虎丘恋影若隐若现,江南柔情此起彼伏……

第二进北面也是一座砖雕牌楼,额曰"绳其祖武",也出自《诗·大雅·下武》。"绳",作为准绳,继续;"祖",法则;"武",步,足迹。大意为踏着规范的足迹不断前进。二三两进西部呈走马楼结构,第三进东部没有厢楼。

在二三两进间的天井里,蹲着七只石狸,西四东三,暗指"七狸山塘"。山塘街全长约3 500米,俗称"七里山塘"。不过,"七里山塘"还有另外一种说法,即"七狸山塘"。传说朱元璋一统天下后,对曾作为张士诚割据势力大本营的姑苏城甚不放心,便命刘基(刘伯温)到处巡视。刘到苏州之后发现山塘河横贯在白堤旁,形似卧龙。他判断这里要出"真命天子",将来与朱元璋争江山,便在山塘河上修建了七座石桥,同时在每座桥旁还置放了一只石狸猫。其用意为七座石桥可以起到七把巨锁的作用,牢牢锁住龙身,而七只狸猫则分别用来看护七把"巨锁",如此朱家江山便可万年永固了……当然,此传说仅是无稽之谈,但山塘街确实有过七只石狸。如今,古石狸早已不知去向,通贵桥北堍东侧,有着一只重新雕凿安置的石狸,面向

西一路第二进楼厅

铜雕

北,形制古朴,据附近老人说,这只石狸的个头远远超过了过去的石狸。而在这座宅院里补上七只石狸,也许是想再度赋予山塘街一份传奇色彩吧。

第三进仍是楼厅,轩敞高大,气势宏伟。厅内有两根巨大的砖雕柱,东面一根雕着龙舟竞渡,西面一根雕着官员出巡。但能明显看出这两根样子很新的砖雕柱是"包装"出来的。厅内屏风上画有《百花精演戏图谱》,属桃花坞木版年画的风格。

第三进与第四进为走马楼结构,两进之间的天井为梯形,可以明显看出第三进阔,第四进窄。天井里有两个小孩斗蟋蟀的铜雕,形神俱备,颇有情趣。

第四进厅中央是一方巨大的澄泥砚,号称"中华第一澄泥砚",它有六个多平方米,在上面摆桌酒席绰绰有余;旁边,还悬挂着两枝"如椽巨笔"。楼上玻璃罩内,置放着如今玉涵堂全宅的模型。

从第四进向西,可以进入西二路的厅堂,却挂着"游客止步"的告示牌。

西一路与西二路的最北面,就是后花园。这座花园虽是新造的,却能看出设计者的良苦用心:整个花园以"梅"为主题。遗憾的是,园中梅树颇少耳。

花园的中部是假山池沼。池西南是"沁香亭",这座"沁香亭"由正中一座、四角四座正方形亭子五合一组建而成,东向联曰:"五瓣呈祥应透骨;千枝竞秀更传神。"喻的是梅香。

池北就是主厅"梅华草堂",南向抱柱联曰:"草堂胜韵,优游比邓尉浮香、孤山唤鹤;清客高标,襟抱如冰心映月、铁骨凌风。""梅华",即梅花;"邓尉",苏州的赏梅胜地,光福邓尉山;"孤山唤鹤",[宋]林逋隐居孤山,以梅为妻,以鹤为子;"高标",高耸,矗立;"襟抱",胸怀,抱负;"铁骨",坚挺的枝干,刚强不屈的骨气。

梅华草堂之北,是一座额为"天年其勇"的砖雕门楼,跨出这个门楼,就是广济桥了。

整个宅院,堂中玉涵,园内香沁。那宅子的主人又如何呢?无论从人品、官品和文品来说,吴一鹏当之无愧。

吴一鹏(1460—1542),字南夫,号白楼,长洲人。弘治六年(1493)进士,选庶吉士,授翰林院编修。正德年间,晋升为翰林院侍讲,充任经筵官。因得罪刘瑾,贬为南京刑部员外郎,后升任南京礼部郎中。刘瑾被诛后,复职为翰林院侍讲。此后加翰林院侍讲学士,历任国子监祭酒、太常卿。世宗初年,累擢礼部左侍郎,后任礼部尚书,入内阁典诰,为张璁、桂萼所忌,出任南京吏部尚书。两年后,朝廷弹劾王琼等人,吴一鹏等一并被弹劾,他于是请求致仕归里。嘉靖二十一年(1542)去世,享年八十三岁,谥文端。

吴一鹏

  吴一鹏为官正直,不阿权贵,为规范典章制度,竟敢耿然顶撞皇帝。他体恤民生民情,颇具乐善之心,曾发出"救疾苦,罢营缮,信大臣,纳忠谏"的呼吁。致仕后居家十四年,对乡里颇多义举,惠及乡民百姓。他作诗为文,效法唐宋,内容充实,有《吴文端集》四十卷。

  当我们准备走出这座宅院时,一群穿红着绿的青年男女随着导游涌了进来。然而,他们感兴趣的不是宅院的结构和主人的儒雅,却是那些用现代艺术符号诠释传统文化理念的高档设备,在"幻影成像"前感受"姑苏第一名街"的喧嚣和繁华。这,或许就是代沟吧。但是,用现代思维的布展技巧和高科技幻影成像手段再现山塘1 000余年的历史变迁和人文风情的步伐是否快了些呢?

* 小提示:
最靠近的公交车站站名:"山塘街""广济桥";轨道交通车站站名:"山塘街"

星级指数：☆☆　　　　　　　　　　　　　　　　　　　唐寅故居——唐寅祠大门

岂一词"风流"能说尽
——唐寅故居

"酒醒只在花前坐，酒醉还来花下眠。半醉半醒日复日，花落花开年复年。"提及这首《桃花庵歌》，就会想起唐寅（唐伯虎）。唐寅才华横溢，与祝允明、文徵明、徐祯卿并称"吴中四才子"或"江南四才子"；他还是明代著名画家，与沈周、文徵明、仇英并称为"明四家"或"吴门四家"；在苏州评弹中，他又与祝允明、文徵明和虚构出来的周文宾合称为"四大风流才子"。民间有很多关于唐伯虎的传说，最为人熟知的是"唐伯虎点秋香"的故事，曾多次被改编成各种戏剧，并拍成电视剧及电影。

唐寅(1470—1523)，字伯虎，又字子畏，以字行，号六如居士、桃花庵主、逃禅仙吏等，吴县人。唐寅出生于世商家庭，父亲唐广德在皋桥附近经营一家"唐记酒店"。明弘治十一年(1498)唐寅赴应天府乡试得中第一名，故当时皆称之谓"唐解元"。

资料记载,明弘治十八年(1505)唐寅置别业桃花庵,内有梦墨亭、蛱蝶斋、学圃亭等建筑。唐寅曾自称为"桃花仙人"。唐寅去世后,故居逐渐荒芜。清朝顺治初年,名医沈明生迁居苏州,买下此处,构筑梦墨亭、六如亭、桃花庵、蓉镜亭等建筑,时人仍称为"唐家园"。乾隆年间,僧人禅林、道心将这里改建为宝华庵,光绪年间又曾改作文昌阁。前几十年,唐寅故居一带发生了一系列变化,南侧的池塘原有两个,被称为"双荷花池",后来只剩西侧的一个,变成了"单荷花池",池水水质也不如以前。上世纪90年代,唐寅故居遗址住有5户人家,本世纪以来,最多时增加到20余户,成了一个大杂院。

唐寅

如今,作为"桃花坞历史文化片区"恢复建设工程的一个重要部分,姑苏区正在重修唐寅故居。为一探究竟,我们来到了桃花坞大街北面与之平行的小巷"大营弄"。在隆隆的施工机械声中,走进了唐寅故居的重建工地。看样子这批建筑规模宏大,大量的仿古楼阁拔地而起,真正意义上的唐寅故居,也就是说现在重建的唐寅故居在工地的东北角。

虽尚未完工,但已可看出概貌。宅子坐北朝南,粉墙黛瓦,前后两进,乃颇为宽敞的三开间,面向荷花池而建。第一进房子前面是一长排美人靠,如若是在酣畅的夏雨之后,倚靠在此或站立于内,眺树木葱茏,观荷叶田田,赏池中游鱼,必然别有一番韵味。

前后两进间有一个天井,天井有门通向西侧,这扇门就是进入这两进房子的惟一通道。可惜的是,门紧闭着,心愿无法满足,只能徒唤奈何。

第一进临水建筑

与这批建筑隔着一条"大营弄"的,也就是说在这个建筑群的西南面,有一处保护尚为完整的建筑,就是准提庵与唐寅祠。这两座建筑南面的小巷为"廖家巷前新街"。

准提庵居西,坐北朝南,其地本是古桃花庵废址,明万历十年(1582)僧旭小在此小构兰若数楹,天启年间杨大漩创精舍供奉准提观音菩萨像,名为准提庵。如今准提庵山门面阔五间,大门紧闭,不知其深浅,但从西边的小巷来看,应该有前后四进。唐寅祠在准提庵东边,三开间,六扇朱色大门,也是紧闭。不可思议的是,四扇门上的铜环都已被撬走,不知到了哪个"废铜烂铁"收购者的手中。民风不古,竟至如此!

准提庵与唐寅祠东边有一条南北向小巷,就是唐寅去世后的首度殡葬之处,所以这条小巷一度被命名"唐寅坟"。

准提庵的西面,与之隔一条小巷、门牌为"廖家巷18号"的就是"桃花坞社区居委会",望着居委会外墙上所镌刻的唐寅诗词,不由得联想起有关唐寅的点点滴滴。

首先是学画沈周。

唐寅父亲在苏州开酒店谋生,常有文人墨客来饮酒吟诗。唐寅自幼喜欢画画,画出得意的就贴在酒店墙上。一次,才子祝允明(1460—1527)到酒店喝酒,发现了唐寅的才华,便决定帮助他找一位丹青妙手来教他画画。不久,祝允明带着沈周(1427—1509)来到了酒店。沈周也很欣赏唐寅的画,但想考考他才气如何,就为他出了一个字谜:"去掉左边是树,去掉右边是树,去掉中间是树,去掉两边是树,这是什么字?"唐寅略一思考就说出了谜底是个"彬"字。沈周很高兴,就收下了唐寅。唐寅拜在沈周门下,掌握绘画技艺后,竟然骄傲起来。一次吃饭时,沈周让唐伯虎去开窗,唐伯虎发现自己手边的窗户竟是老师沈周的一幅画,非常惭愧,从此潜心学画。从三者的年龄来看,故事的发生或许有可能,更何况后来唐寅的画中颇有沈周的风韵。

其次是科场舞弊案。

唐寅29岁参加应天府乡试,得中第一名"解元"。30岁与江阴富商徐经(徐霞客的高祖)赴京会试。三场考试后,京都即谣传徐经行贿主考官程敏政,得了试题。于是御史华昶凭谣言告到朝廷,明孝宗立即敕令主考官停止阅卷,再由大学士李东阳审查。结果查出徐经拜见程敏政时,确实送了些见面礼;而唐伯虎受人请托求程敏政写篇文章也曾送了一点"润笔"。这些是拜谒老师的一般性的见面礼,况且这二人的考卷,根本没有在程敏政预录取的名单中,证明主考官程敏政并没有舞弊。所以结论是"事出有因,查无实据"。但朝廷为平息社会舆论,罚徐经及唐伯虎削除仕籍,程敏政则被革职。也有说徐经行贿程敏政家童得到题目者,然而此事与唐寅没有关系。为此,唐寅一度被逮诏狱,受大刑伺候……晚年的唐寅,一直穷困潦倒。

第三是"风流才子点秋香"。

"唐伯虎点秋香"的故事众人皆知,大意是说,一次,他和朋友游览虎丘,与华太师家的丫鬟秋香不期而遇,秋香无意中对他笑了三次,令他神魂颠倒。于是,唐寅乔装打扮,到华太师家里做了公子的伴读书童,最后抱得美人归。这实在是捕风捉影。据说历史上有秋香其人,为金陵名妓,但其年龄比唐伯虎至少要大20岁,两人之间又怎会有那种风流韵事呢;也有说唐寅"点秋香"前已经有了八个妻妾,秋香就是第九个,这更是无稽之谈,唐寅的妻子名"沈九娘",这或许就是"风"与"影"吧。

第四是智脱宁王朱宸濠。

明正德九年(1514),南昌的明宗室宁王图谋不轨,闻得闲居的唐寅之才名,以重金将其延聘到南昌。唐寅发现身陷宁王政治阴谋之中,遂佯装疯癫,脱身回归故里。后来宁王果然起兵反叛朝廷,并迅速被平定,唐寅得以逃脱杀身之祸,但也引来不少麻烦。从此意志渐趋消沉,转而信佛,自号"六如居士","六如"取自《金刚经》:"一切有为法,如梦幻泡影,如露亦如电,应作如是观。"自治一方印章"逃禅仙吏"。

第五是穷困潦倒直至去世。

从南昌回家后,唐寅常年多病,不能经常作画,加上又不善持家,生活艰难,甚至常向好友祝允明、文徵明等借钱度日。明嘉靖二年(1523),54岁的他健康状况更差,秋天,应好友邀请去东山王家,偶见苏东坡真迹一词中有两句:"百年强半,来日苦无多。"触景生情,一阵悲伤,回家后一病不起,不久结束了他凄凉的一生。死后,由其弟唐申将之葬在如今准提庵与唐寅祠的附近。唐寅逝世后,其亲友王宠、祝允明、文徵明等凑钱安排后事,祝允明写了千余字的墓志铭,王宠手书,刻在石碑上。后世有关唐寅的生平事迹大多是从这墓志铭中得到的。嘉靖二十二年(1543),嗣子兆民将其迁葬到横塘镇王家村,即如今苏州市解放西路与西环路的交界处。如今唐寅墓园修整保存较好,已成为苏州一处旅游热点。

历史上的唐寅才华出众,有理想有抱负,是位天才的画家、文学家,但他那愤世嫉俗的狂傲性格不容于这个社会。他一生坎坷,最后潦倒而死,年仅54岁。笔者曾见过传说中的他临终时写的绝笔诗:"生在阳间有散场,死归地府也何妨。阳间地府俱相似,只当飘流在异乡。"因此,我们要形容唐寅,岂能以"风流"一词涵盖!

* 小提示:

最靠近的公交车站站名:"平门"、"桃花坞"

星级指数：☆☆☆　　　　　　　　　　　　　　　　杨成故居——五峰山房

五峰园中觅"宅"踪

——杨成故居

在苏州市"文物保护单位名录"中，有这样一座省级文物保护单位——五峰园杨成故居。

杨成(1521—1600)，字汝大，号震厓，长洲人。先世为北宋文人杨时，就是"程门立雪"故事中的那个杨时。杨成为明嘉靖三十五年(1556)进士，授工部营缮司主事(正六品)，后升迁为都水司郎中(正五品)，在督造三殿及兴修卢沟桥的工程中精打细算，节省开支数十万两白银。工程竣工后，他被提拔为浙江副使(正四品)。在浙江，他几次平反冤狱，被百姓视若神明。隆庆(1567—1572)初，杨成转任四川参政(从三品)。当时蜀王自以为是皇亲而态度傲慢，监司参见他，必须格外恭谨，甚至超越了礼节。杨成据理力争、不屈不挠，并将蜀王侵占的山林坡田全部归还原主。后被擢为广西左布政使(从二品)，临行前,送别的官吏根据旧例有所馈赠,杨成坚决不受。

万历初,杨成巡抚江西。正值江西久旱无雨,杨成到任后,一边祈雨,一边饬令属下散粮赈民。江西湓城(今九江)、昭武之间地势低洼,经常发大水,杨成察看地形后,组织百姓筑堤围堰,蓄泄兼施,水患由此得到根治。后历任工部侍郎、南京兵部尚书、礼部尚书、吏部尚书等官职。杨成生性沉默寡言,但于军国大计时则侃侃而谈,不偏不倚,无所顾忌。明神宗因在位已久,倦于政事,而立储之事尚未确定;又有阉党张鲸恣睢不法被黜,想靠拉关系东山再起。杨成率南院九卿多次上疏,奏请神宗亲御朝纲、效法先皇、确立太子、罢黜罪阉,一时声震天下。神宗见疏后,深受感动,遂不再起用张鲸。

五峰园弄15号

苏州沧浪亭五百名贤祠崇祀杨成,赞语是:"捍潦奏绩,祷雨应时;济危救困,念切民依。"也就是说,在建设当时"和谐社会"的过程中,杨成功不可没。

说到"和谐",不得不提的就是"泰伯三让"的故事。周太王古公亶父生有三个儿子,长子泰伯、次子仲雍、三子季历。季历有个儿子被祖父取名叫"昌",他就是后来的周文王姬昌,姬昌深得古公亶父宠爱。看到父亲有意要将周家的天下传给姬昌,泰伯带着老二仲雍先是以采药为名隐居到都城西面的吴山。古公亶父去世后,归国奔丧的泰伯再度推辞,让季历继位,老哥俩逃到太湖流域,开辟这一块"蛮荒之地"。后季历被商王杀害,姬昌再度请泰伯回归继位,泰伯第三次推辞,最终使姬昌顺利地继承王位,从而开创了周朝800年的基业。

泰伯是吴文化的开拓者,更是江南一带和谐谦让民风的创始人。孔子在《论语·泰伯》中云:"泰伯可谓至德矣,三以天下让,民无德而称焉。"东汉永兴二年(154),汉桓帝时始在苏州阊门外为泰伯建庙。"泰伯三让"历来被认为是最高的德行,也就是"至德",所以,"泰伯庙"也称为"至德庙"。几经变迁,苏州的泰伯庙移到了今址阊门内下塘街256号。如今重建后的泰伯庙参照的蓝本是古籍中的《至德庙图》,目前占地7 492平方米。

紧靠泰伯庙的东围墙,有一条短短的向北的小巷"五峰园弄"。弄内朝西的 15 号石库门内,就是杨成故居五峰园。五峰园 1963 年被列为苏州市文物保护单位,2002 年升格为省级文物保护单位。

整个五峰园大致呈正方形。入门就是一条由南向北再折向东的曲折的长廊,基本紧贴着宅园的西墙北半部与北墙全部。长廊的"怀抱中"就是园西北部的"柱石舫",此建筑为矗立在陆地上形似船舫的轩屋,俗称"旱船"。设计精巧,独具一格。柱石舫坐北朝南,纵向三间,实际上北面的第三间就是那条长廊。这里应是主人喝茶会友和读书之处。

柱石舫的东面,即园子的东北部,就是主厅"五峰山房"。这是一座四面厅。四边柱子各六根,共 20 根木柱围成了一条走廊,走廊有砖砌矮栏杆。厅内扁作梁架,雕花斗栱,甚是轩敞,且布置雅致得体。如今这里是一座茶室,数十位老人饮茶品茗,高谈阔论,"其乐融融"。据笔者所知,五峰园是苏州古城区里唯一的不收门票并可随意进出的省级文物保护单位。住在这附近的老人岂不"其乐泄泄"。

五峰山房的南面有一方小池,天光云影共徘徊。池南,也就是园子的东南角,就是著名的"五峰"。这五块太湖石并峙高阜间,错落耸立,形似五位老丈。"皱"、"漏"、"透"、"瘦",形态各异。据说都是当年花石纲的遗存。

园内西南角是柳毅亭,登上此亭,可以俯瞰全园风景。

目前,杨成故居与泰伯庙都已列入了"桃花坞历史文化片区"的范围。但是,穷极全园,总感到少了点"宅味",门厅、轿厅、正厅、楼厅等都没有踪影。或许是为了恢复"南宅北园"的格局,五峰园的园南正拆成一片废墟;但不知是何原因,紧贴"五峰"的一座两层楼房两端都已被拆除,剩下当中一间在摇摇欲坠。或许,在拆迁动员的过程中少了一份人与人之间的谅解与和谐吧。

* 小提示:
最靠近的公交车站站名:"皋桥"

星级指数：☆☆☆　　　　　　　　　　　　张凤翼故居——双面砖雕门楼

被"抢救"出来的省级文物
——张凤翼故居

苏州，是一个遍地珠玉的宝地，通衢侧畔，小巷深处，一座外表并不起眼的大杂院，或许就是某一位著名人士的故居。那里的砖雕门楼、厅堂楼阁，处处辉映着吴文化的奇光异彩。

1982年的文物普查，使许多湮没于历史的名宅得以重见天日。在干将路（那段当时叫"松鹤板场"）北，有一条短短的、仄仄的小巷"小曹家巷"与之平行，就在小曹家巷的南侧，文物普查工作者发现了一座奇特的大杂院，当时大厅被木板、长窗、墙体分割成数间，地面铺了瓷砖，屋架木构件发黑发霉，局部已经开裂、掉落，屋面瓦片凌乱，多处碎裂掉落，就连天井里也搭建着不少违章建筑。但独具慧眼的文物工作者发现了这座大院的历史价值，经反复考证，确认其为明代著名的戏曲专家张凤翼的故居。被发现后，这座古宅就被列为苏州市文物保护单位,2006年又升格为江苏省文物保护单位。

张凤翼故居的大门在如今的干将东路上,坐北朝南。原有东西两路,东路建筑毁于咸丰庚申(1860)战火。宅后有小漆园,池亭木石,俱有幽致,今已不存。清朝末期,该宅归大兴知县汤彦祥所有,子孙相传,上世纪50年代后部分房产仍为其后裔所有,部分公私合营散为民居。"这是苏州现存最典型、最精致的文人宅第。"为抢救这个不可复制的文物,有关方面耗时两年多,先解决了房产权属问题,通过发律师函和多次坦诚磋商,从新加坡汤姓房主处取得全权处置权,最后于2007年完成了抢修保护工程。

张凤翼

张凤翼(1527—1613)字伯起,号灵墟(一作凌墟),又号泠然居士,长洲人。苏州五百名贤之一。明书法家,传奇作家。与其弟张献翼(苏州名士)和张燕翼(画家)并有才名,时称"吴中三杰"。这个张凤翼却是个大器晚成的人物,据《平江区志》记载,他五岁还不会说话,突然开口,语出惊人。随着年岁的增长,才华渐渐显露。嘉靖四十三年(1564)与弟燕翼同举乡试,凤翼中解元。万历五年(1577)第四次会试不第,以后无意仕途,以卖字鬻书自给养母。人说张凤翼"文学品格,独迈时流,而耻以诗文字翰,结交贵人",在门口贴着一张告示:"本宅缺少纸笔,凡有以扇其楷书满面者,银一钱;行书八句者三分;特撰寿诗寿文,每轴各若干。"

张凤翼能诗亦工琵琶,曾与其子同演高明《琵琶记》。也曾为施耐庵《水浒传》作序,开中国知识分子为虚构小说写序之先,对《水浒传》各种版本亦颇有微词。

姑苏干将路,得名于春秋时期著名的铸剑大师干将。1982年开始,苏州古城进行改造,将原来的干将坊、松鹤板场、濂溪坊、新学前、狮子口等拓宽重建合并为一条东西通衢,命名为"干将路"。1994年,在新一轮古城改造中,干将路向东西两边进一步延伸,向西将铁瓶巷等并入。干将路以乐桥为界,分为干将东路和干将西路,总长约7000余米,是一条横贯古城区东西的主干道。古城区内的干将路采用"两路夹一河"的格局,南北两边是三车道的单行道,中间则为一条小河,小河两岸有绿化带,成为苏州城中的一条亮丽的风景线。但是,也有人认为干将路破坏了姑苏的风水,破坏了小桥流水的格局,车水马龙的喧嚣扰乱了姑苏的那份宁静。

我们所见到的张凤翼故居,实际上就是当初的西路住宅,如今是干将东路712号。

当时的门厅,在干将路拓建工程中已被拆除,如今进门的第一个厅堂,就是原先的轿厅。轿厅面阔3间12米,进深6.5米,扁作梁架,木质鼓磴,

"文起堂"匾额

屋顶坡度平缓。在2006年第一期修复时,工作人员在东部墙壁内发现了张凤翼的好友、明代大书法家陈鎏书写的"文起堂"原匾。经过精心修复,此匾现已悬挂在轿厅正间上方。

轿厅北面,有一座即使在姑苏也颇为罕见的双面砖雕门楼,为明代建筑,可惜的是其南面已经被重修后的轿厅的屋檐挡住,无从一探究竟,但通过那两个方形的雕有精细牡丹图案的砷石,仍可想象昔日的风采。站在轿厅与大厅之间的天井内,就能仔细端详这座门楼的北侧面。门楼伸出两翼,成为照壁,与大厅相对。照壁古韵斑驳,据说修整时特地找来旧砖填充。须弥座石雕简练精细,栩栩如生,线条圆润流畅,且富于变化。须弥座西者石雕为麒麟,东者石雕为伸出双翼的辟邪。两翼照壁的须弥座都雕有双狮戏球,但西面的双狮面向争夺绣球;而东面的双狮一前一后嬉耍绣球,脸同时向东,球在双狮之间。

《张凤翼戏曲集》

大厅现作苏州市考古研究所的办公场所,6根堂柱均为独柱楠木制作,每根楠木柱直径粗达40余厘米,高4米多,通体完整,无一接缝,价值较高。我们知道,这里是张凤翼一生主要的活动场所,也是他创作《红拂记》《祝发记》《灌园记》《窃符记》《虎符记》《炎廖记》的主要构思环境,有着重要的历史、艺术和科学人文价值。

作为明代著名的戏曲作家,张凤翼最主要的成就是戏剧创作。代表作为《红拂记》,说的是,隋末大乱,李靖投奔西京留守杨素,与杨府歌妓红拂一见钟情,两人私定终生并一起投奔太原李世民,途中偶遇虬髯客张仲

坚,张倾家资助李靖,使之辅佐李世民成就功业。红拂女可谓慧眼识英雄,假设一下,当年的红拂女如果没有遇到李靖,她的后半生将会如何?同理,1982年文物普查如果未曾发现这座故居的价值,那么,在疯狂的拆迁中,这座老宅还能幸存吗?

* 小提示:
最靠近的公交车站站名:"市一中",轨道交通车站站名:"临顿路"

申时行故居——春晖堂

星级指数：☆☆

文人的才学，商人的机敏
——申时行故居

《玉蜻蜓》是苏州弹词中的名篇。主要内容为：姑苏南濠申贵升与法华庵三师太王志贞相遇并相爱，当三师太怀上了申贵升骨肉时，申却因病而去世，临终留下家里的祖传之宝——玉蜻蜓扇坠。三师太因触犯佛门戒律，生下孩子后不得不忍痛抛弃，托老佛婆将襁褓之中的婴儿送出，以血书和玉蜻蜓作为印记。老佛婆抱着孩子沿山塘一路急匆匆由西向东，但是到达桐桥之畔，再不敢往前走一步。原来有岗哨在此设立。慌乱之中，就将孩子丢在了桐桥西圩旁的一家叫做"朱小溪"的豆腐店前。朱小溪将孩子抱回家中抚养，后来孩子被送给苏州离任知府徐上珍，婴儿取名徐元宰。以后，被徐家抚养成人的徐元宰中了解元，得血书和玉蜻蜓，始知亲生父母，方到庵堂认母。徐元宰这个艺术形象的生活原型，就是明万历时的状元宰相申时行。

姑苏城中，与观前街隔人民路相望的是景德路，是姑苏商业中心察院场与苏州另一个商业繁华地石路最短的连接线。景德路存在的年代并不长，迄今

明太师文定公像

申时行

首尾算来不过90余年。1929年,当时的苏州市工务局将郡庙前、珠明寺前、景德寺前、申衙前和黄鹂坊这五段路拓宽拉直,合并称为景德路。作为景德路一部分的"申衙前",因明万历时的状元宰相申时行而得名。

在民间,如果要从中国历代皇帝中"推举""十大恶人",隋炀帝杨广必能"当选"。然而,这个"恶"皇帝也至少干过两件震古烁今的好事。其一,开凿大运河,这条运河在1 000多年的封建社会中一直是漕运的主航道,即使如今,还在发挥着它的运输功能;其二,开创了科举考试,使得非世家子弟也有机会通过他们的知识资本换取政治资本。

明清时期,科举考试制度已经完善成熟,学子走科举之路的主要过程如下:未考取功名者为"童生",即使须髯皆白者如孔乙己般也是;"童生"通过县里或府里主持的"院试",考取者成为"秀才";"秀才"通过省里举行的"乡试",中式者为"举人",就如范进,"举人"的第一名称为"解元";"举人"参加全国统一考试"会试",通过者为"贡士",第一名称为"会元";"贡士"再参加排名考试"殿试",上升为"进士","进士"的第一名称为"状元",第二名称为"榜眼",第三名称为"探花"。

申时行(1535—1614),字汝默,号瑶泉,晚号休休居士,长洲人。祖父徐乾原姓申,过继与舅氏改姓徐;父徐士章是秀才。明嘉靖四十一年(1562),申时行(当时名叫徐时行)状元及第,登第后奏请皇上复姓归宗,获准,改回申姓。授翰林院修撰。历左庶子、掌翰林院事,以文字受知于张居正。万历五年(1577)以礼部右侍郎改吏部,兼东阁大学士,入预机务。第二年,以礼部左侍郎兼东阁大学士,后进礼部尚书兼文渊阁大学士,累进少傅兼太子太傅、吏部尚书、建极殿大学士。继张居正、张四维后,成为朝廷首辅。

申时行为官清正,为人温和,老练稳重,熟谙官场"游戏规则"。张居正为相时,推行变革,保守顽固派纷纷罢官贬谪,而申时行则以"蕴藉不立崖异",连连升官。为相后,政务扩大,却赢得一片赞誉,朝廷大臣多"乐其宽,多与(之)相厚善"。为首相九年,国家相对比较安定,朝廷也较平静,文恬武熙,海内清晏,故人称之为"太平宰相"。但他为政"务承帝旨,不能大有建立",一切务为简易,因而"上下恬熙,法纪渐不振"。万历十二年(1584)加少师兼太子太师,中极殿大学士。卒后诏赠太师，谥文定。

申时行文藻婉丽，朝中无人能及。曾主持重修《大明会典》，著有《赐闲堂集》《书经讲义汇编》《纶扉奏草》《纶扉简草》等。

可见，正如后人的评价，申时行身上既有文人的才学，又有商人的机敏。

57岁时，申时行因参与立储之争而得罪各方，只能归隐苏州。在退居家乡的20年间，多建家庵，以香火钱办义庄。在申衙前建"赐闲堂"，主厅曰"宝纶堂"，花园曰"蘧园"，另有"来青阁"等。《吴门表隐》曰：

> 申文定公时行宅有八处，分金、石、丝、竹、匏、土、革、木。（申）衙前、百花巷各四大宅。庭前俱有白皮松，阶用青石。西宅有御书"同心匡辟"匾；大鼓，严嵩故物，上所赐也。东西跨街牌坊，东曰"台衡盛世"，西曰"师柱清朝"。……赐闲堂在慕家花园……

这段文字中，"百花巷"指的是申衙前之北与之平行的一条小巷，"慕家花园"指申衙前路南的一座花园，如今儿童医院所在地。从上面这段文字可知，当年申衙前附近，都是申时行的房产，但由于年代久远，都已无法确定其实际地点。现在能找到踪迹的只有景德路314号汤家巷口的一处"春晖堂杨宅"。此处宅子，文献历有记述，较为可靠。但到目前为止，还未曾考证出此宅属于"金、石、丝、竹、匏、土、革、木"的哪一处。

2002年11月的《春晖堂修缮记》曰：

> 春晖堂者，吴人申时行故宅第之主厅也。明朝万历年间状元宰相申时行未耋而返，归隐故里。置屋卜宅，构筑适园（笔者按：疑为"蘧园"之误）。兴会友朋，唱诗咏物以赋闲自慰。申氏蓄养昆戏家班于主厅宝纶堂，宴集观剧，极一时花木之胜，传几度曲鸣之盛。

四百年来，这座宅子几经沧桑，数度易主，先后归蒋辑、毕沅、孙士毅等人所有，屡屡改建。主厅曾被命名为"春晖堂"。清朝光绪二十年（1894），珠宝商杨洪源购置其中的一部分用作住宅，并将其主厅命名为"善德堂"。如今，苏州市文物保护标志牌上称之为"春晖堂杨宅"。

这座宅院的东邻，就是原来的苏州市中医院，随着中医院的拆迁，东路已不见踪影。目前，只能看到"春晖堂杨宅"的两路宅子。2001年，中医院对这座宅子中路的南面第三进（大厅）、第四进（楼厅）建筑进行维修，辟为中医药博物

养生苑药铺

馆,现为苏州市文物保护单位;中路北面的后三进如今为公房和杨氏后裔私宅,现为控保单位。

中路的前部,门厅和轿厅早已拆除,现建成一座门诊楼。基本保持原貌的,实际上只剩下改建为中医药博物馆展厅的两进,即大厅和后面的一座楼厅。前面大厅是吴门医派的历史展示,后楼内厅呈中药铺形式,用来介绍多种名贵药材。

大厅"春晖堂"现为"苏州中医药博物馆"的主展馆,面阔三间,通宽25米,进深13米。民间称之为"百桌厅"。厅中巨柱石础,扁作梁架,饰有山雾云和抱梁云图案。前设双船棚轩、后设单船棚轩,檩枋间有"一斗六升"牌科五组,牌科间有福寿木纹图饰,显示出明末清初的建筑风格。

大厅后为砖雕门楼,额曰"维德之基",两侧浮雕甚为精致。《诗》曰"温温恭人,惟德之基",大意为成为宽厚柔顺的好人,这是道德的基础。联想到申时行的为人,觉得很是匹配。

砖雕门楼后为一进五开间的楼厅,两侧带厢楼。也为苏州中医药博物馆的一部分,上悬匾额"养生苑药铺"。如今正在油漆,味儿很浓,紧急施工的现场气氛甚是热烈。

西路如今建为一座名为"蘧草园"的庭院。前有茶厅"来青阁";后有半亭"三友轩";中凿鱼池,围以湖石假山,游鱼唼喋,生机勃勃。西向有一个侧门,通往汤家巷。

总之,修旧如旧的"春晖堂"与"来青阁"显示出不凡的气度。

"春晖堂杨宅"的苏州市文物保护标志牌在西侧的汤家巷,这里便是苏州中医药博物馆的西侧门。圆洞门上额为"蘧草园"。因内部修缮已关闭数年。

侧门北行十来米,有一个大院,悬牌"控保单位",可进入中路的后两进楼厅。后两进楼均为五开间两厢楼。住户甚多,房屋破旧不堪,到处是乱七八糟的电线和晾晒的衣物。有些房间空无一人,蛛网积尘。一位久住此处的大妈告诉我们,前两年这里就因下雨而倒塌了一部分,现在有钱的都搬走了,而他们只能留守。当问及这些房屋是否漏雨时,答曰:"不管怎样,毕竟不漏的时间多,漏雨的时间少,所以就继续住下去了。"言语中,有无奈,也有自慰,笔者的心头却是五味参杂：凝聚历史气息的名宅,曾经几多辉煌几多荣耀,如今落得如此颓圮,岂一声叹息能平息胸中的那份遗憾。不禁仰首观望,檐前下垂的精致的花篮状的雕饰物仍在显示着高贵的气质,仿佛岁月老人站在姑苏的历史里,无言以对眼前的变故。思忖间,那位大妈骄傲地说,她的一个亲戚去故宫参观的时候,发出这样的感叹：故宫是美,但苏州的古建筑丝毫不逊色,是另一种风格的端庄大气。

花篮状雕饰

这两座楼厅后的一进下房,早已被拆除,在原址上建了一座多层公寓。

这座古宅的前后差别,竟是如此的冰火两重天,令人感慨万千。这两者之间,为什么就不能"调和"一下呢？对于申时行,有人称之为"圆滑""左右逢源",有人称之为"调和矛盾祈求现行体制发挥最大作用的和事佬"。然而,这个"圆滑"是否也该理解为"润滑"与"协调"呢？就拿这座"春晖堂杨宅"而言,是否有人能"润滑""协调"一下前后之间的天壤之别呢？

* 小提示：

最靠近的公交车站站名："儿童医院"

星级指数：☆☆☆☆☆　　　　　　　　　　　　　　文震孟故居——延光阁

状元正气追屈原

——文震孟故居

　　清初，苏州学者汪琬在翰林院编修《明史》。一日有暇，同僚会聚，各自谈论家乡土产。广东人盛赞象牙犀角，陕西人夸耀狐裘毛皮，山东人吹嘘绢丝海错，湖北人抬出优质木材。众人兴高采烈，汪琬一声不吭。众人揶揄道："苏州向号天下名郡，先生是苏州名士，怎不知苏州土产呢！"汪琬曰："苏州土产极少，仅两样而已。"众人忙问何物，琬曰："一是梨园子弟。"众抚掌称是，及问另一样为何，琬则笑而不答，众追问再三，乃徐徐吐出两字："状元！"众人哑口无语。事实正是如此，就拿清朝来说，114个状元中苏州人占了26个，几近四分之一。

　　在状元榜中，有一位尤其出众，他就是明苏州四大才子之一的文徵明的曾孙文震孟，明代天启二年(1622)状元。文震孟的故居艺圃为第六批全国重点文物保护单位，如今又被列入《世界文化遗产名录》。

这个艺圃，位于古城西部偏北的小巷深处。其南面有小巷"宝林寺前"，北面有小巷"天库前"，东面有小巷"文衙弄"，西面有小巷"十间廊屋"。据说，"文衙弄"因文震孟而得名，而"十间廊屋"则是当年文家养马的地方。

艺圃始建于明嘉靖二十年(1541)。初为明嘉靖二十七年

艺圃大门

(1548)进士，长洲人袁祖庚(1519—1590)的"醉颖堂"。万历四十八年(1620)文震孟购得此处，起名为"药圃"。文震孟之后，他的弟弟，著有《长物志》的文震亨(1585—1645)成了药圃的园主。清顺治十六年(1659)园归山东莱阳人姜埰(号敬亭)，改名为"艺圃"。道光十九年(1839)绸缎同业在此成立"七襄公所"。后来此园又数易其主，但园名仍叫艺圃。从民国初开始，园内房屋出租为民居，艺圃变得支离破碎，不堪入目。直到上世纪70年代末，艺圃被列为苏州市古典园林修复规划项目，才得以恢复。按"修旧如旧"原则，艺圃如今修葺一新，布局、风格与原貌相近。

如今的艺圃，园门向东，门牌为文衙弄5号。总体来说主要分为东西两部分，东北部为宅，西南部为园。

跨进园门，左侧(南边)就是《世界文化遗产名录》的标志牌，中英文对照。右拐向北再转向东，就是悬挂"七襄公所"牌子的一组房屋，如今是艺圃的办公处。——以上都是东路东南部的附房。

七襄公所之西，是一条向北的走廊，走廊通向宅院的东路，东路有五进房子。走廊之西就是这座宅院的主花园。

东路有一座偏向东半面的门厅。门厅后是一座偏向东半面的双面砖雕门楼。门楼南面所镌四字为"经纶化育"，"经纶"，整理丝缕、理出丝绪和编丝成绳，引申为筹划治理国家大事。"化育"，教化培育。门楼北面所镌四字为"执义秉德"，拿着"义"保持美德之意。

砖雕门楼的北面就是名为"世纶堂"的前厅，据说厅名为文震孟所起，匾额为马伯乐所书。旧时中书省代皇帝草拟诏旨，称为"掌丝纶"，父子或祖孙相继在中书省任职的称为"世掌丝纶"。文震孟为文徵明曾孙，文徵明54岁时，到北京参加吏部考试，取为优等，授职"翰林院待诏"，执掌内朝起草诏书；文震孟

世纶堂

在明天启二年(1622)殿试第一,授修撰之职。堂名"世纶",颇有文氏特色。

正厅前的北向砖雕门楼四字为"刚健中正",上款"道光癸卯夏日穀旦",与成立"七襄公所"的时间相近。下款书写人无法辨认,只能看出"年七十有三"等字样。

正厅为"东莱草堂",显然,这由清初宅主姜埰命名。姜埰的故乡是山东莱阳,寓居姑苏,不忘其本,所以以"东莱"命名自己的正厅。东莱草堂之东,隔一条陪弄有一个书斋叫"馎饦斋","馎饦",山东莱阳一带的普通面食,以此命名书斋,其意与"东莱草堂"一致。奇怪的是,这个书斋的南北侧房屋如今都不在艺圃的范围中。

正厅后有一座楼厅,两侧带厢楼。

西路的南部为假山池沼。面水南向的是"延光阁","延光",美名流传之意。看着这样的匾额,能感受到宅主的美名。延光阁实际上是"榭",其方位大致与东路的世纶堂齐。此阁正屋面阔五间,东西还有耳房,远远望去甚是气派,如今是艺圃内的茶室。据说堂内梁柱等仍为明代之物。从池沼的南面到延光阁,需通过池塘西部的"响月廊"。响月廊沟通南北景区,"响"通"享",享受月光,雅趣无穷。也有人说"响"乃"向","月"乃"明","响月"就是"心向大明"。——这或许是穿凿附会吧!不论响月廊究竟为何意,天上一个月亮,水里一个月亮,天上的月亮在水里,水里的月亮在天上,这该是宅子主人倾抒闲情逸致之所。

延光阁北就是"博雅堂",诗书渊博、环境典雅之堂。一般把西路当作正路者将博雅堂看作为整个宅子的正厅。这是当年主人会见宾客、吟诗论文之处。厅屋五开间,宽敞质朴,陈设典雅。堂前置船棚轩,梁架上有明代的山雾云雕刻,四根步柱脚下埋有复盆,上加扁圆木鼓磴。柱上端均装饰纱帽翅型棹木,故又俗称"纱帽厅"。

堂后两侧抱柱联曰:"名园复旧观,林泉雅集,赢得佳宾来胜地;堂庑存遗制,花木扶疏,好凭美景颂新天。"何芳洲撰句,爱新觉罗曼翁篆书。内容不难理解,指修复工程不仅使名园恢复了昔日的面貌,堂庑建筑保存了部分古代的遗制;而且花木扶疏,风光旖旎,引来了贤士佳宾。而更为重要的是,我等虽称不上"佳宾",却也能感受到先贤的气度,也许这就是一种文化的力量吧,它能于无形之中给人以陶冶和启迪。

堂前面的抱柱联为"博雅腾声数杰,烟波浩淼,浴鹤晴晖,三万顷湖裁一角;艺圃蜚誉全吴,霁雨空蒙,乳鱼朝爽,七十二峰剪片山"。款署"甲子年九月王少牧撰联,程可达书"。出句先赞历任园主,都是诗书博达典雅之士,声名赫赫,接着写景,水池在阳光照耀下,烟波浩淼,犹如从太湖三万顷裁下了一角;对句亦先称颂艺圃,说它蜚誉全吴,然后写池边假山,大雨初停、云水空濛之时,仿佛就像是从太湖七十二峰中剪过来的一片山。全联意境开阔,由园中的假山池水拓展到太湖山水,写出了园主的不凡抱负。不知何故,艺圃西南角有"浴鸥池",联中却为"浴鹤",或许是为了平仄协调;而下联中的"乳鱼",却确指池东的"乳鱼亭"。

博雅堂

艺圃历任主人中最为著名的是文震孟。

文震孟(1574—1636),初名从鼎,字文起,号湘南,别号湛持,一作湛村。明长洲人。天启二年(1622)状元及第。

文震孟中状元后,按惯例入翰林院为修撰,掌修国史。当时巨奸宦官魏忠贤掌权,朝中大臣颇有奉迎魏忠贤者,而正直的大臣则愤懑难抑,凛然与"阉党"抗争,文震孟就是其中的代表人物。正因为如此,遭到了魏忠贤的迫害。一天,熹宗正在看戏,魏忠贤故意向皇帝说了文震孟奏疏中"傀儡登场"几句话是影射皇上为木偶,不杀之无以谢天下。昏庸的熹宗对魏忠贤一向言听计从。一天,魏忠贤忽然传旨:廷杖文震孟80棍。内阁首辅在家休假,次辅韩圹力争,替文震孟开脱,熹宗置之不理。廷杖行刑的地点在紫禁城的正门——午门前的御街东侧。文震孟被拉到刑场,80棍下来,皮开肉绽。接着,诏令下达:文震孟贬谪出京。

天启七年(1627)八月二十二日,熹宗结束了他昏庸而短暂的一生。崇祯皇帝即位,魏忠贤投缳自尽,文震孟得重新任用。崇祯三年(1630)二月,因边境危机,崇祯皇帝下诏求安边将才。"阉党"余孽王永光乘机荐举同党吕纯如等人,试图为"阉党"翻案。一时间,"阉党"的残渣余孽蠢蠢欲动,鼓噪翻案。文震孟见状,上疏弹劾。但崇祯皇帝对文震孟的奏疏不予理睬。后文震孟再度上疏,提醒崇祯皇帝小心阉党翻案。王永光恼羞成怒,勾结太监王永祚,谎

文震孟

言文震孟假公济私,引起崇祯皇帝怀疑,转而斥责文震孟肆意诋毁。文震孟不仅遭到崇祯皇帝的斥责,且得罪了权臣王永光,他觉得难以再在朝中做官了,遂退隐田园。

任京官期间,除了勇斗魏忠贤阉党的英雄事迹外,文震孟颇值得一提的是与崇祯皇帝间的逸闻。崇祯皇帝即位不久,文震孟奉命以左中允的身份充任日讲官,为崇祯皇帝讲解经史。崇祯二年(1629)冬十月,因在押囚犯刘仲金等170人乘机越狱逃跑一案,崇祯皇帝诏令逮捕刑部尚书乔允升、左侍郎胡世赏及提牢主事熬继荣,准备问斩,无人敢劝。按律,乔允升、胡世赏不应受此重刑。一天,轮到文震孟为崇祯皇帝讲解《鲁论》,讲到"君使臣以礼"一段时,他目视皇帝,反复讲解,崇祯皇帝感悟,马上降旨放出乔允升、胡世赏等。另一次,文震孟讲经,崇祯皇帝把一只脚搁在膝上,当讲解《尚书》中的《五子之歌》时,文震孟朗诵《五子之歌》中的"为人上者,奈何不敬"一语,两眼直盯着崇祯皇帝的腿,崇祯皇帝慌忙用袖子掩住脚,再慢慢地把脚抽回,放下。

文震孟书迹遍天下,一时碑版署额与曾祖文徵明相提并论。

崇祯八年(1635),文震孟回到老家苏州。半年后,外甥姚希孟病死。文震孟与姚希孟的感情极深,甥舅二人曾在一起读过书,后又同殿为臣。姚希孟去世后,文震孟悲痛万分,一病不起,竟不治而亡。噩耗传到北京,一些公卿大臣奏请抚恤,崇祯皇帝不允。直到崇祯十二年(1639),才下令恢复文震孟的官位。崇祯十五年(1642),追赠礼部尚书,赐祭。明朝覆灭后,朱由崧在南京称帝,追谥文震孟为"文肃"。

作为东林党的中坚人物,文震孟一身正气,据说他生而奇伟,目光炯炯逼人,与世所传文天祥像无异。甚至有人说,文震孟就是文天祥的后代,虽然此说无法考证,但我们却可看出后人对忠臣义士的赞美之情。另外,文震孟酷爱《楚辞》,颇有自比屈原之意,其自比的,难道仅仅是屈赋华丽的辞藻吗?

* 小提示:

最靠近的公交车站站名:"皋桥"

星级指数：☆

宋德宜故居——东路楼厅

硕果仅存，两座楼厅忆当年

——宋德宜故居

姑苏坊间普遍认为清代苏州城里有"彭、宋、潘、韩"四大望族。彭家，指以状元彭定求、彭启丰为代表的彭氏宗族；宋家，指以宋德宜为代表的宋氏宗族；潘家，指以状元潘世恩为代表的潘氏宗族（贵潘）与以富商潘麟兆为代表的潘氏宗族（富潘）；韩家，指以韩菼为代表的韩氏宗族。

宋家的代表人物宋德宜（1626—1687），字右之，长洲人，清初大臣。他的父亲宋学朱（？—1639）字用晦，为崇祯四年（1631）进士。崇祯十一年（1638）冬巡按山东，清兵南下，宋学朱与将士们奋力抗战，终因寡不敌众战死沙场。

明亡清兴，宋德宜默察时势，见大局已定，就参加科举求取功名，于顺治五年（1648）应试中举，顺治十二年（1655）进士及第。选庶吉士，授编修。累迁国子监祭酒、翰林院侍读学士、兵部尚书、刑部尚书、吏部尚书，拜文华殿学士。

宋德宜

宋德宜风度端重，每奏事，总能得到皇帝的赞许。任职初期，为民请命，康熙帝为之动容，下诏减免苏、松等府钱粮之半。"三藩"之乱前后，宋德宜多次提出有利于养民生息的积极建议。卒后谥"文恪"。

作为"控保079号"的宋德宜故居在苏州菉葭巷。菉葭巷原名"陆家巷"，因巷内有陆姓大户得名。后根据吴语谐音，雅化为"菉葭巷"，"菉葭"两字，出自《诗经·蒹葭》"蒹葭苍苍，白露为霜"。一条小巷，因巷名的改变而增添了典雅的韵味，应是文人所为吧，这情形却也少见。菉葭巷西至临顿路，东至平江路，巷南本有河，1958年填河筑路，1984年改弹石路面为现在的水泥道板路面。

当年的宋宅规模宏大，前门在南面的菉葭巷，后门在北面的曹胡徐巷。三百年弹指一挥间，却几度沧桑。宋宅位于菉葭巷53号的前几进房屋，曾被苏州钢卷尺厂占用，早已被拆除或改造得面目全非。钢卷尺厂倒闭后，厂房拆除建成一座大型综合性停车场。从南面遥望北面高耸的楼厅屋面，感觉上与菉葭巷有三四进房子的距离。

如今要进入宋宅，只能通过曹胡徐巷的后门。

街巷以居住地人的单一姓氏命名，在大江南北城市的老城区常能见到：陈家巷、刘家里、张家弄、何家胡同等等，但用两个姓氏命名的颇为鲜见，这条小巷用"曹""胡""徐"三姓命名，笔者还未之尝闻。或许，这条小巷恰如其分地诠释了苏州人的一份和谐吧。

现在的宋宅，仅剩两路中的各自一进楼厅基本保留旧貌，住着宋家的后人。从曹胡徐巷80号进入，七绕八绕之后，穿过一条显然由昔日的陪弄改成的小弄堂，就能敲开东路楼厅的大门。笔者老友宋瑶华的母亲，一个思维敏捷、腿脚利索的95岁高龄的白发老太太把我们带进了厅内。楼厅面阔三间，带两厢，但东侧的厢楼因坍塌已被拆除。正屋每间后部都有五扇白墙屏门，屏门后是楼梯。三间总宽12.8米，进深7檩11米。平视，巨大的木柱站在青石雕花石础上；俯视，此处的方砖竟然成菱形铺设；仰视，楼板下竟然钉有长条木板的天花板。这一切，都给人恍惚间穿越时空的感觉。

老太太带我们登上了白墙屏门后的楼梯。跨上二楼，令我们吃惊的不是扁作梁架以及山雾云、抱梁云，而是地板！楼上正屋的地板，从南窗到白墙屏门之上的桁枋，竟然用9米通长的木板铺就；而西厢楼的地板，竟然用宽度将近1米的楼板铺就。仰望屋顶，看不见椽子，因为也钉着长条木板天花板。姑苏真是名人名宅汇聚的城市啊，在庭院深深的建筑里竟然藏着这样的奇迹！

来到楼厅前的天井，我们又发现了一个奇迹，铺在天井的石板，竟然是青石（青白色的岩石，石灰岩的俗称），虽然破损不堪，却透露出岁月的沧桑。因为我们知道，广泛运用青石做建材，应是元代中期到明代中后期的事，明后期开始便用更为坚固、更耐腐蚀的花岗石了。看来，这座宅子最早建成的年代应该在元明之间。记忆惊人的老太太的一席话印证了我们的推测，这座宅子不是清前期宋德宜建造的，而是康熙乙丑年（1685）从别人手里买来重新整修的。

楼前是一块空地，空地上的几块巨大石础引起了我们的兴趣。老太太说，这里原来也是一座楼厅，后来因失火烧掉了。这座楼厅与现在的楼厅之间，还有一座精致的砖雕门楼，门开关时嘎嘎地响，就如城门。后来被房管部门拆掉了，不知到了何处！果然，门楼虽不在，但地面的石条、门臼尚在叙述着岁月的沧桑。老太太还说，这座被火烧掉的楼厅前还有门厅、轿厅和正厅。当年，轿厅挂有"太子太傅吏部尚书文华殿大学士"的超长匾额，正厅名为"华洁堂"，也有匾额。文化大革命中"破四旧"，都被劈碎烧掉了。

老太太告诉我们，现在的这儿是当年的中路，东路是花园，直到河边；而西路也只剩了一座楼厅，西路之西，可能还有一路房屋。

为了一探西路的究竟，我们敲开了曹胡徐巷76号的大门。这里也只剩下一座旧日的楼厅，天井也是青石铺就。其方位与东面的那座楼厅对应，但规模略小于东面的那座，用料与内部装饰也不如东面的那座。看来，我们将如今的东路认作当年的正路是正确的。

暂别了这两座苍老的楼厅，看着老太太的白发在风中飘动，我们的心是沉重的，硕果仅存的人与物，负载着历史的人与物，如今还有多少！但我们还是欣慰的，因为他们毕竟还在，从今往后，再也不会有破坏文化的现象发生了吧！

* 小提示：
最靠近的公交车站站名："市立医院东区东"

星级指数:☆　　　　　　　　　　　　孙岳颁故居——残留的楼厅

从"孙岳颁场"到"松鹤板场"
——孙岳颁故居

并入当今干将东路的一条主要老街坊名为"松鹤板场",在姑苏基本上妇孺皆知。然而,"松鹤板场"原名为"孙岳颁场",知之者就寥寥了。

孙岳颁(1639—1708),字云韶,号树峰,吴县人。康熙二十一年(1682)进士,官至礼部侍郎。孙岳颁为诸生时,尝割股治愈母病。他能诗善书,深受康熙皇帝赏识,曾被康熙皇帝召入内殿赐坐,讨论古今书法。每有御制碑版,皇上必命孙岳颁书丹。书丹,即刻石(又包括碑、摩崖、造像、墓志等类型)必须经过的三道工序(撰文、书丹、勒石)之一,指用朱砂直接将文字书写在碑石上。康熙四十四年(1705)至康熙四十七年(1708),孙岳颁作为总裁官,奉命编纂《佩文斋书画谱》。"佩文斋"是康熙帝的书斋,因之以名书。《佩文斋书画谱》体例周全、分类确切,为自有书画谱以来最完善之佳作,是一部概括书法、绘画学的类书巨著,对后世书画研究具有重要参考价值。

然而,这个学术上成就颇高的京官孙岳颁却是穷官,康熙皇帝赞之曰:"祭酒(孙岳颁)通籍后,室无媵妾,家绝管弦。政事之暇,唯焚香读书,及临时选韵,笔歌墨舞而已。"

为奖赏他的功劳与品行,康熙帝特地赐予白银一千两,安排苏州织造、大理寺卿李煦在苏州北新局址为他营建住宅。松鹤板场即是他宅前场地,原称"孙岳颁场",后讹为"松鹤板场"。——苏州人都能理解讹传的原因:吴方言中,"孙"与"松"谐音,"岳"与"鹤"发音完全相同。

据《平江区志》载,康熙四十年(1701)御赐第屋建成。大厅墨云堂十分轩敞,号称"百桌厅"。中悬圣祖康熙皇帝御书"墨云堂"匾额,1984年拆除。孙氏谱传,当年宅中赐匾有五,一曰"宝慎堂",一曰"尊经服教",一曰"垂露毫端",一曰"读书养气",一曰"墨云堂",为建宅时所赐,显赫一时。又有御书楹联两幅:一曰"表里堂交正,动静自弗违";一曰"铁画银钩,古帖恒留千载迹;龙光凤藻,名香常对一编书"。光绪三十一年(1905),地方绅士、翰林王同愈在此办公置师范传习所。

现在,这座孙岳颁故宅的前门位于干将东路726号,后门在小曹家巷。实际上,就在文起堂的西面十几米。前三进房屋已经拆除,改建成两幢在苏州城里普通得不能再普通的一般公寓楼房。北侧是一座残留的楼厅,只觉得满目凄凉,纵横的电线、晾晒的衣物、毫无规则置放的空调外机,布满了厅堂与两厢间的狭小空间。东厢房南墙上那块油漆剥落的文物标志牌告诉我们一些概况:

> 孙岳颁(1639—1708),康熙进士,官至国子监祭酒。以居官廉谨,能诗善书深得康熙帝器重。该宅为康熙御赐第,由织造臣李煦利用织造署北新局旧址建造。赐额墨云堂。今存楼厅两进。

西侧干将东路734号,应该是这座宅子的西陪弄。进去,可从侧面仰视楼厅。

即使是封建社会的皇帝,也对清官奖赏有加。清廉,乃居官的本分。当我们大搞廉政建设的同时,是否也应该了解一下封建社会的那些清官呢?

* 小提示:
最靠近的公交车站站名:"市一中",轨道交通车站站名:"临顿路"

星级指数：☆　　　　　　　　　　　　　　　彭定求、彭启丰故居——十全街大门

人间文福无双品，昭代科名第一家
——彭定求、彭启丰故居

　　自唐高祖武德五年(622)历史上第一个状元孙伏伽产生，到清光绪三十年(1904)最后一位状元刘春霖为止，有文字可考的文武状元共 777 人。这 777 人中，有两个状元是祖孙关系，他们就是清朝时苏州人祖父彭定求与孙子彭启丰；更为可贵的是，他们祖孙俩都是当年的会元，也就是所谓的"祖孙会状"。

　　姑苏城葑门内有一条十全街，十全街原名"十泉街"，因旧有十口古井得名。彭定求、彭启丰故居就在十全街上，紧贴振华中学西侧。可以说，彭氏故居就是振华中学的一部分。现在的门牌号是十全街 103 号，为苏州市控保建筑。

　　彭氏故居北面隔着十全街就是苏州城的第三横河葑溪，据说这套宅子原包括住宅、义庄、祠堂、庭园、菜圃及船埠、隔河照墙等，规模巨大，人称"葑门第一家"。现在能看到的宅子门前东侧，有一块 2003 年竖立的"彭氏状元故居重修记"石碑,其落款为"苏州新盛房地产有限公司"。如今的彭氏故居为原来的西路,该套房屋的产权已属于一位香港的书画家,目前内部正在装修。

宅子坐南朝北,大门三开间,前后五进。门前三条完整的石条作为台阶,估计为旧物。正门前一对石鼓,上镌福禄寿图案。门厅外高悬竖匾"状元第"。

双桁鹤颈轩

轿厅上悬"祖孙会状"匾额,上联为"礼乐中朝贵",下联为"文章大雅存"。

正厅前置双桁鹤颈轩。上悬匾额"嘉元堂","嘉",美好,"元",起始,如"元旦"。就"祖孙会状"而言,彭家确实是"前不见古人",甚至是"后不见来者"。两侧楹联上为"和气祥光清声美行",下为"尊德乐义含泽戴仁"。上联中,"和气""祥光""清声""美行"为四个名词并列,但从下联四个动宾结构来看,可看成是四个使动结构,即"使气和""使光祥""使声清""使行美"。而下联中,"尊德"好解;"乐义"也可作使动解,即"使义乐";"含泽",内含恩泽;"戴",推崇,"戴仁"就是推崇仁义。全联意思明显,就是对彭氏家族的赞美。

第四进为楼厅,所谓的"女厅",男仆不得入内。上悬匾额为"慈竹春晖",为乾隆御笔。"慈竹",即孝慈竹,[清]孙枝蔚《追挽徐镜如》诗曰:"慈乌亦有儿,慈竹亦有孙;孤儿称丈夫,敢忘祖母恩!""春晖",[唐]孟郊《游子吟》:"慈母手中线,游子身上衣。临行密密缝,意恐迟迟归。谁言寸草心,报得三春晖!""女厅"匾额内容如此,甚是恰当。楹联为"圭璧其躬天所祐;金玉为度国之琛"。"圭璧",美玉,美好的事物;"其",虚词,大致为"那个";"躬",弯曲身体。上联意为无上的荣誉屈尊到我们家,是天的保佑。这个"天",可指皇恩浩荡,也可指母爱。"度",法则,应遵行的标准;"琛",珍宝。下联意为金玉成为符合国家标准的珍宝。可见,上联的立足点是彭家,下联的立足点是国家社稷。

楼厅后有一个小戏台,面对着假山池沼环绕的第五进藏书楼。

彭定求(1645—1719),字勤止,号访濂、止庵,晚号南畇老人。康熙十五年(1676)二月,彭定求入京参加会试,一举夺得第一名会元。据说殿试时,他的卷子被"读卷大臣"列为第三。按常规,殿试前10名卷子进呈皇上御览,康熙皇帝很欣赏彭定求的卷子,问"读卷大臣"为什么会把会元的卷子置于第三名。

彭定求

"读卷大臣"说他的楷书不及前二卷。皇帝龙颜不悦,说道,这个会元的卷子有劝勉朕的意思,很不错。难道先儒大师周(敦颐)程(程颐、程颢)朱(熹)张(载)都是书法家吗?想来,那些"读卷大臣"听后必定磕头谢罪。于是,立即把彭定求的卷子擢为第一。就这样,彭定求成了清开国以来的第十五位状元,时年32岁。

彭定求为官如何,非我等平头百姓所能评价,我们最想说的是彭定求与《全唐诗》的关系。我国的诗歌总集称为"最"者不多,最早的一部诗歌总集是《诗经》,据说为孔子所编,它保存了从西周初年到春秋中叶约500年间的诗歌作品305篇。而最大的诗歌总集就是《全唐诗》。全书有900卷,共辑录唐、五代三百年间2 200多位诗人的诗歌48 900余首,另附有唐、五代词。在人类文明史上,领衔中国文坛的,一般认为是先秦文、两汉赋、六朝乐府、唐诗、宋词、元曲和明清小说,其中唐诗是顶峰中的顶峰。研究唐诗,《全唐诗》不得不读。这本《全唐诗》的主编就是我们这座宅子的主人彭定求,没有博深的学问底蕴,能担任如此巨大工程的主编吗?彭定求对我国古代文学研究的功劳可见一斑。

就在彭定求考取状元的51年后的雍正五年(1727),他的孙子彭启丰(1701—1784)也是会试第一,也夺得状元桂冠。祖孙两人分别高中会元和状元的,在中国历史上仅彭氏家族一家而已。如此荣耀,可谓空前绝后。可惜的是,这个对孙子寄予殷切期望的爷爷已于8年前撒手人寰,未能见到这一盛举。

中状元后,彭启丰入翰林院为修撰,掌修国史。不久,奉诏入值南书房,承旨起草诏令,应制撰写文字。从雍正七年开始,屡次担任河南、云南、江西、顺天乡试考官。彭启丰诗书画俱佳,现在苏州博物馆还藏有其状元书画扇。然而,尽管彭启丰满腹学识,却始终得不到乾隆皇帝的宠爱,被乾隆皇帝说成是"从无一言建白,一事指陈"。乾隆二十年(1755),彭启丰与大臣嵇璜一起上书要求"回籍终养",即提前退休。当然,此举本非真心,只不过试探一下皇上对自己的态度。因为当有人提出离职终养时,若皇上离不开他,会下诏挽留。但是,彭启丰的折子呈上去后,乾隆皇帝当天便作了批示,彭启丰落了个自讨没趣,只能怏怏回到自己的故宅。从此,这座老宅多了一位曾经显赫一时的"退休老人"。

如今的十全街 103 号,常常是大门紧闭,而街上熙熙攘攘的人群中,很少会有人瞥上一眼,有谁会联想到这套老宅当时的盛况呢?有谁会想到这个彭氏家族在清代 300 年中,竟然出了 2 个会元状元,1 名探花,14 名进士,31 名举人呢?无怪乎清代名臣嵇璜赞曰:"人间文福无双品,昭代科名第一家。"

* 小提示:
最靠近的公交车站站名:"苏州饭店"

陆肯堂、陆润庠故居——东路大门

星级指数：☆

宜人的风水，破败的宅院
——陆肯堂、陆润庠故居

苏州状元中，还有一对为祖孙关系，这就是陆肯堂和他的七世孙陆润庠。

陆肯堂(1650—1696)字邃深(一作邃升)，一字澹成，长洲人。康熙二十四年(1685)状元及第，授官翰林院修撰。此后，陆肯堂主要留京为官。累官至侍读。朝廷的诸多大著作，多出自其手。圣祖尝赞其学问人品，屡加恩赐。

陆肯堂聪明好学，朱彝尊、王鸿绪、徐乾学、汪琬都推重他。他善于诗文，气势恢宏，如万斛泉不可抑止。著有《三礼辨真》《怀鸥舫诗存》《陆氏人物考》等，并行于世。

陆肯堂不仅才学为人称颂，而且德行令人钦佩。他孝顺父母，爱抚兄弟，赈济穷困。是封建社会的道德楷模，也是中华民族的思想模范，至今为人称道。

状元卷

陆润庠(1841—1915),陆肯堂七世孙,字凤石,号云洒、固叟。同治十三年(1874)状元,历任山东学政、国子监祭酒。以母疾归苏州,总办苏州商务。光绪庚子(1900)八国联军入侵,慈禧太后西行途中,代言草制。后任工部尚书、吏部尚书,官至太保、东阁大学士、体仁阁大学士。宣统三年(1911)皇族内阁成立时,任弼德院院长。辛亥后,留清宫,任溥仪老师。民国四年(1915)卒,退位的末代皇帝溥仪追赠"太傅",谥文端。

2012年6月3日的《东方早报》登韩晓蓉文,称"昨天华东师范大学传出消息,该校图书馆发现了一份清代状元卷子,状元名叫陆肯堂。"清代殿试卷子统一存放于内阁,宣统元年重修内阁大库,移旧存书籍于学部图书馆,于是所藏历科策卷多流传世间。凭借这一机会,陆肯堂的殿试卷子为陆润庠所得。拿到卷子后,陆润庠欣喜若狂,自己写了一段跋,并请徐世昌等名人题跋。

陆肯堂、陆润庠故居在阊门内下塘街10号,坐北朝南,门口挂有控保蓝牌和有关介绍的木牌。故居占地颇广,目前能辨出旧时规模的是两路。西路被称为"老状元府",实际上是陆肯堂故居;东路被称为"新状元府",应该是陆润庠故居。两路宅子各为七进,由一条陪弄隔开。

从又黑又长的陪弄进入,我们直达西路的第四进楼厅。第四进与第五进呈走马楼结构,登上仄仄的嘎嘎直响的楼梯,心中突突,总觉得这房子太陈旧了。笔者儿时的玩伴江以灿在第五进的东厢房请我们喝茶,讲述着这座老宅的故事。前两年,就有人来查看,说这座宅子将要大修,改造为苏州市状元博物馆,曾高兴了一阵子,但又为不知自己将被"发配"到何处而担忧;如今,钮家巷潘世恩故居改造成状元博物馆的工程已经结束,这儿没指望了,眼看着房子越来越破旧,担忧变成了发愁。

仗着人头熟,江以灿把我们带进了东路"新状元府"。

门厅与轿厅已面目全非,只能在大门外从屋脊大致辨出昔日的规制。

正厅前的院子里,弹石地面,镶着一个太极八卦图案。地面杂草丛生,一扇巨大的石磨,静静地躺在西侧。石磨之大,笔者前所未见,显然,它曾经是这个院子里的主角,如今已退出了历史舞台,空留下有关这座宅子的悠悠回忆。正厅南面的砖雕门楼早已不见。正厅三开间,中间六扇落地长窗槅扇,十字海棠花纹,两边各六扇短窗。室内,抬头仰望,一块望砖摇摇欲坠。大厅后的砖雕门楼尚在,额曰"福禄光明",上款"光绪丁未九月",下款"润庠敬书"。

东路的第四、第五两进楼厅都是五开间,与西路一样,呈"回"字形走马楼。但西厢楼与第五进相通。总觉得这个房型有点特别,当我们走进第五进楼厅与第六进楼厅之间的天井时,发现了这个"秘密":这两进楼厅的最西面的一间竟然架在陪弄上,也就是说,东路的最西间就是西路的最东间。

第六进楼厅的开间极宽,西端竟然超出了陪弄,占了西路的地基。楼层高畅,可以俯视各进;装帧精致,沾满烟尘的挂落还在叙述着当初的豪奢。东端没有厢楼。

从东路的第六进前跨过陪弄,可以来到西路第六进前,西路第六进是平房。天井里有一口古井,青石圆形井栏,上面有线刻图案:飞翔的蝙蝠,下面一条长长的绸带,串在两个金钱的孔中。蝙蝠,谐音"福";吴方言"绸""寿"同音,故"绸"谐音"寿";吴方言"钱""全"同音,故"钱"谐音"全"。整个线刻寓意"福寿双全"。

两路的第六进后,都还有一进平房。

从大门前的规模来看,这两路宅子的东西两侧还应有几路房屋,而如今已经无法确认了。

陆宅的南面就是苏州城的中市河,陆宅向西 20 来米,就是著名的崇真宫桥。桥南堍西侧有一口双栏古井——"真泽泉",为几个世纪以来附近居民的"生命之泉"。但那两个古朴的石井栏圈竟被好古的"雅人""取"走。之所以用"取"字,孔乙己谓"窃书不是偷";当然,如此"风雅"的举措是不能用"偷"字来形容的。估计"取"走井栏圈的"雅贼",尚不知此处的风水绝非等闲;否则,恐怕会连井一起搬走。

* 小提示:

最靠近的公交车站站名:"皋桥""接驾桥西""中市桥"

星级指数：☆

吴士玉故居——"松苞竹茂"门楼

寻找"德邻堂"的主人
——吴士玉故居

"大儒巷",古称为"大木巷",转为"大树巷",后因为吴方言"树""儒"同音,更因为明代大儒王敬臣居此,而转称为"大儒巷"。大儒巷东起平江河,西至临顿路观前街东口,全长403米。这条巷子原来是"北巷南河"的格局,巷子很窄;那条小河,一头连接原临顿河,另一头连接平江河。上世纪中叶,河被填掉,大儒巷也就被拓宽成现在的模样。

大儒巷,是一条文化内涵极为丰富的街巷。

德邻堂吴宅位于大儒巷8号。实际上就是在大儒巷的西头,原来紧邻的是大儒巷6号丁春之故居,现在丁春之故居移建到大儒巷东头,原址正在修建长发商厦的新楼,也就是说,如今的德邻堂紧靠着长发商厦,其对门就是苏州市平江区市民科技文化活动中心。

德邻堂坐北朝南,应是三路七进。现在这座宅子住着多户居民,甚是混乱。

因为长发商厦的扩建,西路大部分已被拆除,从南面建筑工地只能遥望第四进的半个楼厅。

正路门厅及其左右开着多家不同的店铺,但尚能找到苏州市控保建筑的蓝牌。屋檐下的那些"一斗三升"牌科,有几组只剩下"两升"。门厅北尚有残存的砖雕门楼。

第二进轿厅进深十米,虽然梁架完好,但是被多户人家侵占,面宽三间的厅堂两面都隔做了房间,只剩下一条堆满杂物的通道。后面的砖雕门楼已被拆除。

第三进为大厅,气势宏伟,面阔三间13.2米,进深11.6米。檐前有"一斗三升"牌科和镂空花板。前置船棚轩。室内壮硕的金柱支撑着巨大的扁作梁架,逢柱见斗,饰有山雾云和抱梁云,透出浓厚古朴的气息。木柱下是高28厘米的巨大青石石础,雕着花纹。但整个大厅被分割成好多小块,住着民工,估计是西面建筑工地上的工人。

大厅后的砖雕门楼最夺人眼球。由于时间久远,门楼的部分砖块颜色斑驳,有的已经泛黄。上额枋雕有荷花,下额枋中部题额为"竹苞松茂";上款为"丁未秋日";下款为"徐葆光书",东侧有两方印章,上面阴文的是"徐葆光印",下面阳文的为"太史氏"。门楼两侧是磨砖塞口墙,其下为须弥座,有武康石石雕。"竹苞松茂"出自《诗经·小雅·斯干》:"如竹苞矣,如松茂矣",比喻家门兴盛,也用于祝贺新屋落成。印章"太史氏"是对史官的称呼,清代修史工作归翰林院,徐葆光中探花后授职翰林院编修,因此可以称"太史氏"。结合落款人姓名和印章,以及明清时期并没有其他叫"徐葆光"的翰林,可以说,"竹苞松茂"题字者应是中过探花的徐葆光。据我们所知,这是苏州古城区内目前所知的唯一保存至今的"徐葆光古迹"。由此可知,上款的丁未年是雍正五年(1727)。

徐葆光(1671—1740),字亮直,号澄斋,长洲人。借姓潘,以吴江籍参加科考。康熙四十四年(1705)圣祖第五次下江南,徐葆光献诗而得召见,被带到京师。四十七年(1708)通过顺天乡试成为举人,康熙五十一年(1712)参加会试,未通过,却受康熙特赐参加殿试,被选为一甲第三名即探花,授翰林院编修。恢复徐姓。徐葆光才华出众,品格高雅,在内廷馆阁众臣中崭露头角。康熙帝十分看重他,当时,正值琉球新国王尚敬承继王位,康熙皇帝特赐徐葆光一品麟蟒服色,派往琉球任册封琉球国王的副使。出使期间,徐葆光撰写了《中山传信录》六卷,详述出使所见风情和中山国(琉球)的疆域、政治、经济、宗教和民俗等情况。此书中,附有琉球国所绘地图,钓鱼岛不属琉球36岛内,也就是说，琉球列岛不包括钓鱼岛，钓鱼岛与日本没有丝毫关系。这是钓鱼岛理所当然属于中国的最早且全面的铁证。

第四进和第五进都是楼厅。第四进楼厅有船棚轩，厅中磉石上是楠木鼓磴，但整体残破不堪。从方位辨析，第四进应与西路拆剩的半个楼厅对应。

楠木鼓磴

穿过第四、第五两进楼厅就是后院，从间距与布局来看，后院还应有两进房屋，最后一进平房尚在，应是当年下人的住处。站在平房前天井的高处，可看见西路最后的那座方方的更楼，尚未被拆除，幸甚。更楼是一种击鼓报时示警的建筑物，坚固，底层密封或只开小窗口，二楼以上多开窗口以便瞭望四周，也有亭阁式的较为开敞。在现代化的进程中，更楼因功能逐渐丧失而渐渐退出历史舞台。为了拍摄这份历史的印记，笔者在同伴的扶持下登上高处，换上长焦镜头，无奈更楼旁有遮挡物，只能放弃。

在东路，大约与中路轿厅对照处有一个高大的厅堂，前置船棚轩，厅中扁作梁架，保护甚好。如今是长发商厦的仓库，提货者进进出出络绎不绝。

大儒巷8号被称为"德邻堂吴宅"，那么，这个"吴"宅之主究竟是何许人也？当地的老人说是"吴状元"，这里是状元府。门厅前原来有照壁，照壁南是河，后来照壁被拆了，河也被填了。如此气势宏伟的大宅，看来这里的主人定是显宦。

清代住在苏州城内的吴姓状元共有三位，分别是嘉庆七年（1802）高中的吴廷琛（1773—1844）、嘉庆十三年（1808）高中的吴信中（1772—1827）以及道光十二年（1832）高中的吴钟骏（1798—1853）。但正路大厅后的砖雕门楼为徐葆光1727年所题，其时三人中最长者尚未出生。更何况吴廷琛有故居在白塔西路80号，状元第在青石桥畔；被有些人认为的吴信中故居在中张家巷的新建里；吴钟骏故居在潘儒巷79号、81号。——都与此宅无关。笔者查阅了大量资料，认为这座宅子曾经的主人应该是康熙四十五年（1706）的进士吴士玉。

苏州吴氏素称"吴中第一世家"，以泰伯为始祖，其后裔分支较多。其中泰伯五十九世孙吴良在唐代任歙县县令，以后定居徽州，成为该地吴姓始祖。其后裔泰伯九十二世孙吴敏学于明成化十一年（1475）中进士，授宜兴教谕，后迁

吴士玉

苏州府学教授，成为徽吴迁苏的始祖。这一支到苏后起初定居至德庙（即泰伯庙）东边的"皋桥里"，故称"皋庑吴氏"。吴士玉为吴敏学第十世孙。

吴士玉（1665—1733），清代大臣，字荆山，号䗶庵，吴县人。14岁中秀才，江苏巡抚宋荦延聘他教子弟。康熙四十四年（1705），宋荦向皇帝呈上徐葆光等十五个青年才俊的诗文，其中重点推荐了吴士玉。为宋荦一起看中推荐的同乡人才，徐、吴两人定甚为熟稔。吴士玉为康熙四十五年（1706）进士，徐葆光为康熙五十一年（1712）进士，同为苏州人，往来应该较多。所以说，吴士玉请徐葆光题写砖雕门楼顺理成章。

吴士玉历官翰林院庶吉士、武英殿纂修、总裁，内阁学士兼礼部侍郎、资政大夫，入直南书房，左都御史，特旨许紫禁城骑马，进礼部尚书……于雍正二年（1724）任户部右侍郎，四年（1726）迁户部左侍郎，而德邻堂竣工于五年（1727），作为二品大员，完全有能力修建（或从别人手中购入重修）这种规格的豪宅。

更为重要的是，这座宅子的正厅名为"德邻堂"。"德邻"的含义似乎难解，但如果联想到他们"皋庑吴氏"当年曾与至德庙为邻，号称"德邻"，一方面表示当年的居住状况，一方面表示不忘先祖泰伯，就很明白了。

当我们走出这座宅院，回到大儒巷时，不禁对姑苏的文化浓度发出由衷的感叹。首先，一座宅子，竟然能牵涉苏城三位都是姓吴的状元，他们先后高中的时间在30年之内；其次，短短的400来米的大儒巷，竟然集中了那么多的名人名宅，从西到东，有丁春之故居、吴士玉故居、韩崇故居、潘镒芬故居……另外，还产生了王敬臣这样的一代大儒。这，难道仅仅是巧合吗？

* 小提示：

最靠近的公交车站站名："醋坊桥观前街东"

星级指数：☆☆

眉寿堂前话"眉寿"
——叶天士故居

苏州上塘河,又称枫桥河,是东起苏州西护城河阊门外吊桥北侧,西至枫桥外的河道。20 世纪 70 年代江南运河苏州段改道以前,是江南运河的干流,一直是苏州古城西部的主要交通运输要道,现在是京杭大运河通向苏州古城的支流之一。横跨上塘河的东首第一桥,就是著名的渡僧桥。渡僧桥北,有一条沿上塘河由东通向西的小巷,名叫"渡僧桥下塘"。

吴中名医叶天士故居"眉寿堂"就位于渡僧桥下塘 46、48、50、52、54 号,向西不远就是"广济桥"。关于"眉寿"的"眉"是什么意思,古往今来有过很多不同的说法。《诗·豳风·七月》:"为此春酒,以介眉寿。"孔颖达对此进一步解释:"人年老者必有豪毛秀出者,故知眉谓豪眉也。"意思是由眉之长短而知寿之高低,所以说,"眉寿"就是长寿之意。医生治病救人,令人长寿,叶天士取此堂名,可谓寓意深刻。

当年的陪弄

苏州市人民政府 2003 年所挂的"控保建筑"保护牌,在"渡僧桥下塘 48 号"门牌的上方。48 号的石库门旁,还钉着一块杏黄色木牌,上有"叶天士故居"字样。

宅在巷北侧,朝南,原是三路七进。相传太平天国时曾被用作纳王府,可见当时的豪华和显赫非同一般。如今,三百多年的风风雨雨,让这座古宅面目全非,云烟散尽。剩下的,是残破的门楼、被肆意分割的厅堂,以及堆满杂物、晾晒着衣服的天井,仿佛曾经的辉煌是梦影。走在那长长的过道(应该是当年的陪弄)里,如同信步在时光的隧道里,也许有一种岁月叫感怀,它可以冉冉生出无尽的况味,让久居在钢筋水泥包围下的我们,开始重温姑苏名宅的旧景。而历历在目的,硕大的梁枋、精细的雕刻,似乎在低吟浅唱着巨型建筑昔日的宏伟之歌。

东路由南而北应是下房、东书房、厢房、厨房、柴房。在东路和中路之间的陪弄中,我们与几个久住于此的老人闲聊了几句。一位老人遥指中路大厅高高的屋脊,无奈地说,如今这里院中有房,厅中有楼,就如热水瓶,外壳内包着瓶胆,也不知道怎么办才好。

中路第三进为大厅,很大的三开间。但已被改成了两层居民楼房,依稀能辨出当年宏大的规模。此时,我们终于悟出了"热水瓶"的含义。庭前的砖雕门楼仍在,但其上的雕饰荡然无存,仅剩下飞檐斗拱,使我们想象起当年诞生和生活在这里的一代名医的状况。

老宅东侧有一条与"渡僧桥下塘"垂直的小巷,名"西叶家弄",明明在宅东,却称作为"西",这是为了与苏城东面因叶梦得而得名的"叶家弄"有所区别。该弄宽约二米,长百米许,叶宅进深已占了弄长的一大半,弄中有侧门通内宅,供出入之便。

跨过"渡僧桥下塘","西叶家弄"南伸段称"水叶家弄",十来米长,直达上塘河。河边有一个石砌的小码头,为叶氏专用码头,以停靠病家求诊船只和叶氏出诊船只,当地竟然有人称之为"御码头"。

渡僧桥堪称当时之水陆要津,桥北便是七里山塘,甚为熙闹。医家在此枕运河依山塘的渡僧桥畔设诊,诚为理想。

儿时,曾听到过一个关于叶天士的故事。江西龙虎山的张天师游苏州,住在上塘河对面的朝真观(现苏州五中所在的义慈巷内)。他被舌尖上的美味所诱惑,尽管神通广大,还是吃坏了肚子。于是,"仙人"只能求助于"凡人",不得不跨过上塘河,问诊于叶天士。叶天士把脉看舌苔,药到病除,使得原以为不能"眉寿"的张天师感激涕零。一天,张天师乘轿经过渡僧桥,忽然看见叶天士出诊的小船从西而来,马上指令停步,发出口谕:"让'天医星'先行。"这或许就是"册封"吧,从此,"天医星"的称呼不胫而走。

笔者对叶天士颇感兴趣,是因为在苏州拍摄和首映的一部名叫《姑苏一怪》的电视剧,其主角就是清代苏州一代名医叶天士,后来又通过一些其他途径,逐渐对叶天士有了进一步的了解。

叶天士(1667—1746),名桂,号香岩,晚号上津老人。叶天士的祖父、父亲两代都是当时有名的医生。叶天士十四岁时父亲去世,他先后跟从过十七位老师学习医术,但学得其术"辄去之"。也就是说,学会了就主动"出师",绝不拖泥带水,守一家之学。

叶天士一生行医近七十年。他医术高超,在长期的医疗实践中创立"温病学说",发明"杂症论治",突破了《伤寒论》的范畴,为中医学的发展作出了重要贡献,历来被誉为"吴门医派"的杰出代表。叶天士的医术

叶天士

多惠及贩夫走卒、引车卖浆之流,史书称他"居家内行修备,尤能拯人之危",口碑极好。坊间,早已将他的医术传得神乎其神。叶天士堪称吴中杰出医家之最。

关于叶天士还有一个传奇故事——"治贫"。一天,一个衣衫褴褛的人闯进了叶医生的诊室,声称:"我一无内患,二无外伤,只是太贫穷了,你可会治贫吗?"叶天士捋着胡须笑道:"'贫'也算种病啊?既无佳肴滋补,又频添忧愁伤身,可谓有损元气。不过要治它也不太难。我看这样吧,我送给你一枚橄榄,只许你吃肉,光留核,再把它种下长大,到明年自然就不穷了。"来人觉得风马牛不相及,本当不信,但见叶天士说得诚恳,便拿着一枚橄榄满腹狐疑地回去了。第二年,橄榄树就长高了,挺拔的小树上长满了绿叶。没过多久,怪事出现了,买橄榄叶的人竟像赶庙会一样,接踵而来。虽然每人只买几片,价钱也便宜,但一树浓叶何止万千,所以那人就此发了个小财。再以这笔钱做起了小本买卖,不久便成了小康之家。原来,叶天士早料到明年会有某种传染病流行,配合医治此病的药引必须用橄榄叶。满城的药肆就是没有这东西,病家只好在叶天士的指点下,去那人处买橄榄叶了。不必去辨别此事的真假,我们想说的是,橄榄叶虽小,但从中可以看出叶天士对穷人的关心,尤其是对流行病的预测能力。

著作

叶天士生前天天求医者

盈门、日日忙于诊治病人,无暇亲笔著述。他留给后人的宝贵医学著作,全部都由他的门人和后人搜集、整理。其主要著作有《温热论》《临证指南医案》《未刻本叶氏医案》等。

叶天士深知当医生的不易,所以他在临终前告诫自己的儿子们说:"医可为而不可为,必天资敏悟,读万卷书,而后可借术济世。不然,鲜有不杀人者,是以药饵为刀刃也。吾死,子孙慎勿轻言医。"——求"眉寿",人之所欲;但万一走错了,得到的就是"夭寿"。

* 小提示:
最靠近的公交车站站名:"广济桥首末站"

星级指数：☆☆　　　　　　　　　　　　　　　　沈德潜故居——乾隆御笔

君恩深似海乎？
——沈德潜故居

甘罗十二拜丞相,姜子牙八十遇文王。前者以"少年得志"著称,后者以"大器晚成"传颂。然而,"大器晚成"并不是姜子牙的"专利",苏州就有这么一位有名有姓、有房有居、有著有作的"大器晚成"的江南老名士——沈德潜。

沈德潜(1673—1769),字确士,号归愚,清代苏州人。他满腹经纶,但走科举之路却屡败屡战,从22岁参加乡试算起,40年中经历了16次失败。40岁那年,他写了一首《寓中遇母难日》自表:"真觉光阴如过客,可堪四十竟无闻,中宵孤馆听残雨,远道佳人合暮云。"不甘寂寞的心情溢于言表。乾隆四年(1739),他终于考中进士,但已经是67岁的老头了。

关于沈德潜故居,过去认为有三处。木渎为其一,就是如今的严家花园;葑门一处为别墅,而且当作供佛的地方,现更是无踪可寻。阔家头巷26号的一处才是沈德潜的主要住宅,建成于乾隆十一年(1746)之前,据说原有七进,

沈德潜

200多年来几易其主。《苏州市志》载：

　　沈德潜故居，即教忠堂，在带城桥南阔家头巷。沈德潜是清代著名诗人，官至礼部侍郎。故居坐北朝南，现存照墙、门厅、大厅及贯穿前后的东备弄，占地约480平方米。大厅面阔3间10.8米，进深10.6米，前置鹤颈轩，扁作梁，雕饰棹木，楠木步柱，青石鼓墩（本书中都作"鼓磴"），尚存清代前期建筑风格。原轿厅、两进楼厅和后园已废。

　　1993年重修，恢复了第二进轿厅。目前整修一新的仅仅为当年的一小部分，为一路三进。现为苏州市文物保护单位。

　　沈德潜的故居坐北朝南，东邻古典园林网师园，大门南面有一照壁，也属于故居的范畴。过去的大户人家隔着街都有照壁，一是大门口可以停车停轿，二来免得大门朝着别人家的门或者街巷，有碍于自己家的兴旺发达。

　　第一进挂着"沈德潜故居"的匾额，为苏州著名书法家瓦翁所写，当中是"沈公德潜先生像"，两侧为沈德潜自撰的抱柱联，曰："特承宸藻褒耆硕；满载恩波狎鸳鹞"。"宸藻"指帝王的诗文，"耆硕"指年高德重者，为乾隆皇帝对沈德潜的称呼，上联指自己得到皇帝的恩宠。而下联中的"鹞"即是鸟儿，下联的意思是自己在皇帝的恩宠下过着自在的生活。

　　第二进正间挂着乾隆的御笔"诗坛耆硕"匾；两旁楹联为："种树乐培佳子弟；拥书权拜小诸侯"，为沈德潜自撰，意思可能是退休后自己过着看书教书的逍遥日子。

　　最后一进是大厅，高悬着当代书法家顾廷龙书写的"教忠堂"匾额。此堂梁栋之间装饰物较为特殊，称为"纱帽翅"，像官帽上的两翅，与房屋结构无关，仅起装饰作用，表示房主人的身份。

　　徘徊在沈德潜故居，记忆中的往事缓缓浮现，而印象最为深刻的是他的"三高"。

其一,"年岁高"。这位67岁中进士的老人直到乾隆三十四年(1769)去世,终年97岁。追封太子太师,赐谥"文悫",入贤良祠祭祀。乾隆还为其写了挽诗,以钱(钱陈群)沈二人并称"东南二老",极一时之荣。

其二,"学问高"。他论诗主张"格调说",所谓"格调",本意是指诗歌的格律、声调,同时

纱帽翅装饰

也指由此表现出的诗歌的"蕴蓄""理趣",以及富于变化的美感。此说与王士祯的"神韵说"、袁枚的"性灵说",在当时的诗坛上各占一席,他们都是乾嘉间诗坛领袖人物。他的主要著作有《竹啸轩诗钞》《归愚诗钞》等,主要编著有《古诗源》《唐诗别裁集》《明诗别裁集》等,现存诗歌2 300多首。

其三,恩宠高。沈德潜67岁跻身仕途,自称爱才如命的乾隆皇帝看到了白发苍苍的"沈老",怜才之心顿起。据说对沈德潜的诗名,乾隆早有耳闻。乾隆七年(1742)四月十九日,庶吉士们参加例行的散馆考试,沈德潜与袁枚等人同试于殿上。乾隆帝询问谁是沈德潜,沈德潜跪下奏道:"臣是也。"乾隆帝问:"文成乎?"沈德潜回答:"未也。"乾隆帝笑道:"汝江南老名士,而亦迟迟耶?"数日后,沈德潜被任命为翰林院编修。沈德潜从此一路官运亨通,扶摇直上,直到退休之前,一直没有离开皇帝的身边。如此好运的沈德潜,主要的凭借,就是写得一手好诗,并能够低调地迎合圣意。在乾隆的算盘里,豢养着一个沈德潜是特别合算的事情,一可标榜自己"敬老",二可显示自己"惜才"。君臣两人或消夏吟诗,或围炉对话,切磋诗艺,不亦乐乎。乾隆十一年(1746),沈德潜任内阁学士。此时他的夫人俞氏已去世,他夜梦夫人,醒而成诗。乾隆帝阅后为之感动,对他说道:"汝既悼亡,何不假归料理?"八月,沈德潜请假归葬。乾隆帝谕不必开缺,命给三代封典,并赐诗宠行,有:"我爱德潜德"之句,侍郎钱陈群在旁唱和曰:"帝爱德潜德,我羡归愚归。"赐诗与和诗中巧妙地嵌入沈德潜的名号,一时传为文坛佳话。后乾隆又为他的《归愚诗文钞》写了序言,并赐"御制诗"几十首与他。在诗中将他比作李(白)、杜(甫)、高(启)、王(士祯)。沈德潜77岁辞官归里,后获特许,在苏州建生祠,祠址在沧浪亭北的可园西侧。

然而,正是因为这个"三高",给沈德潜带来了厄运。

俗话说"伴君如伴虎"。如果不是高龄考取进士,也不会引起乾隆皇帝的注意,也就没了后来的一系列遭遇。

沈德潜编了一部《国朝诗别裁》,当然是"盛世"之"颂歌",并将此敬献给乾隆。不料,马屁拍到了马腿上,因为《国朝诗别裁》将钱谦益列为集中之首,乾隆甚是恼怒。明末的文坛领袖钱谦益投归了大清,应该算是大清的自己人,但乾隆自诩敬"英雄"不敬"叛徒"。沈德潜没有摸透皇帝的心思,凭着自己过人的学问,纯粹从"艺术"出发,把钱某也列了进去,引得乾隆大骂他是"老而耄荒"!乾隆四十三年(1778),江苏东台县发生徐述夔诗案,已故举人徐述夔所著《一柱楼集》诗集被定为"反动作品",引起一场文字狱。"沈老"与徐某过从甚密,曾特地为徐氏做了"传记",因此受到株连。乾隆大怒之下,亲笔降旨追夺沈德潜阶衔,接着罢祠,削封,仆碑,就差"鞭尸"。沈氏所有荣华顷刻之间化为泡影。如果沈德潜没有那么高的学问,能做那样的事吗?

乾隆之所以恩宠沈德潜,有人认为沈德潜其实是乾隆的"枪手",乾隆的诗,其中不少出自沈的手笔,或者说经沈润色过。老名士、老大臣沈德潜十几年伴君,小心翼翼,如履薄冰,如临深渊,没有透露过半点"给皇帝改文章"的得意,由此挣来了逐年增加的恩遇。但是,老名士虽然已经变成了老大臣,虚荣心仍在,替皇帝改文章那种难逢的荣耀,虽然当初不敢说破,却不想从此被湮没。因此,在自己的遗稿中,还是留下了表白自家荣耀的明确痕迹。不想,老名士想传之后世的,恰是皇帝所格外忌惮的,沈德潜死后,乾隆借故从沈的家人那里骗来了沈的遗稿,这下老名士露了馅儿。皇帝龙颜大怒,再加上徐述夔诗案,死后的沈德潜就倒了大霉。

往事已矣。乾隆皇帝对沈德潜宠幸有加,一度令世人称羡。沈德潜归田之前,受命校勘御制诗稿。乾隆帝对廷臣说道:"朕与德潜,可谓以诗始,以诗终。"此话不幸而言中。沈德潜正是因诗受到皇帝的宠幸,也因诗受到皇帝的批评,死后又因诗受到皇帝的惩罚。"君恩"真能"深似海"乎?悲夫!

* 小提示:
最靠近公交车站站名:"网师园"

星级指数：☆☆☆☆　　　　　　　　　　　　　　　潘麟兆故居——五层门楼

诗礼继世，耕读传家
——潘麟兆故居

姑苏平江河中段有一座苏军桥，又称苏锦桥，俗呼青石桥。王謇《宋平江城坊考》曰："苏军桥，范、卢、王三《志》均著录。按：在南显子巷东，今其半名南石子街。"看来，宋代已有此桥。据说桥名与桥东北的军营"威果二十八营"有关，然而因语焉不详，无法查证。《平江图》中威果二十八营在今平江路东面不远处与平江路平行的仓街上。现在的苏军桥全部由青石砌成，东西走向。桥西是南石子街与南显子巷，桥东，就是一条叫"卫道观前"的幽静的小巷。

卫道观前东起仓街，西到平江路，因在卫道观的门前（南面）而得名。卫道观为旧日苏州城内"三宫九观"之一，位于目前的卫道观前16号，1982年被列为苏州市文物保护单位。卫道观初名会道观，始建于元初，明初归并于玄妙观，成化十二年（1476）住持张复淳重建，嘉靖二十年（1541）长洲县令吴世良捐俸修葺,更今名。清康熙四年(1665)周弘教重修扩建,嘉庆十五年(1810)再修。光绪十四年(1888)、1917年和1953年又几度修缮。但1958年后,一直作为苏州医疗用品厂和皮卷尺厂的厂房,破坏情况甚为严重。如今,卫道观经过新一轮的整修免费开放,力图以持续不断的展览、演出、论坛、讲座等文化交流项目,构筑一个跨越学术、艺术等诸多内容于一体的多功能交流平台。此创意令人拍案叫绝。

苏州人说,苏军桥是一座联系"富"与"贵"的桥。苏州潘氏是徽商后裔,同时也是著名的科第世家,江南望族。潘氏有"富潘"和"贵潘"之分。"贵潘",系潘世恩、潘祖荫一族,他们的宅子主要在苏军桥之西的钮家巷和南石子街,我们本书中有介绍。"富潘"代表性的宅子礼耕堂在苏军桥东堍的卫道观前1—8号。虽距繁华的观前街只有咫尺之遥,却有难得的幽雅静谧。

如今,礼耕堂门前挂着文物保护标志牌,上书"苏州市文物保护单位 卫道观前潘宅(礼耕堂) 苏州市人民政府一九八二年"。在东二路的门前,还悬挂着省级文物保护标志牌。2014年6月28日大运河申遗成功,礼耕堂"搭车"升级为全国重点文物保护单位。

乾隆四十八年(1783),潘家耗资三十万两白银,历经12年,翻建卫道观前宅院,扩建至13亩,建成了五路六进巍峨气派的大宅子,建筑面积达7500平方米。其规模几乎是山西乔家大院的两倍。礼耕堂潘宅坐北朝南,东到徐家弄,西抵平江路,后门可通到混堂巷,规模庞大,屋宇高峻,2005年已修复的中路与西路占地约2000平方米。该宅中路有门厅、轿厅、大厅及后进楼厅,建筑群以大厅为中心,但略略偏重于东侧,全部粉墙黛瓦,以白灰为主色调,屋宇都为木梁架结构,高大敞亮。

中路前两厅暂未开放,第三进大厅就是"礼耕堂",颇为豪华,为巨大的三开间。正间上方高悬着浓缩潘家祖训"诗礼继世、耕读传家"的匾额"礼耕堂",白底黑字,为清代书法家梁同书所书。梁同书和刘墉、王文治、翁方纲齐名,绍兴鲁迅先生的私塾老师寿镜吾先生正书房上方悬挂的匾额"三味书屋"也是梁同书所写。上世纪中叶,礼耕堂的匾额流于民间,自此不再露面。

礼耕堂

现在悬挂在礼耕堂上的匾额,应是集字而来。匾额下方为传统的六扇白墙屏门,但不知何故,同样开阔的两侧的白墙屏门却都为四扇,并可看出这四扇白墙屏门中的每一扇都明显宽于正间的六扇。大厅的抱柱楹联大红底子,阳文篆体,联语为"心术求不愧于天地;言行留好样与儿孙",落款为"吴大澂",含义并不深奥,仅是对"诗礼继世、耕读传家"的简单注解。大厅内两侧山墙下半部,都贴着青砖墙裙,就如当今的"护墙板",砖色斑驳,估计修补过。

据说,"富潘"家鼎盛时曾经有八座砖雕门楼。礼耕堂前就是潘宅目前保存完好的五座砖雕门楼之一,是一座气势恢宏、层次丰富的五层砖雕门楼。楼顶为歇山庑殿式,四角高翘,为古宅门楼中极为罕见之例证。门楼北面,正对礼耕堂正厅的字碑上面镌刻"秉经酌雅"四个大字,左右兜肚凸起,雕有线香熏图,四周以回纹边装饰。用料为质地细腻的水磨青砖,深合"绮、妍、精、绝"的江南砖雕风格,充分体现苏州传统手工砖雕的高超技艺,堪称清代砖雕上品,具有较高的历史和艺术价值。如今,这座门楼在爬山虎的环绕下透出重重古韵,与礼耕堂正厅遥相呼应。

东侧两路现散为民居,被分割得支离破碎,挂路牌为"民生里"。朝南有两个门宕,内部相通。东一路中部建筑被1947年正月初一凌晨的大火烧毁。东二路最靠南是花园,现况令人心酸,住在花厅的潘氏后裔告诉我们,花园的太湖石被有关方面用吊车装走了,据说运到美国纽约大都会艺术博物馆建"明轩",他们多次抗议,但没人理睬。

东路尚保存砖雕门楼两座,其一为双面门楼,尤属珍贵。

西二路售予许氏,西一路目前已修复开放。

西一路第一进后有一个向北的砖雕门楼,题额为"诗礼继世",这座门楼重建的痕迹很明显。门楼西侧为一口古井,再向西是一个圆洞门,典型的苏州园林风格,额为"观复",通向一个小巧玲珑的花园,这个小花园确实值得反复观看。

第二进三开间,前设走廊,有挂落,走廊两侧有通向东部陪弄(弄东就是正路建筑)和西部花园的边门。厅内灯盏高挂,屏风典雅,一桌一椅尽显端庄大气,有浓浓的苏州味道。六角形的案桌上置放着各种名茶,在厅内流连,甚至能闻到一壶清茶的淡雅与芬芳。然而厅后与第三厅之间有一座木质的六角亭的框架,亭顶没有盖瓦,无法猜测设计者的意图,但旁边随风飘曳的帘子很有朦胧之美,不由让人想起《中国好声音》的当红歌手霍尊的《卷珠帘》:

镌刻好,每道眉间心上,画间透过思量,沾染了,墨色淌。千家文,都泛黄。夜静谧,窗纱微微亮。拂袖起舞于梦中徘徊,相思蔓上心扉,她眷恋,梨花泪静画红妆,等谁归,空留伊人徐徐憔悴。啊,胭脂香味,卷珠帘,是为谁啊……

第三厅虽为新整修,但颇具古朴味,三开间,当中六扇落地长槅扇,两侧各四扇。厅内较宽敞,抱柱联曰:"金玉其言芝兰其室,诗书为友道德为师"。厅中置放着案几,与一般园林不同的是,此处的椅子可供参观者休憩。厅后也有一座砖雕门楼,额曰:"耕读传家",也像是重建的。

第四进为楼厅,门楣上挂有"酌雅"的匾额。下层当中六扇落地长槅扇,两侧各六扇短窗。这是一个阅览室,放着诸多书架,置放着大量的书籍。西侧书桌上,是一张当天的《苏州日报》,上面正好有一篇《苏州古宅开体验中心,礼耕堂里感受苏式生活》的介绍文章。在这样的大厅中,手捧一杯"碧螺春",翻阅书刊,感受吴文化,实在是一种温馨。楼上是茶室,也有包厢,三五好友,或轻声细语,或高谈阔论,也许,能触发某一方面的灵感。

最北面是一条上下两层的走廊,挂着苏州平江路街区当年一些故宅的老照片,颇能引起参观者的联想。

说到灵感与联想,不由得使人想起苏州"富潘"的一段轶事。清康熙年间,安徽潘氏迁吴第九世潘麟兆(1687—1763)改习商贾,开启了致富的大门。坊间流传着潘麟兆的第三个儿子潘元纯名扬京都的故事。或许是偶然,在京城的潘元纯得到了"某宫皇太后将不久人世"的消息,深谙贸易天时地利的潘元纯立马赶回苏州,贮备大量黑纱、白布运抵北京。几日后,皇太后去世,举国哀悼,其店铺黑纱、白布销售告罄,潘家在京城也声名鹊起。

中国人有根深蒂固的家族观念。在潘家,这种家族观念如同接力棒,一棒又一棒恰到好处地交接着,并不断光大。礼耕堂初始规模不大,"富潘"历史上最兴盛时期为乾隆年间潘麟兆的长房长孙潘文起主持之际。潘文起年届18即承祖业主持家政,勤勤勉勉,与其弟轮流前往京城辅佐叔父治业,家业渐庞,富甲一方。从这点上来说,潘元纯的成功绝非偶然。

西一路第四进楼厅

姑苏百姓津津乐道的是"礼耕堂"乐善好施的传奇：乾隆五十年(1785)潘家捐银一万二千两赈灾,用于修建水利、文庙;1787年拓建卫道观前潘宅的时候,潘文起终于实现了祖父的遗愿,购置义田(含祭田)约四千余亩,并于嘉庆八年(1803)建造混堂巷内的"荥阳义庄",嘉庆帝赐"乐善好施"匾额予潘家;1841年,潘家十三世潘筠浩等捐资修建醋坊桥至察院场所需之长条石路;至于日常赈灾济贫、布施财物药品更是乐而不疲。礼耕堂掩映的大门里那些升腾的温暖,曾经弥漫了半个苏州城。

苏州市政府地方志办公室的张学群先生考证潘氏家谱后说："从家谱上看不出潘家有多么富有。过去的生意人都不张扬,他们从穷到富,怎么富起来的,外人都不得而知。那时候积累财富都要好几代人的努力,不像现在,可能几个月就富了。"从潘家的祖宅起名为"礼耕堂"可略知一斑——诗礼继世,耕读传家。

* 小提示：
最靠近的公交站名："醋坊桥观前街东"

星级指数：☆☆　　　　　　　　　　东花桥巷汪宅——"鲤鱼跳龙门"门楼

气度不凡的"鲤鱼跳龙门"
——东花桥巷汪宅

　　姑苏城的东北部，有一条南北走向的大路，这就是临顿路。据《吴地记》载，吴王亲征东夷时，曾在此临时停顿憩息，设宴犒赏军士。后来，就在此置馆建桥，均以"临顿"命名。"临顿路"亦以此得名。

　　临顿路上有过一座花桥，历史久远，倍受青睐，曾在苏州当太守的白居易，离任后在扬州写下了"扬州驿里梦苏州，梦到花桥水阁头"的诗句。历史上苏州纺织工业非常发达，待雇的花缎工一般都聚集在花桥附近，也就是说，花桥一带是当时的"劳务市场"。花桥东西两端各有一条幽静的小巷，分别名为东花桥巷与西花桥巷。

　　东花桥巷是一条诗意的小巷，它还保持着苏州特有的历史韵味。

　　东花桥巷33号，是一座坐北朝南，三路六进的苏州市文物保护单位，这就是气度不凡的"东花桥巷中和堂汪宅"。这座宅院现有建筑面积4 000平方米。建筑总体布局和木结构厅堂楼室仍保留古朴的清代建筑风格。

清初,安徽休宁汪士荣迁苏,其后代即居住于此。但此宅究竟为何人所筑,目前已无法探究。能够见到的最久远的可靠年份,就是轿厅后天井内砖雕门楼上的题额,上款显示为"康熙乙未年(1715)"。

汪宅大门

说这座宅院气度不凡,首先是门面。中路门面既不是一般的青砖白缝,也不是白灰粉壁,而是水磨方砖作菱形砌就。门厅是面阔三间的硬山顶建筑,仔细观察,可发现正间外额枋上有四组"一斗三升"牌科,东西两间外额枋各有三组"一斗三升"牌科。门厅被"将军门"分为前后两部分,扁作梁架,船棚轩,可惜东西次间已被封闭作为民居,无法一睹真容。

二进为轿厅,住有多家居民,无法进入,但可通过正间直达其后。敲门进入第三进正厅院落,回头,就是那座最有名气的砖雕门楼。门楼为硬山式的清代早期砖雕门楼,其样式、雕刻的纹饰,均为苏州地区不可多得的精品。

门楼题额为"质厚文明",显然,主人指望子孙质朴敦厚,通过读书发出光彩。上款能辨出"康熙岁次乙未孟冬穀旦"等字样,下款应是题额人姓名,只能依稀辨出"蔡升元"等字样。东西兜肚分别为"福""禄"二星形象。

下额枋为完整的"鲤鱼跳龙门"浮雕。西侧五条鲤鱼姿态各异,在汹涌的波涛中跃跃欲上;中部为波浪中的一座"龙门",而东部是一条在浪涛中腾空而起,直冲云霄的龙。惟妙惟肖的图案,寓意生动而明确,令人啧啧称赞。

上额枋为浮雕"状元夸街"。"金榜题名"和"状元夸街",是古代科场举子殿试后梦寐以求的场景:皇帝在金銮殿传胪唱名,钦点状元、榜眼、探花和进士后,状元领着诸进士拜谢皇恩,观看张贴金榜,然后回府。读书人一旦金榜题名,便如"鲤鱼跳龙门",成为天下人皆知的新权贵。此浮雕逼真地显示了这一盛况,数十人物栩栩如生,鸣锣者趾高气昂,骑马者神采飞扬,持旗盖者、旁观者姿态各异。

"状元夸街"场景浮雕与屋檐之间还有六组"一斗三升"砖雕牌科,其间夹着五个"福"字,以讨"五福临门"的口彩。但这五个"福"都已"变形",从西至东,第一个"福"字由书本砚台构成,第二个以"孔方兄"为主,第三个由龙头拐杖和"寿"组合而成,第四个人物、房屋、田地各显奇妙,第五个则被书简占据了主要部分。简简单单的一个"福"字,被雕刻艺术家用独特的语言,表现得如此形神兼备又入木三分,值得推崇。相信每一个来此瞻仰过的人,都会感受到传统文化的力量,更会重新衡量"福"的要义,而不会用扭曲的眼光来看待金钱和地位。

整座门楼雕刻细致,内容浑然一体,令人玩味。"质厚文明"是对子孙的期望,但其基础就是"鲤鱼跳龙门",而"鲤鱼跳龙门"的具体表现就是"状元夸街",跳过了龙门,就"五福俱全"了。

大厅中和堂面阔三间,包括天井已被三户人家分割,只能从东陪弄抬头体会其大致的规模。

大厅后还有三座楼厅,第二进楼厅(总第五进)前也有一座硬山式砖雕门楼,布局十分简洁。题额"引领紫微"四字保存完好,上款为"嘉庆己巳小春月为莲亭五兄世老先生书",下款为"支山弟范来宗"。范来宗(1737—1817),字翰尊,号芝岩,一号支山,吴县人。范仲淹后裔。乾隆四十年(1775)进士,官翰林院编修。"紫微星"为诸星之首,此额岂不是对拜相的渴求?

东路最南为花园,第一进就是著名的鸳鸯楼,住有多户人家,只能通过海棠形的窗花雕刻想象当年的盛况。

第一进与第二进之间还有一座砖雕门楼,上额"兰署金梯"。"兰署",即兰台,汉代中央档案库,典藏十分丰富,东汉明帝时任班固为兰台令史,以后一批著名学者先后任兰台令史,他们在兰台管理档案,典校秘籍、撰写史书。进入"兰署"的"金梯",唯读书耳。可见,第二进楼房应是汪氏子弟读书之处。

在正路门前的文物标志牌上,写有"西部原为义庄",实际上,这座宅子的西路如今住着大量的居民,只有那口泉水清冽的老井,透着古韵。真正的"汪氏义庄"在东花桥巷东端的平江路上。

义庄,一般由族中富人捐助设置,为族中贫寒人士服务。其功能如救济口粮、衣物,教育宗族子弟,发放婚嫁、丧葬费用,赠与参加科举的费用等,另有借住房屋、借贷等功能。据我们所知,苏州乃至全国最早设置义庄的是北宋贤臣苏州人范仲淹。范仲淹出身贫寒,当年读书时只能以粥果腹;富贵以后,不忘当年,对平民比较关注。范

海棠形窗花

氏义庄是范仲淹及其后人以自身力量体恤族人,以家族纽带解决一部分人的社会福利问题的尝试。因此,义庄受到了封建时代各级政府的欢迎、支持和保护。

汪氏诵芬义庄已升格为苏州市级文物保护单位。2006年《平江区志》曰:

汪氏诵芬义庄

民国《吴县志》载,义庄在"平江路魏家桥南,清道光二十二年(1842),汪景纯与从子廷柟(似为"楠")承其父翼铭遗志创建。置田一千零八亩五分五厘三毫,巡抚梁章钜题请建坊,潘世恩记"。

现在能见到的汪氏诵芬义庄为平江路254号,坐东朝西,两路五进。宅前有八字形河埠码头,如今是平江河游船码头。正路为"上下若"茶酒馆,名取天地人和,四方依顺之意。南路最西面为"巷子里的阳光"茶酒馆,后面是民宅。现在,整座宅第已修复成为平江路历史街区北端的第一景点,也是古代平江路新的历史延续的体现。

"君子爱财,取之以道"是必须遵循的原则。有了财后怎么办?如汪氏般建义庄关心同族的人士,必将得到族人的拥戴。得道多助,或许与"跳龙门"密切相关。

大量的汪姓人士自明代中期起由徽州陆续来苏经商,在部分子弟继承祖业的同时,安排另一些子孙读书应试"跳龙门",逐渐步入仕途文苑。据我们所知,有清一代,汪氏中就曾出过同辈弟兄汪凤池、汪凤藻、汪凤瀛和汪凤梁等四位知府级官员。笔者幼时曾听说,中和堂这座大宅的最初兴建者,是清代的汪状元。然而在查阅清代状元名录后却发现,清康熙年间苏州一府确实出过两位汪姓状元,但都是常熟人士,不知他们与中和堂汪宅有无关联。

* 小提示:

最靠近的公交车站站名:"市立医院东区东"

星级指数：☆☆☆　　　　　　　　　　　　　　大石头巷吴宅——"舍穌履中"门楼

四时读书乐，尽得浮生趣
——大石头巷吴宅

姑苏人民路南起人民桥，北至平门桥，全长4 681米，为城区第一主干道，贯穿南北。人民路宋代称"大街"，后因形状如龙，改名卧龙街。《姑胥掌故》载，[宋]范仲淹创建学宫前，有一个风水先生对他说，盘门内，卧龙街南首有一风水宝地。因街的形状像一条龙，建议造宅，使子孙后代科举不绝。范仲淹听了则说："吾家有其贵？孰若天下之士咸教育于此，贵将无已焉？"后来，范仲淹就在这块"宝地"上建府学。张紫琳《红兰逸乘》称："卧龙街，南北直贯城中，形家云：街为龙身，北寺塔为尾，府学为首，双塔为角，取辰巽之气也。"清康熙帝南巡，府、县百官在此接驾，遂改名护龙街。

苏州人民路西侧，紧靠着公安局的北墙，有一条通向西面的"大石头巷"，巷子因一块大石头而得名。这块大石头，一度曾被认为是陨石，但至今并未通

四时读书乐——春

过鉴定。大石头巷 36 号的门口,挂着省级文物保护标志牌:"大石头巷吴宅"。1963 年宅内的"四时读书乐"砖雕门楼被列为苏州市文物保护单位,1982 年扩大保护范围,改保护单位名称为"大石头巷吴宅",又名"树德堂"。2006 年整个吴宅升格为"省保"。

罕见的是,这座三路六进的宅子竟然坐南面北,前门北向,后门通向大石头巷南面与之平行的仓米巷。

中路门厅甚为特殊,里面有木质吊顶,从轿厅往北看,能发现门厅呈半亭状。

轿厅未见异常之处,但轿厅后即正厅前的砖雕门楼让人叹为观止。这座砖雕门楼顶为硬山式,宽 3 米余,檐下六组"一斗六升"斗栱外饰丁字牌科,五块垫栱板上为五只大蝙蝠,意为"五福临门"。两侧垂花柱,向外逗钩状,雕有灵芝、金蟾等。中部题额为"舍龢履中"。"舍",屋舍,住所,即家庭;"龢",中正仁和;"履",鞋,引申为行走,践行;"中",中庸之道。"舍龢履中"应作家庭和睦,行事中庸解。东西兜肚满雕回云纹。下枋雕弧线纹寿桃。

大厅面阔 3 间,住有多户人家,无法穿行。

我们在吴家后人的带领下,通过东陪弄来到大厅之后、第四进楼厅之前。那座著名的"四时读书乐"砖雕门楼便赫然呈现在眼前。

上额枋浮雕以福、禄、寿三星为主,左右有西王母、鬼谷子、麻姑、刘海等神仙,以及猴、鹿、羊、蟾蜍等动物。

四时读书乐——夏

四时读书乐——秋

中枋镌刻"麐翔凤游"四字,为董其昌书。"麐"同"麟",即麒麟;"翔"为"龙";"凤"乃凤凰;"游"是龟。四者皆是祥瑞之物,看来宅子的主人希望门楼之内,人如龙凤,寿比神龟;而麒麟主太平、长寿,也常用于镇宅,民间还有"麒麟送子"的说法。西侧兜肚雕有"杏花簪帽"故事:一座单檐歇山厅堂,堂内有四人,三人戴纱帽、穿补服、围玉带,一老仆正捧着杯盘趋而前。庭前红杏一树,花茂叶繁。古代科举考试放榜以后,新科进士有一系列庆贺活动,其中之一就是将杏花簪于帽上。东侧兜肚雕有"柳汁染衣"故事:蜿蜒的山道上,一书生右手执扇,翩翩而行,两个童子一个挑着箱笼琴囊,一个挟着绢帛,紧随其后。柳树下,一老者笑脸相迎。"柳汁染衣"典出[唐]李固言之事。李固言未及第前,行于古柳下,遇柳神九烈君对他说,我已经用柳汁染了你的衣服,你肯定能考取。后来,李固言果然状元及第。

下额枋由五块水磨青砖组合而成,以"横向卷轴"的形式演绎着"四时读书乐"的故事,四个故事分别以[元]翁森《四时读书乐》四诗的最后结句为题。由西向东,依次为春、夏、秋、冬。诗曰:

(春)山光拂槛水绕廊,舞雩归咏春风香。好鸟枝头亦朋友,落花水面皆文章。蹉跎莫遣韶光老,人生唯有读书好。读书之乐乐何如?绿满窗前草不除。

(夏)修竹压檐桑四围,小斋幽敞明朱晖。昼长吟罢蝉鸣树,夜深烬落萤入帏。北窗高卧羲皇侣,只因素谂读书趣。读书之乐乐无穷,瑶琴一曲来薰风。

(秋)昨夜前庭叶有声,篱豆花开蟋蟀鸣。不觉商意满林薄,萧然万籁涵虚清。近床赖有短檠在,对此读书功更倍。读书之乐乐陶陶,

四时读书乐——冬

起弄明月霜天高。

（冬）木落水尽千岩枯,迥然吾亦见真吾。坐对韦编灯动壁,高歌夜半雪压庐。地炉茶鼎烹活火,一清足称读书者。读书之乐何处寻?数点梅花天地心。

    四组画面不仅人物生动,景物丰富,生动地表现了各个季节不同的读书之乐,而且就整体布局而言,四组画面之间没有绝对的界限,季节之间过渡自然。精湛的雕刻技艺和生动的人物故事都极具艺术表现力,而不同时令的交错变化形成了一种抑扬顿挫的节律,犹如一幅山水人物长卷,只要目光稍稍停留几许,就能感受到静止中呈现着线条的流动、人物的形象特征,实为笔者之仅见。雕刻不愧为一种传神传世的艺术,它以一种特殊的视觉语言给艺术家寄情载道提供了很好的途径,更给后人留下了宝贵的文化资源。

    此宅之所以出名,更因为相传中的它的主人——《浮生六记》的作者沈复。之所以将此宅的主人设想为沈复,原因有三。

    其一,据考证,宅中的两座砖雕门楼建于乾隆年间,和沈复驰骋文坛的日期吻合。

    其二,沈复曾在《浮生六记》中说原居于沧浪亭畔一座宅院中,后因弟弟娶妻,与妻子迁居至饮马桥之仓米巷,此宅后门就是仓米巷,仓米巷并无其他像样的宅子。

    其三,民国二十九年(1940),经印光法师介绍,沪商吴南浦从沈延令手中购得此宅。吴南浦长房长孙、文化水准颇高的吴觉荪老人曾说,祖父一直教育我们要好好读书,千万不能沾染恶习,比如赌博。因为我们住的这所房子就是最后一位东家在一夜之间豪赌把祖产都给赔光了,所以,我家买下这所宅院时所费并不太多,3万银元。就在这个反复的教育中,祖父说起过,这所宅院是沈

《浮生六记》

三白住过的。

当然，传说毕竟是传说，出卖宅子的沈延令与沈复为何种关系无法考证；《浮生六记》中的记载又是语焉不详。所以，文物保护标志牌上的名称仍是"大石头巷吴宅"，苏州百姓所知的，仅仅是"相传为沈复故居"。

沈复(1763—1825?)，字三白，号梅逸，苏州人，清代著名的作家。工诗画、散文，主要作品为《浮生六记》。至今未发现有关他生平的记载，我们只能从他的《浮生六记》中略知一二。《浮生六记》原有六记，是他的一部自传体作品，基本上是一部回忆录。"浮生"取一生浮荡不定之意，源自李白《春夜宴季弟桃李园序》中的"浮生如梦，为欢几何"。现存四记：《闺房记乐》《闲情记趣》《坎坷记愁》《浪游记快》。后两记《中山记历》《养生记道》已失传。"记"以朴实的文笔记叙自己大半生的经历，欢愉与愁苦两相对照，真切动人。中国现代文学大师林语堂曾将《浮生六记》部分翻译成英文介绍到美国，《浮生六记》中的一篇《幼时记趣》被苏教版初一语文上册教材所收录。

《浮生六记》中最令人感动的是对夫妻情趣的记载。沈复的妻子，是比他大十个月的表姐陈芸。

沈复和陈芸两小无猜，耳鬓厮磨，亲如形影。沈复竟告诉他的母亲说，若为儿择妇，非姊不娶。二人琴瑟和鸣二十三年，年愈久情愈密，家庭之内，同行同坐，初犹避人，久则不以为意。两人亲密无间，在一起读书论古，品月评花，饮酒作诗，射覆猜谜，猜不对就罚酒，"人间之乐，无过于此"。他们常常去一对老夫妇那里，老两口以种菜为业，他俩常常陶醉在老两口的园子里。陈芸高兴地说，以后老了就与你在此处买上几亩地，栽瓜种豆，过过田园生活，君画我绣，多幸福啊。

然而，站在封建礼教的立场，以家长和传统的眼光来看，沈复就是一个"不思进取"的败家子，而陈芸则是推波助澜的坏媳妇。在各方压力下，他们被迫离家投亲，但因路途遥远，路上陈芸的慢性病(血疾)加重，可谓穷困交加。陈芸自觉生命要到尽头，病床上，拉着沈复的手说："我死之后你赶快回家，父母年事已高，愿你再续个德容兼备的好女子，也好照顾父母和孩子，我死也瞑目了。"沈复肝肠欲裂说绝不再续，"曾经沧海难为水，除却巫山不是云"。

当代作家贾平凹有名篇《丑石》,一块黑黝黝的牛似的石头,曾是多么的惹人厌;但当知道它竟然是陨石后,又引起了所有人无比的惊讶,"而我又立即深深地感到它那种不屈于误解、寂寞的生存的伟大。"何尝不是!无意于功名,藏在"大石头"中,过着"布衣蔬食,忼俪情深"的平凡生活的沈复,正是那种"寂寞的生存的伟大"!

* 小提示:
最靠近的公交车站站名:"饮马桥""乐桥"

星级指数：☆

黄丕烈故居——悬桥巷门厅

犹有书香润华堂

——黄丕烈故居

　　悬桥巷东起苏州平江河，西至临顿路中段。全长414米，宽2米左右，1985年改石子路面为水泥道板路面。据《吴县志》载，"迎春巷，一名员桥巷，今悬桥巷"。当年长洲县衙在此巷西面，有桥名为"县桥"，苏州人"县""悬"同音，于是，"县桥"就成了"悬桥"。另有一说，明魏忠贤在巷内造真馆，为安全计，建造悬桥，故名。

　　古老的悬桥巷并不宽，但从此巷走出的文化名人众多。走进悬桥巷，就能感受到浓重的书香和文化气息。如晚清状元外交家洪钧、现代妇科名医钱伯煊、现代著名文学家和教育家叶圣陶、近现代著名历史地理学家、民俗学家顾颉刚等等,都曾在此定居。

悬桥巷46号门厅朝南,前半部空敞,两扇黑漆木门紧闭,左右的影壁呈八字型,气宇不凡。墙上嵌着市控制保护建筑的标志牌和文字说明。看到这些,不由产生一睹为快的迫切心情,然而这座大门是不能开启的,若要一看究竟,必须从东侧一条狭长的名叫蚕丝弄的小巷兜到北侧后门。在蚕丝弄内,可以观赏此建筑东墙下三层花岗石的墙裙,体会这座宅子的气派。北侧是菉葭巷

黄丕烈

88号,字号名"平江华府",这是一处兼具餐饮和旅游住宿服务功能的高档会所。

这座宅院兴建于清代乾隆后期,著名藏书家黄丕烈曾是它的主人,黄丕烈(1763—1825),吴县人氏,字绍武,号荛圃、复翁。乾隆五十三年(1788)中举,后得主事之职,人称黄主事。他淡于仕途,却热衷于藏书。自乾隆五十七年(1792)获宋本《大戴礼记》始,至嘉庆二十年(1815)陆续收藏宋刻版古书一百余种。书藏于宅内东路楼中,同时代苏城藏书家顾莼为其题匾,称"百宋一廛"。

他平生最仰慕陶渊明,先收得虞山毛氏藏北宋本《陶诗》,后来又得南宋汤氏注本《陶诗》,非常高兴,特将两部书藏于一室,称为"陶陶室",他的同年王芑孙为之作记。他对书的感情可从他宅内众多书斋的题名来体会。除上述两室外还有"读未见书斋""士礼居""养恬书屋""红椒山馆""太白楼""石泉古舍""联吟西馆""学耕堂""见复居""悬桥小憩""学圃堂""佞宋堂""小芨庐""学山海居""求古居""陶复斋"等。由此,亦可推测当年此处宅第的规模。

但十分可惜的是他的后人没能守住这批珍宝。道光五年(1825)黄丕烈去世,他的宋元古本书籍都转让给汪士钟、杨以增等藏书家。而汪氏身后其藏书又辗转被常熟古里瞿氏"铁琴铜剑楼"收藏。

黄家后代甚至连宅第也守不住。道光十年(1830),苏州"贵潘"躬厚堂长房第三代潘遵祁买下此宅,改建为潘氏松鳞义庄。关于义庄,本书《东花桥巷

宝墨堂

汪宅》有相关介绍。

潘遵祁（1808—1892），字留夫，号顺之，又号西圃，生于马医科躬厚堂。祖父是贵潘第一位进士潘奕隽，其父是乾隆六十年（1795）探花潘世璜。他首先倡办松鳞义庄，捐田1008亩，同族富户积极响应，义庄办得有声有色。到咸丰三年（1853）又进行扩建。潘氏族中穷人享受义庄资助，得以温饱，贫儿不失去受教育机会，潘氏家族在有清一代始终维持苏州大族地位，义庄功不可没。道光二十五年（1845），潘遵祁得中进士，但他并不热衷仕途，两年后就辞官归里，被聘为紫阳书院山长，为苏州培养人才。读书不为做官，让书香延续于乡梓，潘遵祁可谓深得读书的真谛。

我们从箓葭巷88号"平江华府"进入，穿堂入室，一直走到悬桥巷46号紧闭的大门之后，开始全面了解整座宅院。

整座宅院坐北朝南，两路五进，大致来说，东路姓"黄"，西路姓"潘"。

东路第一进门厅曰"露华居"，面宽五间，进深四界，南面向悬桥巷处封闭，不设大门。

第二进大厅题"九华堂"，前廊为鹤颈一枝香轩，长窗北为船棚轩，有山雾云和帽翅状棹木。

第三进楼厅，题"宝墨堂"，就是黄丕烈的"百宋一廛"藏书楼。同为知识分子中的"痴人"，米芾拜砚，留下了一段文坛佳话；丕烈祭书，同样是千古美谈。每当除夕，黄丕烈就把一年得来的秘本图册供奉于书斋中，邀请吴地的文坛耆宿，对书行祭拜大礼，将古代中国文人惜书、爱书、敬书、藏书的优良传统发扬到了极致。有一个感觉，这里就是当年黄丕烈除夕对书行祭拜之礼的处所。祭拜礼后，主人宾客定是学古人"汉书下酒"，饮酒满觥觞筹交错，翻阅善本小心翼翼，高谈阔论摇头晃脑。其乐何穷！

第四进厅室三间为"西圃草堂"，这就带有"潘"的痕迹了。潘遵祁辞官后购置西花桥巷旧宅，整修后改称"西圃"。"西圃"后门通白塔西路，解放后一度被吴县人民武装部使用，如今那座故宅也是苏州市控制保护建筑。

第四进之北，就是"平江华府"的大门进口。

在西路南面第一进，可以看到面向悬桥巷的门厅的后半部。

与东路第二进对应的位置上是一个宽敞的庭院，西侧墙下有青石碑一方，篆书《松鳞义庄记》。

与东路第三进位置对应的是一座五开间的大厅，此处，应是松鳞义庄当时的享堂，用于祭祀祖先和议事。如今，这座大厅是"平江华府"的豪华餐厅。门前抱柱联曰："静饮山川清气，旷怀天地大观"。厅前有鹤颈一枝香轩。厅进深九界，石础巨柱，匾额"松鳞堂"，抱柱联曰："朗抱与兰言齐畅，虚怀将竹趣同清"，为潘世恩书法。东壁，绘有几幅古人生活的壁画。

松鳞堂

东西两路之间是明亮宽敞的陪弄，西壁，挂着一幅长轴，为唐寅的渔隐图，上款为乾隆皇帝的题字"渔隐"，下款也有多处名人题跋。东壁，悬挂着多幅这座宅子整修前的老照片。这些，为这座豪宅增添了不少书卷气。"腹有诗书气自华"！

* **小提示：**
最靠近的公交车站站名："醋坊桥观前街东""市立医院东区东"

星级指数：☆☆☆　　　　　　　　　　　　　　　西北街88号——当年的轿厅

"尚志堂"姓高，"采菽堂"姓吴
——西北街88号

西北街88号，是一座坐北朝南的四路六进的大宅院，江苏省文物保护单位名录称之为"尚志堂吴宅"。一般认为，吴氏一族从安徽休宁迁至苏州，运销官盐起家，乾隆年间建起了这座宅院；也有人说，此处是高氏的产业，因为"尚志堂"姓高；另有一说，此处曾是清末状元陆润庠的府第，此说更查无实据了。这座宅院解放后被苏州檀香扇厂占用，如今檀香扇厂被挤到西北一隅。今天这座宅子的中路为苏州工艺美术博物馆，不言而喻，这对传承苏州的工艺美术实属功德无量。

临街大门保护较好，东西陪弄俱全。门厅早被拆除，走进大门，直接映入眼帘的是一个小小的天井，径直往前，一座气宇轩昂又闲适古朴的建筑携着一份典雅的苏州味道扑面而来。时间改变了许多，似乎不曾改变过这里，扁作梁架的大气，光影里的窗明几净，环绕四周的清逸窗棂雕饰，无处不在的清新典雅，真有一种想一直呆下去的感觉。这就是博物馆的"前言"厅——原来的轿厅，省级文物保护标志碑置于厅前西侧。

轿厅后是一座双面砖雕门楼,已被严重破坏。用 300 毫米长焦拍下仔细辨认,方认出南面额为"日新盛德",北面额为"孝弟忠信",上款都为"乾隆丁亥孟春"。乾隆丁亥年应该是公元 1767 年,也就是说,这座宅子最晚建于 1767 年。

正厅为苏州工艺美术博物馆的珍品展示厅。正厅面阔三间 13 米,进深九檩 13 米。厅前石板铺地,院墙瓦檐下饰一斗三升牌科和抛枋,有两道轩廊,外侧为"鹤颈一枝香轩",里侧为"双桁鹤颈轩"。扁作大梁,雕有包袱锦"百蝠流云"。令人称奇的是,厅内两侧山墙用水磨方砖呈菱形贴面。

鹤颈一枝香轩

厅内珍品琳琅满目,最令人叹为观止的是那座著名的"真珠舍利宝幢"(复制品)。真珠舍利宝幢是北宋大中祥符六年(1013)制作的一件珍贵的佛教艺术品,距今已有近千年的历史。

1978 年 4 月的一个傍晚,三个顽童爬苏州城东南的瑞光塔玩,在第三层发现宝塔的塔心室里有一个空洞,他们认为里面会有鸟巢,想掏点鸟蛋。忽然发现脚下有一块长方形石板有点松动,翻起石板,发现地洞中有一个很大的黑箱子。抬出箱子,其中箱中套箱,外层为外函,内层为内函。函中就是这尊宝幢。后来顽童的家长把宝物交给了苏州市博物馆。

这是用珍珠等七宝连缀起来的一个存放舍利的法器,通高 122.6 厘米,自下而上共分为三个部分——须弥座、佛宫以及塔刹。须弥座呈八边形,象征着佛教中的八方天。宝幢的主体部分为佛宫,佛宫中心为碧地金书八角形经幢,经幢中空,内置两张雕版印刷的大随求陀罗尼经咒,以及一只浅青色葫芦形小瓶,瓶内供奉九颗舍利子。华盖上方即为塔刹部分,以银丝编织而成的八条空心小龙为脊,做昂首俯冲状,代表着八部天龙。塔刹顶部有一颗大水晶球,四周饰有银丝火焰光环,寓意为"佛光普照"。整座宝幢被装扮得璀璨夺目,令人拍案叫绝。如今,这座宝幢为苏州博物馆的镇馆之宝。

正厅后有一大片空地,成了一个花园。听说,此处曾经失火,楼厅建筑被付之一炬。这块空地,或是被烧掉的中路第四进建筑的宅基。空地北部是一个圆洞门,园洞门北面镌有"洞天"两字,南面却为"别幽"两字,令人百思不得其解,莫非到此告别了幽雅之境?或是"别有"之误?门北就是一座

张果老倒骑毛驴

带厢楼的楼厅,当年的第五进,如今为苏州工艺美术博物馆的织绣展示厅。此进楼厅后还有一进楼厅,为综合雕刻展示厅。

东陪弄墙上布满"吴门四家"等苏州著名书画家的书法、绘画砖雕。姑苏文化在这种地方传承,正得其所。东陪弄底有一块灵璧石,其造型为"张果老倒骑毛驴",惟妙惟肖,令人哑然失笑。

东路第四进,也就是对应中路空地的位置有一座楼厅,是如今的办公室。

西陪弄到底,就是现在的檀香扇厂。

西一路与中路第五进织绣展示厅对应的部位,有一座楼厅,从模样来看,应该是当年的藏书楼。楼下走廊顶部的椽子弯曲就如茶壶档,从底下仰望,两端低,当中高,看上去似乎是三段,这就是古建中的"茶壶档轩"。

西二路散为民居。住在里面的居民们说,这里的老房东姓高。

那么,这座宅院的旧主人究竟姓高还是姓吴呢?

2011年11月,《苏州日报》记者吕继东采访了自称是吴宅后人的市民吴义刚,得到了一些重要的信息。首先,吴宅为乾隆年间他的先人吴姓徽商所建,太平天国时期,忠王李秀成借用过吴宅的部分宅院。后来吴家从商转文,家道也渐渐走下坡路,西部一处庭院被高姓所购,高姓堂名为"尚志堂",如今西北街100号处还有"尚志堂高界"的界碑。吴宅堂名"采菽堂",并非"尚志堂"。1957年,吴氏后人将房屋出租给"檀香扇生产合作社"(檀香扇厂的前身),有协议为凭。后房屋归公,有收据为凭。吴义刚听祖母讲,家中原有不少清朝皇帝赐的匾额及"回避""肃静"等举牌,还有不少书画、古董、瓷器,可惜的是,在1957年搬出时及"文革"中灭失殆尽。

茶壶档轩

正因为"尚志堂高界"的界石尚存,凡路过西北街者都能看到;而吴宅原来的"采荻堂"匾额已在"文革"期间不知所踪,"采荻堂"吴宅便被人们误称为"尚志堂",甚至文物部门定名立碑时也受到影响。

往事已矣。对姑苏百姓而言,"尚志堂"姓吴姓高并不重要,重要的是这座宅院能保护下来不受损坏,如今能成为收纳姑苏奇珍的"苏州工艺美术博物馆",由专人管理,实乃幸甚至哉。这座宅子的西陪弄挂满了介绍工艺美术大师的镜框,然而,这些大师大多垂垂老矣,后继之人何在?再想得远些,当年的苏州工艺局,后来的苏州工艺公司今在何处?那些下属的玉石雕刻厂、漆雕厂……如今何在?如果仅存一家檀香扇厂在苟延残喘,姑苏的工艺美术又怎能拥有辉煌的未来?再过几年,难道还会有人能复制"真珠舍利宝幢"那样的顶尖文物吗?但愿这只是杞人忧天!

* 小提示:
最靠近的公交车站站名:"皮市街北""苏州博物馆"

星级指数：☆☆☆　　　　　　　　　　　　　　　　　　　　潘世恩故居——纱帽厅

状元宰相误"南""北"

——潘世恩故居

　　我们在介绍"潘麟兆故居"中曾提及,潘氏有"富潘"和"贵潘"之分。苏州"贵潘",世代门第显赫。自乾隆年间始,这个家族科举成名者就没有间断过,以一状元、两探花、八进士、三十六举人的"高产"成为清代姑苏官绅的典型代表,享有"天下无第二家"之誉,有"祖孙父子叔侄兄弟进士"之称,是清后期苏州最为显赫的家族,故被苏州民间称之为"贵潘"。潘世恩就是"贵潘"的代表人物之一。

　　潘世恩(1769—1854)初名世辅,字槐堂,号芝轩,别署恩补老人。谥号"文恭"。苏州吴县人,潘奕基第二子。

　　潘世恩16岁参加童子试,补诸生,就读于紫阳书院。清乾隆五十七年(1792)乡试中举人。次年中癸丑科一甲一名进士,状元及第,授翰林院修撰,历任翰林院侍讲学士、侍读学士、礼部侍郎，工部、户部、吏部尚书，体仁阁大学士，军机大臣。道光十五年(1835)，任翰林院掌院学士，东阁大学士。十八年晋武英殿大学士(宰相)。道光帝两度离京拜谒东陵，均令潘世恩在京代朝。赠太子太保、太傅衔。三十年(1850)，朝廷准他以大学士衔领全俸告老退休。

潘世恩仕途50余年，历乾隆、嘉庆、道光、咸丰四朝，冯桂芬称他为"四朝元老"。为官期间，他于嘉庆九年、十五年先后提督浙江学政、江西学政。在浙江考察吏治、民风、洋匪，密奏朝廷。到江西杜绝替考恶弊，察办会党。道光二十四年(1844)他处理漕运积弊，与户部尚

潘世恩

书等联名上疏开垦甘肃、新疆等。鸦片战争期间，支持两广总督林则徐处理"洋务"，并虚心听取黄爵滋、林则徐等下属的建议，提出实事求是的意见，得到清王朝的重视。道光皇帝曾两次赞评他"克勤克敬，不愧赞襄""精勤襄赞，一心一德"。道光皇帝在他八十寿辰时，特亲书"寿"字和额联以赐。咸丰皇帝即位后诏举人才，潘首荐林则徐、冯桂芬等。潘世恩一生受到的赏赐甚多，如恩戴花翎、玉管花翎，赐紫禁城骑马与乘轿，赏赐黄马褂，赏用紫缰，赐第圆明园等。

潘世恩遍读群书，学识渊博。嘉庆时，曾参加《四库全书》编纂和缮办，曾继任《四库全书》总裁，负责《全唐文》的缮刊。据2006年《平江区志》载，他著有《正学编》1卷、《读史镜古编》32卷、《熙朝宰辅录》2卷、《思补斋笔记》8卷、《思补斋诗集》6卷、《有真意斋文》1卷、《读史随笔》、《清晨随笔》。上海图书馆藏有《潘文恭公自订年谱》稿本1卷，《亦吾庐随笔》稿本(不分卷)；苏州博物馆藏有《潘世恩日记》稿本，《思补堂文钞》1卷、《诗稿》1卷、《附杂录》1卷、《有真意斋诗集》不分卷稿本，所以说，潘世恩是位颇有学术成就的状元宰相。

咸丰三年(1853)，由于潘世恩是乾隆癸丑(1793)科状元，正逢及第六十甲子，时年八十五岁，经奏准重赴"恩荣宴"；咸丰帝特予上谕嘉美，并亲书"琼林人瑞"四字匾额，先期颁赐，以示荣宠。更有意思的是，这一科主持会试的主考官是他的次子礼部侍郎潘曾莹，这真是科场少有的盛事，潘世恩曾为此赋诗志

喜,一时被传为佳话。

关于潘世恩故居,《平江区志》曾引用了一段民间戏说。

  潘世恩原住大儒巷(玄妙观北,后来的端善堂潘镒芬故居),相传他高中状元后,被皇帝接见,曾六下江南的乾隆皇帝问他:家居苏州何处?接着又问:住在苏州玄妙观的哪个方位?当时年仅二十四五岁的他一时惶恐,误说成了"苏州玄妙观南"。

潘家后裔的说法大同小异。

  潘世恩祖居苏州人民路(护龙街)西的今马医科36号(潘世恩伯父潘奕隽故居),后搬到同样位于护龙街之西的海红坊,当皇帝问他家居护龙街何方位时,他误答成了"苏州护龙街东"。

此事虽小,但有欺君之嫌,于是,潘世恩急命家人速寻购宅第,买下钮家巷凤池园西部作"状元府第",名为"留余堂"。"留余",留有余地也;如今的钮家巷留余堂,既可理解为"玄妙观之南",也可理解为"护龙街之东"。——遗憾的是,乾隆未曾再来苏州。

戏说毕竟是戏说。实际上,钮家巷"留余堂"是潘世恩为奉养老父潘奕基所购。原为清康熙年间河南巡抚顾汧之"凤池园",后转让唐氏,再由唐姓子孙分售他人。嘉庆十四年(1809),潘世恩购凤池园西部修为宅第,大厅额题"留余堂"。潘世恩居家尽孝十三年,在"留余堂"遍读群书,研究学问,完成著述。

潘世恩故居"留余堂"在临顿路钮家巷3号,旧称"太傅第"。1963年,潘世恩故居被列为苏州市文物保护单位,2006年6月升级为江苏省文物保护单位。如今正在整修。

这座故居坐北朝南,从规模来看应是三路五进,占地2 600余平方米,建筑面积1 700余平方米。

从中路进入,跨过高高的门槛,就是门厅。门厅与轿厅之间有一个小小的天井,天井的东面,竖立着《潘世恩故居重

轿厅

修记》的石碑，落款为"苏州市古建老宅保护修缮指挥部 二零一三年八月立"。轿厅檐下，悬挂着"群英蔚起"的匾额，显然是旧物，却让人有意气风发之感。轿厅内主匾额为"状元府第"。苏州状元，甲冠天下，浏览匾额下方的苏州古代状元地域分布图即可领会。

轿厅后有砖雕门楼，上书"松柏长青"，应是新置的。中路原有的三座雕饰甚精的砖雕门楼，均为康熙年款，可惜毁于1966年"文革"劫难。所幸大厅保存尚好，厅前有两级阶沿石，为完整石条，尺寸较长，制作平整，工艺讲究。厅为楠木结构，前架船棚轩，内四界扁作梁架，用料厚实粗壮，做工精良，梁托棹木形如乌纱帽翅。后为白墙屏门。东西两壁下部为青砖砌就，木柱的底座鼓磴竟为楠木。这就是"留余堂"，潘世恩当年接待贵宾和举行婚丧礼仪活动的场所。

大厅后为内厅(楼厅)，厅后是一个花园，应是当年第五进的位置。

东路尚未修复，难探究竟。但最北部有一座1984年从金狮巷移建过来的"花篮厅"。

西路的两个厅堂各具特色，颇有韵味。

西路第一进平房为原来的账房。账房天井后是鸳鸯厅(关于鸳鸯厅，详见本书《李经羲故居》)，其对照位置是中路正厅略南。三开间，略呈方形，分隔为前大后小两部分。此厅用料粗壮，工艺讲究，前后结构风格统一，无修改痕迹，当属清代早期或中期原构。鸳鸯厅南半厅屏门前的长案之下，竟然有一口井，或许当年为了汲水方便而开凿，且于冬、夏两季兼具空调作用。如今盖着玻璃，以供识者揣摩。

西落第三进即"纱帽厅"，与正路内厅相对照。面阔三间10米，进深11.3米。厅前有小庭院，仍保留部分黄石假山。厅面阔三间，如果站在北面的高处俯视，其平面宛如一顶"乌纱帽"，明间前所加抱厦犹如帽顶，东西次间后带两披厢则如帽翅，"纱帽厅"由此得名。另外，厅内棹木也呈纱帽翅状，看来，这个"纱帽厅"有宏观和微观两重含义。东侧边门上刻有对联"一经传旧德，八坐起文昌"。因太平天国英王陈玉成曾短期寓居此宅，所以这里又被谑称为"英王府"。在厅内流连，雕花门窗、落地书柜，端庄大气，又不失苏州韵味，处处洋溢着书卷气。让人叹为观止的是，两根柱子之间雕刻着精美的图案，且成弧形，让整个大厅增添了灵动之感和古典之美。相信每一个来访者，都会在目睹后，从心底里认可它们的美，认可古宅园林风格的美。

纱帽厅后部另有一座与正路建筑的对照厅，经整修初具规模，据目前的负责人苏州大学退休教授姚鹤鸣说，这将是一个重要的展示馆。

当前，苏州市文博口正在筹建"苏州状元博物馆"，地址就是"留余堂"潘宅。看到潘宅各厅中正在制作的展板、匾额、楹联，笔者感慨万千。作为"苏州土产"的状元郎，又是姑苏的一张"老名片"，确实应该有个博物馆，让更多的姑苏子民与喜欢姑苏文化的客居人士了解姑苏的人文内涵。选址于此，实至名归。本书二校之时，"苏州状元博物馆"已经开放，潘世恩故居揭开了新的一页。

* 小提示：
最靠近的公交车站站名："醋坊桥观前街东"

星级指数：☆   韩崇先祖韩馨故居——一（初）中校门

走近韩氏家族的老宅
——韩崇故居

韩家，作为清代苏州四大望族之一，在姑苏可谓声名显赫。明末著名的复社成员韩馨，是"沧浪五百名贤"之一，五人墓前四个大字"五人之墓"就是他八岁时所书。韩馨的侄儿韩菼（1637—1704），康熙十二年（1673）连中会元、状元。韩菼堂弟韩樵的玄孙韩崶、韩崇，都是名闻遐迩的学者、贤吏。目前，姑苏城内的韩氏老宅大多已损毁，笔者仅在韩崇故居与韩氏曾经拥有的"惠荫园"觅得一些旧踪。

苏州南石子街与南显子巷东西相连，东起平江路苏军桥，西至临顿路长发商厦北侧。这条巷子原来总称"大蚬子巷"，后以讹传讹，成了"大显子巷"。由于北面有条与它平行的"显子巷"，所以，这条巷就被称为"南显子巷"，北面的那条理所当然就成了"北显子巷"。在道路建设的进程中，"南显子巷"东面的一段路面先期铺上了石子，故改称"南石子街"，而西面的那段继续承袭着"南显子巷"的街名。

惠荫园在南显子巷8号第一初级中学内。园址初为明代嘉靖年间归湛初

古井

宅园。清顺治六年(1649),韩馨购得此废园,修为栖隐之地,名为"洽隐园"。韩馨的侄儿,后来的状元郎韩菼颇受伯父喜爱,常来园中读书玩耍,曾经植下一株紫藤。由于是状元所植,这株紫藤的身价就非同一般。如今,虽园子几经兴废,主人数度更换,但这株曾经在动乱年月遭到摧残的古藤竟然"返老还童",绽出新芽,现今枝繁叶茂,这不能不说是一个奇迹。藤东,竖有不锈钢的说明牌"清康熙状元　礼部尚书韩菼手植紫藤"。正因为这段经历,如今的第一初级中学第一进大厅厅前悬挂着"昔日状元宅第,今朝院士摇篮"的抱柱联。

韩崇故居与第一初级中学一巷之隔,在南面;但门牌号是大儒巷迎晓里4—8号。如今为苏州市控制保护古建筑。

大儒巷与南显子巷平行,在它南面200余米处。

迎晓里南起大儒巷,北至南显子巷,也因王敬臣而得名。王敬臣是个大孝子,里人称他为"仁孝先生"。明万历年间,苏州知府朱文科在大儒巷之中段北侧为他树立牌坊,题为"仁孝坊","仁孝里"的名称由此而来。因为"仁"与"孝"犯了"文化革命"的忌讳,1970年,有关部门将"仁孝里"更名为"迎晓里",一直沿用至今。

迎晓里在大儒巷的中段,紧贴着如今的"苏州六六视觉科技有限公司"的西墙。从迎晓里一弄向西进入,可以到达韩崇故居的中路和西路门前。门前西侧,有一口100余年的古井,青石井栏不知被多少根井绳磨过,很是光滑。井水清冽,来此汲水洗涤的居民络绎不绝。井,仍在发挥着它的作用。

中路门厅框架虽在,但外檐的桁间牌科已经破损,且早已住有多户人家。出生在这里、成长在这里的桑根林老先生回忆道:他小时候,迎晓里1弄东头有一座拱形砖砌圈门,两扇木门巷门,晚上关闭。如今,这道木门早就被拆除了。

轿厅已被分割为几块,住满了人家,要到达宅子的后部,必须从北侧的迎晓里二弄进入。

进入迎晓里二弄,西行到底,就是一条南北向的废弃的陪弄,陪弄之西就是这座宅子的正路第三进大厅。很想进去看看庭前的砖雕门楼和想象中的有何异同,然而大门紧闭,久叩不开。邻居告诉我们,这里住有一对老夫妻,走了,现在子女们隔一两个月来开一次门。

第四进为楼厅,四开间,也许就是当年的宝铁斋。与前后两进比较,东端少了一间。听老住户说,本来第四进楼厅的东端有廊棚,后来拆掉了。第五进也是楼厅,五开间,被住户们称为"小姐楼"。现在,这两座楼厅被多户人家居住,雨天渗漏,长夜沾湿,甘苦自知。

西路最前面的花园都已造了房子,湖石假山早已不知踪影。一座花厅尚能辨出昔日的模样。

东路经多次改建,根本无法辨认。

当年的大宅主人韩崇(1783—1860),元和县人,自号南阳学子。咸丰三年(1853),太平天国军队攻陷江宁,苏州形势危急。韩崇协助地方士绅冯桂芬、潘曾玮等人办理团练,借以抵抗太平军,又开展劝捐、开设协济局等活动。局势稳定后,韩崇因功升盐运使,并加赏花翎。

韩崇好风雅,所收藏的古籍、碑版、金石、书画不下数千种,著有《宝铁斋集》《宝铁斋金石跋尾》。

老宅已破旧,难以修复,更不可能恢复如初。但值得一提的是,韩崇的外孙就是吴大澂(详见《吴大澂故居》)。吴氏自幼即有嗜古之好,他喜欢书画、金石、古籍,并一生致力于收藏研究,乐此不疲。韩崇之所好后继有人,这不能不说是一件令人感到欣慰的事。

* 小提示:
最靠近的公交车站站名:"醋坊桥观前街东"

星级指数: ☆☆　　　　　　　　　　　　　　　许乃钊故居——"嘉祥奕叶"门楼

"很艺术"的学校中的名宅

——许乃钊故居

苏州市第六中学位于东北街132号,是一座"艺术"特色明显的普通高中。2007年9月,苏州市教育局批准该校增名为"苏州市艺术高级中学校",2009年1月,该校被江苏省教育厅批准更名为"江苏省苏州艺术高级中学校"。

学校环境幽雅,景色宜人,现代教育楼与古典建筑交相辉映,错落有致。就在学校的西部,一座"很艺术"的粉墙黛瓦的明清传统建筑在围墙内暗露峥嵘,为这座以艺术特色而闻名的学校平添几分雅致。这就是清咸丰年间江苏巡抚、"很艺术"的"省长大人"许乃钊的故居。

许乃钊(1799—1878),浙江钱塘人。字佝甫、贞恒,号信臣,又号讯岑、讯臣,晚号遂庵老人,别字春漪,室名敏果斋、读书养性斋。清道光十五年(1835)会试第九十名贡士,殿试二甲朝考一等第十名进士。咸丰三年(1853)任江苏巡抚,帮办"江南大营"。在苏松一带减轻税收,设立难民局,安置难民,并创设以捐代赋方法,增加国库收入,颇得百姓拥护。但是,他亦率部镇压过太平天国与上海小刀会起义。咸丰十年(1860),"江南大营"被太平天国攻破,许乃钊被朝廷革职。同年八月,称病退休回籍,郁郁寡欢,最终病逝于原籍。

粉墙

这座许乃钊故居坐北朝南,在1996年的一次维修中,发现一根大梁上有"万历"等字迹,依此判断,这处宅第应始建于明代。后来经许氏扩建后,奠定了四路五进的格局,有轿厅、正厅、花园、池塘以及东西陪弄。如今在第六中学校园内的是中路与东路,西面的两路在校园外,散为民居。许乃钊兄许乃普,历任兵部尚书、内阁学士、工部尚书等职,也曾寓此。

1983年,该宅园被列为苏州市控制保护古建筑,2014年6月28日升格为苏州市文物保护单位。

如今,东路为六中的办公用房,而中路为六中校史馆、文化艺术教学活动及才艺展示区。

中路的大门在东北街138号,经常大门紧闭,因此,参观这座宅院须从六中校门进入。

穿过校园西部的东路宅院,就能来到中路大门与轿厅间的小小天井。大门内有北向的颇为精致的砖雕门楼,中间镌有"执义秉德"四字。"执义",坚持合理的该做的事,"秉德",掌握并主持美德。

轿厅称为"听香厅",两侧楹联为许乃钊自撰:"静以修身,俭以养德;文不遗旧,言不崇华。"下联互文见义,意为写文章和说话不忘老传统,不追求奢华。

轿厅后,也就是第三进大厅门对面,也有一座精致的砖雕门楼,上曰:"嘉祥奕叶"。"嘉祥",美好吉祥;"奕叶",累世,代代。这是对家族延续的美好祝愿。

大厅面阔3间13.5米,进深10.8米。扁作梁架,无雕饰,前有船棚轩。当中间雕花落地长窗,两侧短窗。进门一块匾额为梁同书所题"书道",与六中的"艺术"甚为匹配,两侧联语甚是常见:"世间数百年旧家无非积德;天下第一件好事还是读书。"因为厅前天井中有一株百年广玉兰,所以,大厅名为"玉兰堂",后屏两侧为许乃钊所撰"清气八言联",联曰"清气若兰,虚怀当竹;乐情在

玉兰堂

水,静趣同山"。如今,这座大厅为六中召开重要会议的场所。因工作关系,笔者曾访问过多所学校,各种风格的装修和摆饰物品百花齐放,但如此脱俗励志的会议室实乃少见。十年树木,百年树人,最是书香能致远,腹有诗书气自华。

大厅后砖雕门楼镌字为"德盛星辉"。第四进为楼厅,有两侧厢楼,所悬匾额为"有原厅",为于右任墨迹。六中始创于1940年,原名"苏州有原学校",据说"有原"两字为原版,而"厅"字乃"集"上去。第五进也是楼厅,也有两厢,四五两进楼厅呈走马楼状。

东路名义上为四进,实际上第一进没有正屋,只有附房。二三两进为楼房。第四进为平房,房后一小块空地,估计是当年的花园。东路之东还有一小路附房,都在围墙之内。

许乃钊是典型的中国士大夫,书法造诣很深,他的书法,初师"二王",后摹颜、柳、苏、米、董诸家,作品颇具鉴赏和收藏价值。在许乃钊故居徜徉,就如进入了艺术的殿堂。东路附房中,置有文房四宝,几个学生正在认真地临摹字帖。在这样一份飘香的翰墨中,我们分明感受到了书法艺术对学生性情的陶冶和熏染。我们更愿意相信,数十年后,人们鉴赏、收藏的也许将是他们的作品。

许乃钊故居,与举世闻名的苏州园林的代表作拙政园仅隔一条百家巷。"很艺术"的学校,"很艺术"的园林、"很艺术"的士大夫,"艺术"地集中在一起,能用"天意"来解释吗?

许乃钊书法

* 小提示:

最靠近的公交车站站名:"北园新村"

星级指数：☆☆ 袁学澜故居——后花园

寻觅隐于市的大隐
——袁学澜故居

　　干将东路南，有一条与干将东路垂直的官太尉河，它就是苏州古城内三横四直水系中第四直河的南段。河道两侧，石栏蜿蜒，古井石凳点缀其间；河岸两旁，垂柳依依，红枫夹竹桃苍翠嫣红，可谓时时有色彩，处处有雅致。这条流淌了两千余年的小河，见证了太多的历史风雨，留下了太多的名人佳话。

　　官太尉河西岸北边的一段小巷叫做"官太尉桥"，小巷因横跨官太尉河的"官太尉桥"而得名。正宗的官太尉桥属"苏州市文物保护单位"，据说，桥因一个姓官的太尉居此而得名。王謇《宋平江城坊考》曰："官太尉桥，范、卢、王三《志》均著录。本图失绘。案《左传》'官有世功，邑亦如之'。据此，古人以'官'名族，故有'官'氏。吴中'官'氏，未详其朔。"太尉，汉代为"三公"之官，与丞相、御史大夫并列，位居群臣之首；唐宋时太尉是国家最高的军事长官。因为

文物保护标志碑

孤陋寡闻,笔者至今尚未考证出这个"姓官的太尉"究竟何人,但这并不影响我们对这条小巷的关注。为了与桥区别,我们暂且把这条小巷称为"官太尉巷"。

"官太尉桥(巷)15—17号"是一座翻修一新的古宅,看上去规模颇大,但经常大门紧闭,难以一探真容。这座列为市级文物保护单位的宅第就是"双塔影园",因靠近双塔而得名。其主人就是清代诗人袁学澜。

袁学澜(1804—1894),原名景澜,字文绮,号春巢,清代元和人,秀才。袁学澜学问渊博,才华横溢,但屡试不第。失望之下,绝意仕途,长年过着隐居生活。他专注于风俗民情的调查搜集,并把它们写入诗中,目前国内可见到他的诗词有近3 000首,其中1 200余首吟咏吴地风俗民情、节令时序、名胜掌故等。他被人们誉为"风俗诗人"、"诗虎",其诗被称作"诗史",名闻遐迩。他的《吴郡岁华纪丽》是一部记述苏州各个时令风土人情的著作,从新年初一一直记到大年三十。书中有许多"亲民""忧民""怜民"之类感情色彩非常直接而浓烈的文字;对社会上流行的各种铺张浪费和攀比之风,比如对迎神赛会、祭祀烧香、灯船妓宴、蟀册虫嬉之类活动,表示痛恶和憎恨;对一些百姓愚昧地迎合、参与,则流露出深深的忧伤。

据民国《吴县志》记载,袁学澜"世居尹山袁村"。咸丰二年(1852)袁公购得官太尉桥冷香溪畔卢氏旧宅,奉母迁居城中。因园宅西南毗邻双塔,故自名为"双塔影园",并写下《双塔影园记》以记述始末。袁公百年之后,其宅园又几经易主,上世纪八九十年代,这里住着大批的市井居民,据说户数只比"72家房客"少了4家。宅内建筑被任意分隔,到处搭建,正如归震川在

双塔

《项脊轩志》中所说的,"内外多置小门,墙,往往而是。东犬西吠,客逾庖而宴,鸡栖于厅。庭中始为篱,已为墙,凡再变矣"。笔者当年的一个学生住于此,记得第一次家访,通过一条黝黑逼仄的陪弄,走过几进大房子,才在一个人声鼎沸的大杂院中找到该生。上世纪 90 年代末,苏州市开始旧城改造工程,一房地产开发公司接手翻修,经过三年才得以竣工。现在为"苏州古典建筑专业联盟"办公场所,并将老宅改称为"吴都会馆"。

眉寿堂

为一探究竟,我们特地到苏州市文保所开了介绍信,从宅子北面的一条巷子进入,在苏州市新沧浪房地产开发有限公司办公室副主任王义鹏的带领下,和名宅有了一次亲密接触。此宅坐西朝东面河,据说建筑面积有 3 000 多平方米,分南北两路。该宅原来规模如何无从考证,现在的正路(南路)门厅与轿厅已合二为一,原第三进正厅现称为"眉寿堂"。庭前天井有砖雕门楼,字碑"云开春晓"为乾隆辛亥钱大昕所书。厅后尚存同时代砖雕门楼一座。后两进楼厅已废,现已改成花园。北一路四进建筑改造较为完整,北侧陪弄贯通东西,陪弄北侧空地现为通道,本应有一路建筑。

宅内粉墙黛瓦、飞檐翘角、匾额楹联、几案桌椅、雕梁画栋、青石鼓磴、船棚轩、清水细砖勒脚……到处可见,各呈其能,争奇斗艳。我们印象最为深刻的是"眉寿堂"。两侧抱柱有联,曰:"随时静录古今事;尽日放怀天地间。"这表现袁公虽年事已高,但仍关心古往今来的天下大事。看来,屋主人是"大隐隐于市"。

宅子的最后面(西面)是花园,亭台轩榭的布局、假山池沼的配合、花草树木的映衬都恰到好处,真如叶圣陶所谓"使游览者无论站在哪个点上,眼前总是一幅完美的图画"。南边走廊墙上,嵌着袁学澜的《双塔影园记》,曰:"……今余之园,无雕镂之饰,质朴而已;鲜仑奂之美,清寂而已……"当然,他所追求的质朴、清寂,对平头百姓来说,已经是另一种意义上的豪华享受了,就如这座大宅子内部的豪华装修。——或许,当今的翻建者未曾真正意义上读懂袁学澜,因此我们无法得知当年双塔影园的真正状况。

就在《双塔影园记》碑的旁边,一只笼中的鹩哥不停地向我们打着招呼,"你好"声声不断,它肯定不满足于园内的寂寞!鹩哥如此,人类又何尝不是这样呢?当隐士真难!

* 小提示:
最靠近的公交车站与轨道交通车站站名:"相门"

星级指数：☆☆☆　　　　　　　　　　　　　　　　　　　　吴云故居——大门

谈笑有鸿儒，往来无白丁
——吴云故居

  如今苏州古城区的乐桥，位于南北向主干道人民路与东西向主干道干将路的交界处，是一座钢筋水泥的立交桥。乐桥一带，有着众多的名人故居。清咸丰年间精通书画金石的"市长"大人吴云就住在此处。

  想寻找吴云故居不难，只要在乐桥西侧北端找到那一片瞩目的废墟，向北就是。该宅坐北朝南，面对着那片废墟，门牌号是金太史巷4号。实际上，吴云故居就在现在的"苏州市家长学校总校"内。吴云故居宅园原占地4 500余平方米，其中花园1 000余平方米。我们在家长学校郭处长的带领下，对这座故居有了一定的了解。从故居内的一张平面图中可以知道，该宅原来是四路，如今经过维修的是中路前三进。西路已散入民居，估计不在保护的范围之中，那条西陪弄如今为露天的通道。东陪弄和东一路房子所在地如今为家长学校的主要进出通道，东二路南沿街有石库门三开间平房，北部是苏州国画院和听枫园。如今，吴云故居为江苏省文物保护单位。

  第一进是门厅，门口有江苏省人民政府2006年挂上的文物保护标志牌。

吴云

屋内悬挂的匾额是"吴云故居";西侧有一个耳房,悬挂的匾额为"适然亭",字为繁体,却都是从左往右书写。其实,"适然亭"位于听枫园内西南隅,这里耳房悬挂的横匾是吴云海外后裔重访故居时题写的,将位置搞错了。

第二进是轿厅,与第一进之间有一个小小的天井。屋内的匾额为"平斋","平斋"为主人吴云的号。

第三进是正厅,悬挂的匾额为"春和堂",范仲淹《岳阳楼记》中有"春和景明,波澜不惊"的名句,堂名应出于此。如今,这个正厅是家长学校的教室,宽敞明亮,桌椅排列井然有序,甚是令人舒畅。

正厅后原有花厅和楼厅,如今为家长学校新建的大楼所替代。

吴云卒后,宅园渐衰微,宣统二年(1910),词人朱祖谋曾寓居此宅。

当年这座宅子的东北角,就是吴云故居的"后花园"——听枫园。传为北宋天圣间(1023—1031)吴感红梅阁旧址。同治三年(1864),吴云整修筑宅于此。园内有古枫,亭馆雅洁,池石清幽,他自称:"宅居不广,小有花木之胜。"被誉为吴中著名的书斋庭园。

吴云(1811—1883),字少甫,号平斋,另有号愉庭、退楼之说。安徽歙县人,一作归安(今浙江湖州)人。举人出身,累官至苏州知府,也就是说,吴云一度是苏州市的"市长大人"。在他的积极建议下,江浙大兴水利,使之旱涝有备,民间口碑甚好。后来,因为太平天国攻破苏州城,被免职。

吴云虽然担任"市长",却喜好古玩鉴赏,金石书画、汉印晋砖、宋元书籍无不涉猎。偶尔也画画山水花鸟。吴云尤其喜欢收藏。著有《两罍轩彝器图释》《二百兰亭斋金石》等,并能亲自绘图,尤为可贵。他的书法学习颜真卿,刻印功深。曾见到一幅相传为吴云所书的"对联",签名印章俱全,见图。笔者对书法艺术实在没有研究,但对这句

是吴云书法吗?

话,却记得是"海阔凭鱼跃,天高任鸟飞"。改"凭"为"从",改"高"为"空",应无本质区别,但将上下联倒置,该不会是精通书画的吴云所为吧。

在这座"市长府邸"中,主人可谓是"谈笑有鸿儒,往来无白丁"。

吴云书扇面

艺术大师吴昌硕以诗、书、画、印著称于世,早年与园主吴云相交甚厚,是听枫园中的常客。吴昌硕第一次游历苏州时不满30岁,同年秋拜俞樾为师,慕名拜访金石家吴云,并观摩了吴云收藏的古铜器和书画金石。后来还应聘住在园中,教授吴云的儿子,每日与园主切磋金石书画技艺。

吴云与俞樾交往深厚,是老朋友也是邻居,他的宅子与俞樾的曲园仅一巷之隔。此处不得不提及的是传说中的俞樾所撰的一副寿联:"合千古之寿寿公,永保用,永保享,左鼎右彝,坐两罍轩,居然三代上;以十年之长长我,六十耆,七十耄,望衡对宇,隔一条巷,有此二闲人。"罍,古代酒器,当时已经是高档次文物。吴云先得到"阮文达公所藏之齐侯罍",后"在吴门又得一罍",所以将自己的书斋命名为"两罍轩"。

走出吴云故居,望着小巷南边的那一堆废墟,感慨万千。近二十年内,此处可谓是饱受折腾之苦:本来是苏州市第二中学;后二中在某些领导的指示下并入一中,这儿又成了一中的初中部"苏州市草桥实验中学";后"苏州市草桥实验中学"独立,这儿挂的牌子是"苏州市草桥中学校";如今"苏州市草桥中学校"又被搬迁到离此十几公里的姑苏区的西北角,这里就被拆成了一片废墟,据说又要搞什么房地产开发。至于学生上学、教师教学之不便,以及造成的交通拥挤,当然不会在某些领导的考虑之中。

吴云可谓是"文人市长"的典型,他的爱好造就了儒雅之气,可以想象,他的管理方式也应该是儒雅的,该不会有强制并、拆之举吧?

* 小提示:
最靠近的公交车站与轨道交通车站站名:"乐桥"

星级指数：☆☆   顾文彬故居——过云楼

江南收藏甲天下，过云楼收藏甲江南

——顾文彬故居

  铁瓶巷，相传有仙人枕铁瓶卧此，故名。孩提时，每每经过人民路与铁瓶巷交接处，总会在连续多个铁瓶巷门牌号的那座大宅院前驻步，像听留声机里那首经典的老歌一样，重复旋转着相同的主题：这儿的主人是谁？宅院曾经有过怎样的辉煌？"文化大革命"时知道，这座宅子北面的怡园，就是宅院主人家的花园。而当烟消云散、雨过天晴的时候，终于知道了这座宅院就是名震中外的"过云楼"，其最早的主人是政务之余收藏无数价值连城的文物，并为家藏250余件传世佳作撰写题语略记，行款间加评论，详考辗转流传始末的顾文彬，敬畏敬佩之情油然而生。

  姑苏人文荟萃，名门望族人才辈出。六朝时，苏州望族以"朱、张、顾、陆"著称，而四大望族的门风，又有"张文、朱武、陆忠、顾厚"之分，顾氏宽容厚重的门风,始于三国时的东吴丞相顾雍,后经顾野王发扬光大。顾氏后裔遍布全国各地,其中之一支元末明初从安徽迁回,从顾文彬始,走上科举仕宦之途。

过云楼远眺

顾文彬(1811—1889)字蔚如,号子山、紫珊,晚号艮庵。清元和县人。道光二十一年(1841)进士,吴中著名收藏鉴赏家。官任刑部主事,升员外郎。出知湖北汉阳府,擢武昌盐法道,以父忧去职。后跟随曾国藩镇压太平军,清同治年间补浙江宁绍台道。晚年购得古春申君庙址、明尚书吴宽故宅复园及吴氏家祠旧址等处,改建成为包括住宅、花园(怡园)、义庄(顾氏春荫义庄)、祠堂的典型大宅。由于顾氏的收藏主要放在住宅东路的"过云楼"内,故习惯将这座大宅院统称为"过云楼"。

"过云楼"住宅坐北朝南,占地6400平方米,四路五进,有明代楠木轿厅、花厅、大厅、堂楼等建筑,其中最著名的就是藏书楼"过云楼"。

曾经是耀眼夺目的花儿一朵,惊艳过多少人的眼球,然而,光阴会将一切消磨殆尽。如今的铁瓶巷成为了干将西路的一部分,宅院各路原来的第一进都被拆除,更让人难以接受的是,因为交通的需要,宅东的乐桥升高,乐桥附近东西两侧的干将路路面也顺势升高。这样,"过云楼"的房子似乎"陷入"了地面以下。苍天上,莽原下,这份惆怅,与谁言说?

《平江区志》记载,"过云楼"正路隔巷原有照壁,大厅3间,梁架古朴浑厚,厅前原有乾隆八年(1743)款砖雕门楼。大厅为顾宅厅堂演出场所,时常聘请姑苏诸昆班在厅内临时搭台演出。厅后自成一区,为2进5开间堂楼,各翼都有厢楼。

如今,悬挂苏州市文物保护标志牌的是干将西路14号,但正门紧闭,不知里面虚实;西间为"苏州风光旅行社有限公司"的门面。

"正路"西面原来有两路宅子,悬挂干将路24号门牌的是"苏州市工商业联合会老年之家",仍有古韵,可随意进出。一些退休的老头老太正在喝茶聊天,或许是对来此一探虚实的游客屡见不鲜,并无人关注我们这些背着相机的来往者。

《平江区志》记载,东路前两进为花厅"艮庵"与"过云楼"。"艮庵"其实是原来的第三进,面阔3间,进深11架。厅前原有大花坛,立湖石峰5座,峥嵘峭削,题名"五岳起方寸",配以白皮松、石榴、黄杨、丛竹等。厅北隔湖石花坛

方形石鼓磴

与"过云楼"相望。"过云楼"面阔三间 12 米,进深九架 9.5 米,高 9.2 米,重檐硬山式构造,门窗古雅。前有轩廊与东西廊贯通,廊壁开扁式六角形砖框,嵌木制漏窗。楼后亦自成一区,有楼屋两进,楼前也有乾隆八年款的砖雕门楼。

如今,东路由干将西路 2 号进入,此处曾为苏州市路灯管理所,如今已经搬走,仅留一位看门人,说是"过云楼"即将花大本钱重新修建。走进大门,就可看见左侧玻璃镜框内关于顾文彬与"过云楼"的介绍,声称"2011 年再次对过云楼东侧外立面及内部走廊进行修缮,较好保持了古色古香的建筑风格"。

带着一份窃喜和期待,我们继续前行。然而,当正式的"过云楼"呈现在我们眼前时,心中的滋味难以名状。楼,确实是硬山式结构,一楼的"古味"尚存;但二楼的窗户全部换成了铝合金。古朴婉约的格调怎能与现代化的外衣融为一体?"过云楼"两百年来巍然屹立,如今却在某些人的肆意而为下黯然神伤!登上二楼,办公室搬走不久的痕迹仍在,我们只能凭空想象当年的那些宝藏是如何安放的。凭窗而望,一个奇怪的现象令我们百思不得其解。窗外的"走廊",也就是底楼轩廊的顶部,竟然高出室内的地面 1 米左右,微微向外倾斜,以便雨水外泄。实际上,称之为"走廊"是我们的一厢情愿,因为这条"走廊太高",无法走人。为一探明白,我们又回到了底层。然而抬头一看,却更为疑惑:轩廊的顶棚甚至低于底层的天花板,也就是说,轩廊顶部与二楼"走廊"之间有一米左右的空间,直令我们想入非非。看门人走了过来,他信誓旦旦地说,这里所有的房子都是改革开放后重新造的,只有下面的石鼓磴才是旧物。仔细一看,此处的石鼓磴竟然与别处不同,整体方形;当中大,上下小,但棱角圆润。石鼓磴上的木柱,竟然也是方形。装修后的现状与原本的韵味已经相差甚远,唯有这静默的石鼓磴和方柱,守在"过云楼"里,看流水光阴,缓缓远去,远去。

俗话说："江南收藏甲天下,过云楼收藏甲江南"。在过云楼下,不可能不想到它的收藏。

"过云楼"的收藏,主要是名贵书画,能称为"天下第一",是因为经过了几代人的不懈努力。首先顾文彬率其子顾承继承了父辈的收藏。顾承早逝。顾文彬之后,精通书法绘画艺术的孙子顾麟士(1865—1930)在继承了三分之一收藏的基础上,又进一步扩充,凭藉他博厚的艺术素养和敏睿的眼光,广取博采,将书画收藏充盈至千余幅,达到过云楼藏画的全盛时期。民国时期,军阀混战,外患不断,特别是在日寇侵华的时期,江南沦陷,环境险恶,过云楼所藏书画经历了一次又一次的劫难。顾麟士儿子顾则扬(1897—1951)与夫人沈同樾(1896—1978)承继了父辈的四分之一的书画藏品,数量也有三百余件之众。他们历尽艰险,终于使这些书画避过劫难,安全地保存下来。1951年,顾则扬在病榻前毅然作出决定,把书画收藏献给国家。于是,顾家儿女于1951年、1959年将家藏法书名画308件捐赠给上海博物馆。

1966年,"文革"风暴席卷苏州。眼看汹涌而至的"文革"大潮就要冲破家门,顾麟士的小儿子,时任苏州博物馆副馆长的顾公硕得知红卫兵即将到顾家抄家,首先想到的是家中藏品可能有危险。情急之下,他想出了一个"反客为主"的办法,找到苏州博物馆的造反派,主动请求他们前来抄家。他的想法很简单,苏州博物馆毕竟是文博单位,让他们把藏品抄走就不至于毁掉,总好过被其他造反派抄走,遭"破四旧"毁灭之灾。不料,苏州博物馆造反派和江苏省苏昆剧团的造反派几乎同时到了顾家。两方的矛头一致指向了顾公硕,竟先将顾公硕及其夫人张娴拉到大门外当街批斗,然后才把他家的珍藏全部运走。顾公硕不堪凌辱,当夜离家出走,自沉于虎丘一号桥,留下遗书说:"士可杀,不可辱,我先走了。"

顾公硕是苏州在"文革"中文化界遭迫害致死的第一人。其后,坊间渐渐流传,顾公硕是因为祖先积攒下来的文物被抄走、舍不得而寻了短见。对此顾公硕儿子,著名的昆剧研究专家顾笃璜先生表示,有这样的说法,那是因为大家对其父亲不够了解,事实上,"他是因思想发生了动摇而死"。

在此后的几十年间,过云楼藏书有大约四分之三转归南京图书馆收藏。2012年,江苏凤凰集团联手南京图书馆,在北京匡时国际拍卖有限公司以2.16亿元竞得过云楼其他藏书。

"过云楼"住宅北面,与它一条小巷相隔的就是顾家的花园——怡园。怡园的门牌号是人民路343号。1963年被列为苏州市文物保护单位,1982年3

月 25 日被列为江苏省文物保护单位。怡园旧时有"五多"之说,即湖石、白皮松、楹联、书条石、小动物较多。顾文彬集宋、元词 170 余联,制成楹联 60 余副,自撰《眉绿楼词联》,配于怡园各景,辞称景合,又为名家所书,这种形式为苏州园林之首创。

2014 年 7 月 3 日,备受瞩目的第四届江苏书展在苏州国际展览中心举行,展出场馆上午 9 点正式开放,吸引了大量的读者前往,以宋版《锦绣万花谷》为代表的过云楼藏书亮相书展现场,有些在南京上学的大学生专程赶来,就为一睹过云楼藏书风采。其间,凤凰集团新书《过云楼藏书书目图录》首发,向过云楼顾氏后人顾笃璜先生及苏州图书馆、苏州大学图书馆和苏州博物馆分别捐赠了该书。据介绍,作为"过云楼藏书"再出版的第一本书,《过云楼藏书书目图录》以图片和文字结合的形式,全面呈现了过云楼藏书 179 部、1292 册的资料信息。读者从中可以领略到这一批藏书的完整面貌,也给学界提供了许多珍贵的研究资料。

正当我们写作这本书的时候,《新华日报》上的两段消息引起了我们的注意。

2014 年 5 月 7 日《新华日报》载文《过云楼藏扇面回宁"省亲"》,文曰:

> 过云楼藏书两年前天价拍出并回归江苏成为一件文化盛事,昨天,12 件过云楼旧藏金笺扇面亮相保利拍卖南京预展现场,让观众一睹唐伯虎、文征明等明代书画家的精品。这些扇面既有出自"明四家"沈周、文征明、唐寅、仇英等的绘画,也有王宠、吴宽等吴门才子的书法,其中估价最高的是唐寅的书画扇二帧;书法是他写的《把酒对月歌》,用笔细腻精致,字体端庄自然。

2014 年 8 月 1 日的《新华日报》报道:

> 由凤凰出版传媒集团出品的大型原创音乐剧《锦绣过云楼》,于伦敦时间 2014 年 7 月 31 日亮相英国爱丁堡国际艺术节。此剧以过云楼藏书为背景,结合流行音乐和昆曲等中国传统元素,打造了一部苏州风情的歌舞音乐剧。此外,有关过云楼的电影、电视剧也在筹备之中,这无疑赋予了过云楼更好的传承和发展机会,祝愿苏州的文化底蕴能够经由今人的努力而不断发扬光大。

往事已矣。当我们走出"过云楼",登上乐桥,回首眺望它高耸的屋脊时,又想到了"过云楼"的取名。"过云楼"得名于苏东坡所说的"书画于人,不过是烟云过眼而已"。然而,"过云楼"的书画岂是"过眼烟云"?无数研究中国书画、历史的学人将从中得到多少营养?过云楼对传承中华民族文化传统的价值又岂是三言两语能道尽!

* 小提示：

最靠近的公交车站与轨道交通车站站名："乐桥"

星级指数：☆☆☆☆　　　　　　　　　　　　　　　　　　俞樾故居——"乐知堂"匾

花落春仍在

——俞樾故居

苏州人，或者是到过苏州的人，没有不知道"察院场"的。察院场位于苏州观前街西口，观前街与景德路、人民路的交界处，为明清时期都察院的所在地。都察院是法纪监督机关，主掌官员监察事项，就如现在的"纪委"。如今，察院场是苏州最主要的商业中心。从察院场沿人民路西侧人行道南行，百来米处有一条通向西面的小巷，称为"马医科"，不知是不懂还是装傻，苏州人将之称为"蚂蚁窠"。

马医科是条仅303米的小巷，这样的小巷，在苏州不计其数，也不足为奇。但置身其中，犹如在和尘封的古韵古风对话，和久违的名人轶事重逢，因为在它的最西面，马医科43号，就是全国重点文物保护单位俞樾旧居。

俞樾(1821—1907)字荫甫，晚号曲园居士。浙江德清人。清道光三十年

(1850)进士。

清同治十三年(1874)冬，俞樾在苏州马医科巷买下苏州"贵潘"数亩废地，在李鸿章、顾文彬等资助下，于光绪元年(1875)四月建成此宅。俞樾在此起居著述达32年之久，去世后，曲园由其孙探花郎俞陛云等居住。解放后，俞樾曾孙俞平伯于1953年将园献给国家。

文物保护标志牌

60年代初，园交市文联使用。1963年该园被列为市级文物保护单位。"文化大革命"开始后，厅堂花园先后驻有多家机构，并有20余户居民居住。后苏州市政府出资多次整修，于1990年12月对外开放。

俞樾故居占地较小，之所以名为"曲园"，因园小，俯瞰如篆文"曲"字，园中一小池也凹形似"曲"字，园主俞樾在《曲园记》中云："曲园者，一曲而已，强被园名，聊以自娱也。"此乃其一。其二，引老子"曲则全"之意，隐喻自己中进士后在河南学政任上主持该省乡试，因"试题割裂经义"被劾，削职归田，"永不叙用"。仕途挫折，故晚年自号"曲园居士"。

俞樾故居分东西两路，东路为主宅。现为三进。

门厅甚为朴素，上悬"探花府邸"竖匾额，显然指的是俞樾之孙、俞平伯之父俞陛云。

桥厅上悬李鸿章题的"德清俞太史著书之庐"匾额，下面是俞樾画像，两旁悬谢孝思重书的清代肃亲王联语："太史为书能著录，子云于世不邀名。"上联指太史公司马迁专心著述，下联指扬雄（扬子云）简朴于世不求名声。实际上，这也是俞樾后期生活的写照。

第三进为正厅乐知堂，极为朴素的三开间，进深五界。堂名取《周易》"乐天知命"之意，现堂匾"乐知堂"三字为顾廷龙重书。匾下一幅中堂，画的是俞樾坐于松树下凝思。旁悬俞樾自撰的一联："积累譬为山，得寸则寸，得尺则尺；功修无幸获，种豆得豆，种瓜得瓜"，由费新我重书。厅中有两副抱柱联，后面的为俞樾自撰的"三多之外有三多，多德多才多觉悟；四美之先标四美，美名美寿美儿孙"，由张辛稼重书。前面为"且住为佳，何必园林穷胜事；集思广益，岂惟风月助清谈"，也属俞樾亲撰，现由钱太初重书。这两幅联虽文字不深，却含义深刻，无丝毫"俗"气。

春在堂

西路最南面有一个庭院,竹影婆娑,环境优雅。园北就是与东路轿厅并列的厅室"小竹里馆",室名取自[唐]王维《竹里馆》"独坐幽篁里,弹琴复长啸。深林人不知,明月来相照"之意。两边联曰:"风送竹声来曲院,月移华景下回廊。"看似朴实无华的语言,细细读来却很有画面感,仿佛凉爽的风、起伏的叶、西沉的月、移动的景就在眼前,又好似俞樾正手捧书卷,在流光依依的竹里馆诵读。此情此景,怎不耐人寻味!

小竹里馆北,与乐知堂并列的就是最著名的"春在堂"。俞樾30岁进京殿试,曾国藩主考复试,诗题为"淡烟疏雨落花天"。当众人为"落花"而赋词流泪时,俞樾别出心裁,写出了"花落春仍在"的惊人之句。曾国藩深为赏识,列部试第一名,并将之推荐给咸丰皇帝,最终,俞樾得中二甲进士第十九名。堂上匾额为曾国藩所书,题跋中追忆了20年前因"花落春仍在"与俞樾相识的经过,惜才之情溢于言表。白墙屏门上为吴大澂篆书的俞樾《春在堂记故事》。两侧俞樾自撰联曰:"生无补乎时,死无关乎数,辛辛苦苦,著二百五十余卷书,流播四方,是亦足矣;仰不愧于天,俯不怍于人,浩浩荡荡,数半生三十多年事,放怀一笑,吾其归欤!"由吴敉木所书。好一个"不愧于天,不怍于人",正是在如此"浩浩荡荡"的宽广胸襟之下,方能专心著书,方能渡生命之舟于一个个更高的起点。此堂为当年俞樾讲学、会友之处,想来定是"谈笑有鸿儒,往来无白丁"吧。《春在堂全书》即著于此。

春在堂后,就是曲尺形的花园。曲尺之"竖",由春在堂直到西北角的"达斋"。"达斋"也是书房,"曲园而有达斋,其诸曲而达者欤","曲""达"意相对,意为由"曲"而"达",表达园主人的美好愿望。"曲尺"之"横",由西北角的"达斋"直到东北隅的"艮宦","艮宦"本为琴室。"艮"八卦中指东北方向,"宦",屋子的东北角,意谓园止于此。曲尺之"心",即乐知堂的北面两进厅堂,为当年未曾购得的潘氏旧屋。

光绪三十二年(1907),俞樾病逝于此,怒放的花儿落了,但他给人们带来的"春"仍在!

俞樾以毕生心血耕耘文坛,潜心学术达40余载,曾先后主讲苏州紫阳书院、杭州诂经精舍、德清清溪书院、菱湖龙湖书院、上海求志书院等。治学以经学为主,旁及诸子学、史学、训诂学,乃至戏曲、诗词、小说、书法等,可谓博学多才,满腹经纶。海内及日本、朝鲜等国向他求学者甚众,尊之为朴学大师。他在经、史、诗、文诸方面成就卓著,硕果累累,仅收入《春在堂全书》中的就有100余种,近500卷之多,被誉为"九霄文星""文坛岱斗"。文名远播日本、朝鲜,被称作"东亚唯一的宗师"。他还受日本人委托编定日本第一本诗歌总集《东瀛诗选》。曾国藩曾将两个门生俞樾与李鸿章相比品评:"李少荃拼命做官,俞荫甫拼命著书。"足见俞越和李鸿章截然不同的人生追求。事实上,俞樾不仅一面教书讲学,一面埋头著述,还培养了大批学者,吴大澂、张佩纶、陆润庠、章太炎都出自他门下。

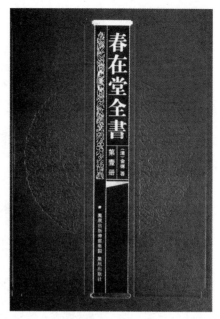

《春在堂全书》

夜阑静,暮云收,一切都付笑谈中。俞樾留下的这座曲园,如今成了姑苏百姓闲暇时饮茶、凭吊先贤的不必交门票的好去处。

当然,这"春"中也有不和谐的音符。如,1901年,因弟子章太炎反清而将之斥为"不忠不孝"。然而,如果联想到王国维民国初期投昆明湖的悲剧,也就不足为怪了。另外,俞樾被认为是近代中国主张废除中医的第一人,他提出了"医可废,药不可尽废"的观点;这是因了他家人多有病故。——金无足赤,人无完人。我们评价古人,岂能因一眚而掩大德!

* 小提示:
最靠近的公交车站站名:"察院场观前街西"

星级指数：☆☆☆☆

最完整的太平天国留存建筑
——李秀成故居

李秀成铜像

当天王洪秀全无休无止地装神弄鬼、骄奢淫逸的时候；当东王杨秀清、北王韦昌辉争权夺利，互相残杀流血漂橹的时候；当翼王石达开自知无力回天，率十万大军愤而出走，全军覆没于大渡河畔的时候；有一个人却不顾洪秀全的猜忌，与清兵浴血奋战，支撑危局。他就是与英王陈玉成齐名的太平天国后期优秀将领忠王李秀成。

李秀成（1823—1864），太平天国后期主要将领，初名以文，广西藤县大黎里新旺村人。他出生于一个贫苦农民家庭，幼年和父母一起"寻食度日"，生活十分艰难。1849年，26岁的李秀成加入了洪秀全的拜上帝会，1851年9月参加太平军。

1856年9月的天京之乱，使太平天国遭到了严重挫伤。在"朝无佐政之将"的情况下，1857年10月李秀成被升为副掌率，提兵符令，进入了领导核心。但这时的洪秀全，"不肯信外臣"而"专信同姓"。李秀成竭力劝谏洪秀全，要"择才而用，定制恤民，申严法令，肃正朝纲，明正赏罚……"因犯颜直谏，李秀成一度被罢官。1858年，洪秀全恢复前期五军主将制，李秀成任后军主将。同年，清军进逼天京，洪秀全任命李秀成主持指挥天京解围的战役。8月，李秀成约集太平军各地守将在安徽枞阳召开军事联席会议，共同研究解除天京之围的作战方案。会后，陈玉成东进，破庐州，克滁州；李秀成在滁州东南乌衣与陈玉成合兵击败清军主力德兴阿、胜保部。紧接着奔袭浦口,摧毁江北大营,敌都统德兴阿部被歼一万多人。正当李秀成和陈玉成乘胜扫荡苏北战场时,曾国藩在安徽发动了大规模的进攻。李秀成配合陈玉成取得三河大捷,歼敌李续宾部6 000人,沉重打击了湘军的气焰,稳住了长江上游的局势。然后,李秀成又主持了第二次击破清军设立在天京附近的江南大营的战役。

  1864年7月19日,天京城被曾国藩的湘军攻破,李秀成保护幼天王洪天贵福突围。危急时,李秀成将座骑骏马让给洪天贵福,自己改乘劣马而被清军俘获,被人押送至曾国荃的湘军营。囚禁期间,李秀成写下数万字的《自述》,无结尾。《自述》原稿卷末第74页以后的内容部分被撕去,有传言说他在被囚期间曾经劝说曾国藩反清自立但未遂。写完之后,李秀成扔掉笔叹息道:"人事已尽,死可无憾。"于是被押解刑场。临刑前,李秀成毫无戚容,谈笑自若,并写有十句绝命诗叙其尽忠之意。

  据说李鸿章曾写信给曾国藩,表示在阅览完《李秀成自述》后,也被感动并赞誉李秀成是"英雄人物"。

  历史追溯到清咸丰十年(1860),忠王李秀成率太平军第二次大破清军江南大营,随即挥师东征,攻克常州、苏州、嘉兴等地,之后,他便以苏州为中心,在苏州、常州一带建立了太平天国的"苏福省"。同年十月起,将拙政园的一部分改建忠王府,并将其东潘姓和其西汪姓等富户宅第,扩展为王府之用,形成一片包括官署、亭舍、住宅、园池的"绵亘里许"的宏伟建筑群,这就是国内太平天国留存的最完整的建筑——忠王府。同治二年(1863),太平军失守苏州,李鸿章攻占苏州,见了这座王府的规模叹曰:"平生所未见之境也。"立即据忠王府为江苏巡抚行辕;后来的几任江苏巡抚大人,或许因了这座宅子规模过于宏大不敢占用,将行辕搬到了今苏州中学北墙外的书院巷。民国二十七年(1938)日伪占此宅为"江苏省维新政府";1949年夏由苏州行政区专员公署使用;1951年划归苏南区文物管理委员会;1954年改为江苏省博物馆筹备处;1958年移交苏州市文物保管委员会;1960年开始为苏州博物馆馆址;2006年苏州博物馆新址(紧邻的西面)建成后,府内的建筑就作为了博物馆的一部分,大门成了博物馆的出口。

  1961年,"太平天国忠王府"被列为全国重点文物保护单位。

  忠王府如今的门牌是东北街204号。忠王府的主体,即中路部分按太平天国王府规制修复,中轴线自南而北依次有照墙、大门、仪门、正殿(包括后堂)、后殿等,纵深约150米。

  忠王府大门外,隔着一条东北街,有一座颇为气派的照壁,全国重点文物

雄性南狮

保护单位标志碑就在照壁跟前。

大门如同一般的清代衙门,为12.5米的阔三间,进深10米。大门左右翼为八字墙,两只石狮相守。在中国几千年来的民族文化里,狮子一直是吉祥、平安的象征。中国石狮有南北之分,北狮较"凶",象征着权势;而南狮多呈"可爱"状,忠王府门前石狮,正是契合了那些来自南方的太平军将领的爱好和欣赏习惯,颇有典型的南狮特点。东面的那只雄狮摇头摆尾站立着,胸披彩带,足抱绣球,憨态可掬,给人一种祥和欢快的感觉。而西面的那头母狮胸前彩带裹着幼狮,前爪抚摸幼狮,端庄慈祥。原来的大门前有两座相对而立的吹鼓亭,供乐队演奏用;大门两侧的辕门上各建有一座凌空飞展的角楼。据考证,这座大门原高数丈,十分庄严雄伟。但后来被李鸿章改筑成清代的旧式衙门了。

穿过门厅,就是硬山式的仪门(轿厅)。仪门面阔三间13.5米,进深8.5米,梁、枋、桁间布满彩绘。东壁悬挂"太平天国九门御林忠义宿卫军忠王李"的杏黄色大旗。轿厅匾额为"万古忠义",下为李秀成塑像,应是根据颇为同情太平天国的英国人呤唎《太平天国革命亲历记》一书中的画像而制。前柱抱柱联曰:"天泽流行,恩深雨露;朝纲理治,运转乾坤。"文字平实,内容很易理解;但不知何故,匾额与抱柱联上的字明显为电脑制作的标准宋体字,虽为繁体,但不是书法家手笔,让人想起季羡林曾说过的一句话:和谐是一种文化。在忠王府这样的集历史与文化气息浓厚的场所,都如此草率而为,不讲究建筑风格与书法艺术间的匹配,何谈寻常人家装饰的和谐之美呢!广言之,如果每个名宅的抱柱联都用电脑制作,那人文气息又该如何体现呢?

仪门后是一个宽敞的庭院,东西两侧为相对的各宽7间的庑殿,正好能衬托出正殿的主体地位。据说,这种建筑形式与太平天国召集会议的需要有关。

忠王府正殿高大宽敞,北有穿堂连接后轩。正殿、穿堂与后轩平面呈"工"字形,这就是所谓的"工字殿",这种形式的建筑体现了太平天国宫殿建筑的特征。

正殿通高约12米,面阔约17米,进深17.4米。前置船棚轩,大梁为扁作。后堂面阔15米,进深8.6米,后置步廊。梁架为圆作。正殿与后堂的梁、枋、桁间,均饰有太平天国特色的彩绘。后堂与后殿之间,有东西两厢相对。正殿正中黄罗罩下,是李秀成的镀金交椅,前面两侧各有几把靠椅,应该是召开重要会议时用。正殿有两副抱柱联,前者为"天锡鸿恩,治成一统;朝多骏烈,名立千秋";(其中"锡"即"赐")后者为"万象回春,福临荣府;三阳启泰,善溢玉堂"。如同仪门,也是电脑制作的标准的宋体字,繁体。

正殿

　　后殿也是硬山顶,高与正殿相等,面阔3间,共24扇门向南,每间8扇。正中置十字架,两侧彩色玻璃窗透过光线,很是肃穆。前面两边放置黄布罩盖的座椅。此殿原为太平天国供奉天父天兄神主之处,是忠王府内举行礼拜仪式的"圣殿"。抱柱联曰:"甘雨和风春昼永;祥云瑞雪物华新。"也是电脑制作的标准的宋体字,繁体。

　　与后殿隔一条西陪弄的是博物馆的办公处,由"砖甲木门扇"分开,这种门为两层,内层为木门,木门外覆盖着水磨方砖,拼缝紧密,用铁钉固定,关门时从外看,就如一座砖墙。笔者正对门内的世界期待几许时,那扇沉重的门开了,一个颇具文人气息的庭院呈现在眼前。然而,仿佛是弹指间,砖门自动掩上了,美好的遐想就这样断了线。

　　中路正殿与东路隔着一个小小的院落,砖雕匾额为"桑苎清风",上款为"乾隆甲午秋八月穀旦",下款书写人已无法辨认。此处应是前任园主所为,忙于东征西战的天国将领们是无暇顾及这种情趣的。

　　东路最南面的就是那株明代苏州四大才子之一的书画家文徵明手植紫藤。此藤植于拙政园建园之初,至今已近500年。紫藤主干胸径达22厘米,天矫蟠曲,鹤形龙势,开花时下垂如紫色的瀑布,极有观赏价值,被誉之为"苏州三绝"之一(另两"绝"是织造府瑞云峰与汪氏耕荫义庄环秀山)。历代墨客骚人题咏甚多。上世纪30年代园外马路拓宽时,为避免危及古藤,特地将原设计线路向南移让,可见市民对其之珍爱。藤架下立石碑一块,上刻"文衡山先生手植藤",为清光绪年间苏州巡抚端方所题。壁间应有"蒙茸一架自成林"的砖刻,但我们只找到"蒙茸一架"四字。

文徵明手植紫藤

紫藤北面是一个大堂,面南部分悬挂的匾额为"虬龙堂",显然意指古藤,为明代苏州四大才子之一的唐寅所书,或许是集字而成。"虬龙堂"的北半部,是一个巨大的室内剧场,戏台上悬挂"普天同庆"匾额,两侧联曰:"冀北人文,风云龙虎;江南春色,歌舞楼台",其基调与整座宅园不符,估计为后任宅主所为。

对太平天国运动,我们应该辩证地看待;对卷入这场革命中的人士,更应辩证理性地褒贬。如李秀成,因为他的《自述》,曾被扣上"叛徒"的"桂冠","忠王府"也一度被取消全国重点文物保护单位的资格。然而,不论曾经经历过多少坎坷变故,历史毕竟是公正的。当云烟散尽,一切的子虚乌有终会消逝殆尽,所有的菁华总会重见天日,时间是最好的证明。

* 小提示:
最靠近的公交车站站名:"苏州博物馆"

星级指数：☆☆☆☆☆

耦园住佳耦，城曲筑诗城
——沈秉成故居

住在姑苏,对著名的"水八仙"：茭白、莲藕、水芹、芡实、茨菇、荸荠、莼菜、菱角早已了然于心,尤其是那甜甜的、脆脆的,可生吃也可熟吃的莲藕,甚是欢喜,用今天的话来说,是"舌尖上的苏州"。所以,在儿时的记忆里,因为耦园靠近水边,就一直以为耦园里种满了莲藕,故而得名。后来才知道,

四方亭名联

之所以称为"耦园",因为"耦"即"偶"。其一,寓夫妇偕隐,伉俪唱和；其二,"耦园"实际上是一座宅园,中路为宅,东西两侧两座花园,对应成"偶"；其三,《论语·微子第十八》有《长沮桀溺耦而耕》,"长沮桀溺",隐士也,"耦而耕"是隐士的举措。

这座耦园,就是沈秉成与继室严永华的故居。

沈秉成(1823—1895),原名秉辉,字仲复,浙江归安人,咸丰六年(1856)进士,后历任苏松太兵备道、安徽巡抚等要职,曾署两江总督。当官时重视蚕桑,教民种植,重视地方经济的发展,官声颇好。曾吁请减轻宁绍地区过于沉重的钱粮负担,使当地百姓得到一定实惠。沈秉成嗜书好学,博古通今,工诗文书法,精鉴赏,喜收藏金石鼎彝、法书名画。同治间出任苏松太兵备道时,曾为上海豫园"点春堂"书写堂匾。他居姑苏时,与俞樾、吴云、顾文彬、李鸿裔等往来频繁,在园中鉴赏金石书画,考订文字,演绎出一段段的文坛佳话。阅读吴昌硕的《沈秉成传略》,可知大略。

从白塔东路向南进入仓街,步行五六分钟后,可来到一条清净的石板路

"小新桥巷",东行数十米,就是已被列入《世界文化遗产名录》的全国重点文物保护单位"耦园"。清初雍正时,这里是保宁知府陆锦建造的涉园,名取自陶渊明的《归去来辞》,"园日涉以成趣",体现了主人游园时品味日常生活的情趣。同治十三年(1874),安徽巡抚沈秉成抱病辞官,偕爱妻退隐,请了当时有名的画家顾沄在涉园的基础上拓展开辟,成就了今日之耦园。

门厅屏风上刻着一篇《耦园简介》:"耦园位于小新桥巷,占地 0.8 公顷……"

门厅后有一个小院落,院北为三间平房,这就是轿厅。轿厅正中悬挂着"偕隐双山"匾额。该匾意取耦园女主人严永华《双山寓庐》诗句"偕隐双山间,一廛差可托",表达伉俪唱和、退隐山林的志向。匾下,是当代人书写的《重修耦园记》。两侧有篆字联曰:"逍遥于城市而外,仿佛乎山水之间。"可谓和"耦园"之意境有异曲同工之妙。

轿厅后的砖雕门楼字曰"厚德载福",化"物"为"福",似乎直白了些,但却与正厅的文字相映成趣。正厅为"载酒堂",三大间,前有菱角轩,雕花扁作梁架。厅名借宋人"东园载酒西园醉"诗意题名,极富田园气息。中堂为一幅《松下对弈图》,两侧联曰:"东园载酒西园醉;南陌寻花北陌归。"还有抱柱联"左壁观图右壁观史;西涧种柳东涧种松"。两副对联内容通晓明白,涉及东西南北与左右,又写出了宅子主人博达古今、嗜书好学的内在品质与意在田园的归隐情趣。显然,这个"载酒"与[唐]杜牧的"落魄江湖载酒行"完全是两种不同的境界。或许,砖雕门楼上所载之"福"就在这"酒"中吧。

载酒堂北面是带厢的楼厅,底层设有"耦园书场"。台上两把靠椅,一张小桌,台下前排是贵宾席,几张圈椅,后排是多张八仙桌,配着长凳,桌上放着点歌本,有苏州小曲、经典评弹,内容很是丰富。游苏州园林,捧一杯"碧螺春",听琵琶弦子的悦耳琮铮,闻舒缓柔和的吴侬软语,定是"沈醉不知归路"!

中路四进到底。但楼厅与东部相连,经过"城曲草堂"上层的"补读旧书楼"直达东北隅的"双照楼",是别具一格的走马楼。

宅园的东面以花园为主。

载酒堂

园中,黄石假山堆叠技艺高超,雄浑古朴,陡峭险峻,被誉为"吴中之冠"。花园与中路有走廊相隔。走廊的中部有一个面东的四方亭,亭内,古朴的清水砖墙上嵌有阳刻砖雕匾联,匾额为"枕波双隐",耦园与苏城东面的城河一墙之隔,确实是"枕河",而"双"又是"耦"。砖雕对联曰:"耦园住佳耦;城曲筑诗城。""城曲",城脚,耦园确实在城墙根儿,"诗城",吟诗论文的好场所。相传此联为女主人严永华撰书。严永华(1836—1891),沈秉成继室,字少蓝,号不栉书生,出生于浙江桐乡,工诗、书、画,闺房三绝,为晚清一代才女。著有《纫兰室诗钞》《鲽砚庐诗钞》《鲽砚庐联吟集》。这幅对联的意思很明确,耦园住着一对隐逸归田、情真意笃的好夫妻,城边开出一方吟诗论文的净土。

东部最北面是三间二层楼阁,这就是东部的主体建筑——重檐式楼厅"城曲草堂"。"草堂"之谓,不由得使人联想起成都的杜甫草堂。"城曲草堂",意为城角边的清贫之屋,称自己的屋子为"草堂",可见园主的谦虚。底层大厅堂上挂着的"城曲草堂"四字匾额由清代书法大家梁同书题书,梁同书即本书中潘麟兆故居匾额"礼耕堂"的书写者。堂上挂有一副对联:卧石听涛,满衫松色;开门看雨,一片蕉声。这确实是宅主夫妇退隐生活的真实写照。

记忆中,宅院的西部一向为有关单位的办公用房,但如今已经整修开放。最值得一提的是主厅堂"织帘老屋"。房屋为鸳鸯厅结构,是主人的书斋。织帘,典出《南齐书·沈驎士传》,说沈驎士家贫如洗,却刻苦向学,在陋室中,一边织帘一边诵读诗书,口手不息。园主借用此典以铭其志。"织帘老屋"的方位大致与中路的"载酒堂"持平。走进室内,见梁上高悬"织帘老屋"匾额,为清代著名书法家何绍基题书。当中一幅树下织帘图,图旁联曰:"织帘高士传家法;卜筑平泉负令名。"沈驎士与沈秉成同姓"沈",故称为"传家法"。"卜筑",择地建造;"平泉",平常之处;"令名",美好的名声。

厅北,有主人的藏书楼。

沈氏夫妇在耦园偕隐八年,诗歌唱和,伉俪情深,成为晚清苏州城中一道亮丽的风景线。然而"城曲草堂"之西,有一条走廊通向耦园的最北部,也就是苏城的柳枝河畔。就在柳枝河的对岸,过去有一座小小的尼庵"福生庵"。去年,笔者曾见到当年庵中的一个老尼姑,老尼姑告诉笔者,园主家的一个小姐,情场失意,未能成"耦",曾在那里带发修行。这鲜为人知的旧事似乎更让

沈秉成书法

世人看到了"成偶"的风情。

纵观耦园深宅的布局,正路与传统的古宅并无二致,但东西两侧造园代替了东西两路,而东园的走马楼与西园的书斋、藏书楼又是中路住宅的延伸。由此,形成宅两侧有园,园中又有宅的格局,在传统民居中独树一帜。另外,各建筑的结构、命名中如鸳鸯厅、枕波双隐亭、鲽砚庐、双照楼等处处见"耦",每每见"情",被列入《世界文化遗产名录》,绝非偶然。

* 小提示:
最靠近的公交车站站名:"东园"

星级指数：☆☆　　　　　　　　　　　　　　任道镕故居——后两座楼厅

残破不堪的正宅，独具情趣的别业
——任道镕故居

任道镕(1823—1906)，字筱沅，又字砺甫，号寄鸥，江苏宜兴人，拔贡出身。同治二年(1863)，升任直隶顺德府知府。任内，任道镕与邻县共同疏浚长久淤塞的洺河、响水河，重得良田万余顷，因此得到总督曾国藩、李鸿章屡次推荐。后李鸿章与任道镕结为儿女亲家，李鸿章幼女李经溥嫁给任家九公子任德和。后又因为击退捻军有功，任道镕被晋升道员。又经几起几落，光绪二十一年(1895)，任道镕起复为河道总督，这是清时一个主管治理河道的官职，有点像当今的"水利部长"。清光绪二十八年(1902)，年已80的任道镕告病归家，但并没有回到家乡宜兴，而是选择了苏州作为他的终老之地。1906年逝世于苏州。

老苏州人心中的任道镕故居，就是原来的人民路西侧东西向的铁瓶巷21号和22号。如今铁瓶巷已经并入了干将路，任道镕故居是干将西路32号—50号(双号)，坐北朝南。它的最东端与"过云楼"顾文彬故居西路相邻，最西端就是仁德坊，一条南北向的小巷。就在仁德坊的最南端，悬挂着苏州市人民政府1982年公布、1994年立的文物保护标志牌，上署"铁瓶巷任宅"。

任道镕故居，笔者年轻时曾溜进去玩过，后来也见过一些有关的资料，知道这座豪宅占地4 000平方米，主厅"颐寿堂"豪华无比。但如今可以说是"惨

和合窗

不忍睹"。原来高大气派的照壁和东西巷门包括门厅,都在干将路拓宽工程中被拆除。站在乐桥之西的干将西路人行道上,我们仔细分辨起任宅各路各进的大致位置。前几年的苏州书店,如今的"景秋刻字社"应该是昔日正路轿厅的位置;而"好利来"蛋糕店则是西路的第二座厅堂;"苏州吉祥王易玉器坊",应是正路轿厅东面的船厅;那个售"中国体育彩票"的地方,应该是当年的鸳鸯厅;而"乐桥画廊镜框"应该对应当时最东面的书楼。

我们从"景秋刻字社"与"苏州吉祥王易玉器坊"之间黑洞洞的陪弄(现称为"新民里")进入,来到正厅前的天井。那个"增荣益誉"砖雕门楼已惨遭破坏,正厅留下的也仅仅是"面阔三间 12 米,进深 13 米"的框架,早就被分割成多户人家。仅有屋檐下的木雕花纹,还彰显着昔日的风采,让我们的心头掠过一丝浅浅的欣慰。后来又走进了几个天井,发现此处的各进楼房虽带有厢楼,但都各自独立,未见走马楼格局。一些显然是旧时留存的"和合"木窗,颇有特色。这种窗上面有转轴或铰链与窗框相连,开启时向外推出。如果需要小范围通风,可拔出插销,开启当中的长方形小窗。格子花纹颇为特别,三角形加六边形,称为"冰纹",如果当中夹几朵梅花,那就是"冰梅"了。楼厅的楼房栏杆,花纹也是如此,统一的装饰风格,透露的不仅是昔日的豪华,更有别致的韵味。光阴荏苒,许多镌刻着历史印记的名宅原貌已经随风而去,然而,这尚存的线条和古朴的色彩背后,是承载着姑苏千年的风情雅韵。轻轻地瞥一眼那一扇窗,仿佛不忍打乱任宅原先的一墙一瓦。听一位住户说,仅他们这进楼厅就住有 10 多户人家,任宅当时的规模可想而知。据介绍,整个任宅现住有 97 户人家,比滑稽戏中的"72 家房客"整整多出 25 家。惊叹之余,更多的是感慨。

在苏州城内王洗马巷 7 号,任道镕还另有别业,2009 年被列入苏州市文物保护单位,2010 年 12 月,竖起了"任道镕旧居"的石碑。"洗马",应该念作"xiǎn mǎ",并不是给马洗澡,而是官名,即"太子洗马",实际上就是太子的侍从官。估计这条巷子与一个姓王的"洗马"有关,至于这个"王洗马"究竟何许人也,至今尚无定论。

这是一座典型的宅第园林,由于布局精致,屡屡被载入介绍苏州园林、古建筑的相关著述中,然而,过去所用的名称为"王洗马巷万宅"。民国初年归富商万氏,故有此称。宅园大门紧闭,原来的西南部主体住宅的部分,已经不在院墙之内。正厅"蔼庆堂"已拆除,那些楠木不知被移到了何处。原来的宅基地上建了一幢普通的公寓楼。登上这座公寓楼,可看到内部的大致情况。

王洗马巷任宅

花篮厅就在被拆除的"蔼庆堂"的东面,据说这是全宅院雕刻最精美的厅堂。墨池东南的书斋庭院凸显了苏州的造园技艺,迂回有层次,景观疏密相间,堪称书房庭院的典范,尤其是东南角的方亭,颇有情趣。通过这座公寓楼的北窗,可以看见整治一新的正路最北堂屋和西路最北的内厅。

据报载,一位在上海拓展事业的"苏州女商人的庭园梦在王洗马巷圆了",也就是说,修复后的"任道镕旧居"将在维持现有格局不变的前提下,作为居住空间使用。根据文物保护相关法律法规中"谁使用谁负责"的原则,它的维修保养费用也将由使用者承担。——可以这么说,这座宅子得到了它最好的归宿。

任道镕工于诗作、精通书画,尤擅画梅花。其夫人吴兰畹为常熟人,亦工诗词书画,其诗尤得杜甫风格,著有《灌香草堂初稿》和《沅兰词》。夫妻二人常相唱和,艺林传为佳话。如果这对伉俪能看见如今两处宅子截然不同的遭遇,不知将会吟出怎样的诗句!

* 小提示:
最靠近的公交车站与轨道交通车站站名:"乐桥"

星级指数：☆☆☆☆☆　　　　　　　　　　　李鸿裔故居——殿春簃院落

无意于仕途，渔樵于山水

——李鸿裔故居

小时候，知道苏州有个"网狮园"，因为当时有一个汽车站的站牌就是"网狮园"；稍大后，听说这个园子曾有过一只老虎，就一直在纳闷，为何不叫做"网虎园"？后来才知道，"网狮园"乃"网师园"之误，"网师"，用鱼网的师傅，其意就是"渔夫"。"渔"与"樵"，是中国古代隐士的代称，意为这些人无意于仕途，寄情于山水；而苏州园林，基本都是退隐官宦的宅邸。当然，如今的公交站牌与别处的一些称呼都已"回归"到"网师园"了。

曾经的网师园的主人李鸿裔，就是这样一位无意仕途的"网师"。

李鸿裔(1830—1885)，字眉生，号香岩，又号苏邻，四川中江人，清咸丰元年(1851)举人。李鸿裔长于书法，工于诗文，同时对金石、文字颇有研究。因才高学赡，颇受曾国藩器重，在曾国藩幕下参与机要。与忠州李士棻、剑州李溶并称"四川三李"。因功擢为江苏按察使。后来,又因镇压农民起义"有功",晋阶布政使,并赐戴花翎。然而,早已厌倦了仕途的李鸿裔以耳疾为由辞官,当时年不足四旬。辞官后,来到苏州,购得"网师园",重加整修,用以交往文人雅士,收藏书画古玩。有藏书4万余卷,蓄三代彝鼎、汉唐以来金石碑刻、法书名画以自娱。晚年好佛,55岁时病故。著有《苏邻诗集》。

据笔者所知,网师园原为南宋藏书家、扬州文人史正志的"万卷堂"故址,后废。乾隆末,园归瞿远村,按原规模修复并增建亭宇,俗称"瞿园"。李鸿裔即从瞿氏后人处购得。李鸿裔身故后,宅园几度易主,后张善孖、张大千兄弟曾借寓于此,养幼虎一只写生。民国二十九年(1940),文物收藏家何亚农(详见《何亚农故居》)购得此园。何与其妻王季山去世后,子女何怡贞、何泽明等将园献交国家。1963年网师园曾列为苏州市文物保护单位,1982年被国务院列为全国重点文物保护单位,1997年12月4日,被联合国教科文组织列入《世界文化遗产名录》。

如今的网师园,门牌号是阔家头巷11号。园分为三个部分,境界各异。东部为住宅,中部为主园,西部为内园。当然,我们关注的主要是东部的住宅。

宅第规模中等,为苏州典型的清代官僚住宅。大门南向,面对阔家头巷,巷南前有照壁,东西二侧筑墙,跨巷处设辕门,围成门前广场。

门厅由"将军门"分成前后相等的两个部分。正门下设两道活络门槛,高70厘米,无正事不开启。轿厅是主人或宾客落轿的地方。从门厅到轿厅,有一座南北向的船棚轩穿堂相连,船棚轩的两边,放着两条3米多长的条凳,俗称为"懒凳",轿夫们累了,可以偷个懒,两个人头顶头睡上一会儿。

轿厅正中所悬匾额为"清能早达",为苏州当代著名书画家张辛稼所书。"清能",为政清廉并颇具能力;"早达"指早年发达的意思,宅子的主人确实"早达",然而却是"早早"地退出了所"达"之处。厅西有"网师小筑"砖额小门,通向中部山水主园。

轿厅的北面即正厅,天井之南有一座巧夺天工、雕镂精致的砖雕门楼。单檐歇山顶,戗角高翘,黑色小瓦覆盖,造型轻巧别致,挺拔俊秀,富有灵气。上额枋刻镂卷草花纹,门

"郭子仪上寿"砖雕

万卷堂

楼正上方刻有"藻耀高翔"四字,"藻",指华丽的文彩、文辞,此四字称赞主人文采飞扬。两侧立体雕塑,人物形象栩栩如生。经仔细辨认,大致可看出右侧为郭子仪上寿戏文,左侧为周文王访姜子牙图。下额枋雕蝙蝠图案,中间有三个圆形的"寿"字,称"团寿","福寿齐全",是下额枋的主题。

大厅正中高悬明朝四大才子之一文徵明所书"万卷堂"匾额,却也符合李鸿裔书香门第、藏书万卷的学者身份。中堂为当代画家吴孜木所画的一幅古松,两侧为集元人咏松联:"紫髯夜湿千山雨,铁甲春生万壑雷。"以"紫髯"谓戟张的松针,以"铁甲"喻毛糙的松皮,形象生动,联想丰富;且与此间主人的才能品格吻合。

大厅两旁所挂楹联为"南宋溯风流,万卷堂前渔歌写韵;葑溪增旖旎,网师园里游侣如云"。"南宋溯风流",意谓此"万卷堂"名源于南宋时宅主史正志;"渔歌"对应"网师",当然是隐居之意。"葑溪",姑苏葑门外的一条水道,一般代指葑门,网师园靠近葑门,如今网师园内确实游人如织。看了这幅楹联,有点纳闷,不知摩肩接踵的游人是否能感受到主人的渔樵之情?

"万卷堂"后就是"撷秀楼",原为内眷燕集之所,故又名"女厅"。撷秀,即收取秀色之意,昔日登斯楼,可以远眺姑苏城西南上方山的塔尖,因而得名。如今虽然看不见上方山塔尖了,但登楼撷取满园的秀色,却也心旷神怡。

楼后"五峰书屋"为主人藏书处,需从假山洞中上楼。不知为何,这座藏书楼却偏离了中轴线,向整个宅园中部的主花园靠拢。"五峰书屋"西北有一座小楼"集虚斋",即俗称的"小姐楼",两座楼二楼连通,形成"走马楼"格局。

"五峰书屋"北面偏东还有一座"梯云室",也不在中轴线上。室内有一个巨大的黄杨木落地罩,上面镂刻着双面鹊梅图,雕工极精,堪称绝佳。"梯云室"北面还有一座楼厅,现楼上为办公用房,底层为古瓷陈列馆。东侧有后门。

所以说,整个住宅区为七进。

跨过中部的主花园,西部有个内园,北侧小轩三间,名"殿春簃"。殿春,春之末,那儿曾种有大批的"殿春花"——芍药花。"簃",楼阁旁边的小屋,多用做书斋。"殿春簃"旧为书斋,为明代古朴爽洁之建筑。"殿春簃"之称,确实与主人与世无争、退隐林泉的志趣相符合。"殿春簃"小院占地约一亩,景观却颇有代表性,富有明代庭园"工整柔和,雅淡明快,简洁利落"的特色。轩西侧套室,曾为著名画家张善孖、张大千兄弟借寓之所,室南院中,有饲养小老虎的地方。轩前有个半亭,曰"冷泉亭",亭中置一块巨大的英石(坊间将其称为"灵璧石"),形似展翅欲飞的苍鹰,黝黑光润,实乃石中的珍品。

1980年,有关方面曾到美国纽约大都会艺术博物馆仿"殿春簃"建了一座古典庭院"明轩",目前,苏州东园内尚有"明轩""出口"前所建的实样。从此,网师园更负盛名。

当我们从梯云室边的后门走出这座大宅子,来到熙熙攘攘的十全街的时候,不由得想起了这座宅子的主人李鸿裔当年与皇室子弟肃顺过从甚密的往事。然而,后来肃顺得势,权倾朝野之际,李鸿裔就不再与之交往,其不屑于权贵,淡薄于荣华富贵的情操被传为佳话。

* **小提示:**
最靠近的公交车站站名:"网师园"

星级指数：☆

海内三宝，潘有其二
——潘祖荫故居

潘祖荫

南石子街5-10号,是清光绪年间军机大臣潘祖荫和其弟潘祖年的故居,2003年被列为苏州市控制保护建筑。

潘祖荫(1830—1890),字东镛,号伯寅,自幼好学,精通经史,涉猎百家。咸丰二年(1852)壬子科殿试得中探花,光绪年间累官至刑部尚书、军机大臣。潘祖荫"学文渊通,才猷练达",入仕后,他经常负责乡试考试,任主考官,一生担任各类阅卷官、考官将近50次,挑选提拔了大批人才。潘祖荫为官体恤民情,常为民请命。他每闻民间水旱灾害便四出奔波详细了解灾情,全力赈救。以使"四郡欢悦,额手皇仁"。光绪七年(1881)中俄《伊犁条约》签订,条陈善后"练兵、简器、开矿、造船、筹饷"等五策。光绪十五年(1889)、十六年(1890),浙江、顺天水灾,疏请设粥厂,赈灾救民。为救灾事积劳成疾竟一病不起,"病中喃喃,皆言赈务",最后卒于任上。潘祖荫去世之日,百姓痛哭流涕者不可胜数。

潘祖荫酷爱古玩金石,所藏国宝甚多。他在北京去世后,弟弟潘祖年将兄长的青铜器和书画典籍足足装了4船运回苏州,其中就有著名的国宝——大克鼎和大盂鼎。

大盂鼎,西周康王时期的青铜器,清道光年间在陕西岐山礼村出土。高101.9厘米、口径77.8厘米,重153.5公斤,造型雄伟凝重,纹饰简朴大方,工艺精湛。内壁铸有铭文19行2段291字,记载了周康王对大贵族盂的训诰和赏赐。清咸丰十年(1860)三月,左宗棠遭湖广总督官文劾奏,在政治上陷于

"罪且不测"的困境。同朝为官的潘祖荫虽然与左宗棠从未谋面,却三次"上疏营救",以全家性命担保。潘祖荫力陈左宗棠之才:"……于地势扼塞险要,了如指掌……国家不可一日无湖南,湖南不可一日无宗棠。"终于使得皇帝息怒,不加罪责。左宗棠得以东山再起,同一年,他率湘军东出江西,转战皖南浙江,立下大功,成为"同治中兴"的一代名臣。因为这一段情谊,左宗棠将自己所获的大盂鼎赠送给了潘祖荫,酬谢搭救之恩。

大克鼎,高 93.1 厘米,口径 75.6 厘米,重 201.5 公斤,口部微敛,唇方沿宽,雄浑厚重。它是周孝王时大贵族克所铸,距今有 2 800 多年历史。

大盂鼎

鼎腹内壁亦铸有铭文 2 段,共 28 行,290 字,字体工整,笔势圆润,堪称西周中晚期青铜器铭文的典范。其内容一是歌颂祖父佐助周室的功绩,记述自己由此蒙受余荫,被周孝王任命为大臣;二是记载其受赏赐的物品,其中有服饰、田地和大量的奴隶。清光绪年间,大克鼎出土于陕西扶风法门寺旁任村,几经转手,被潘祖荫用重金购得。但坊间传说,这大克鼎颇能"克"人,潘祖荫获此鼎后两年就去世,其后家中丧事不断,潘家未曾能再"贵"。潘祖荫的玄孙潘裕达也颇信此说,曾在姑苏的媒体上提及此事。

大盂鼎和大克鼎,这两件被称为"重器鸿宝"的西周青铜鼎,与毛公鼎一道被誉为晚清出土之"海内三宝"。这两件古董,是潘祖荫最为得意的收藏,故曾刻有"天下三宝有其二"闲章一枚。

潘祖荫的弟弟潘祖年去世后,孙媳潘达于挑起守护家藏的重任。据说上世纪 20 年代,有一个美国人专程来苏州,出价黄金 600 两加楼房一幢以换两鼎,被潘家拒绝。1937 年抗日战争爆发,苏州沦陷,为避免日寇觊觎,潘达于让家人将两鼎埋在家中一间堆放杂物的大屋里。她让家中的木匠做了一个大木箱,在鼎内塞入破絮,上面覆盖泥土,地面仍铺方砖,不露丝毫痕迹。潘氏全家避难离开苏州后,日军曾多次去潘宅搜查,都没搜到。1951 年,潘达于将这两件国宝捐赠给即将开馆的上海博物馆。1959 年国庆十周年,中国历史博物馆

(2003年与中国革命博物馆合并重组为中国国家博物馆)建成开馆,上海博物馆以大盂鼎等125件珍贵文物支援。自此,两鼎南北两馆各镇一方。而"海内三宝"之一的毛公鼎,现藏于台北"故宫博物院"。

潘祖荫故居早先的主人是潘祖荫的二伯父潘曾莹。道光十四年(1834),潘曾莹的父亲,也即潘祖荫的祖父状元宰相潘世恩得到御赐圆明园宅第的恩赏。后潘曾莹特仿照父亲潘世恩京城御赐宅第格局,将南石子街旧居改建为坐北朝南的大宅。宅分三路五进,中路各进皆为楼屋,两侧厢房走廊,连通为走马楼式,楼与楼之间庭院宽敞。

就是这个三路五进的故居,一度曾经是一家招待所和近50户人家的所在地,虽然整体格局未变,但内部已面目全非。

如今,中路与东路已经经过了整修。中路目前开放的是第四进与第五进,这两进楼房就是当年的"攀古楼"和"滂喜斋"。从这两进房子可看出典型的"走马楼"格局:东西两侧楼上楼下走廊相连。第五进正厅无匾额,挂着潘祖荫自撰的一联:"莲出绿波有君子德;兰生幽谷为王者香。"洁身自好之情溢于言表。

潘祖荫自撰联

潘祖荫故居如今从东路门厅进出,石库门上有砖雕的"探花府"三字。东路的前半部分是花园,整体构造颇为得体。最南部是一个池塘,池塘后的主建筑是一座旱舫状建筑,其方位大致对应中路的第三进房子。该建筑造型古朴,甚是可爱。后面第四进第五进之间,也有一个池塘。徜徉其间,观楹联幽雅,听流水潺潺,恍若回到潘祖荫生活的那个年代。

走出深深的庭院,再度来到旱舫状建筑前,突然为这座建筑的匾额、楹联而困惑。匾额为篆体"听泉读云",意境深远,颇得古韵,然而书写的顺序居然是从左至右,显然,这是将现代人的习惯强加于古人,令人喷饭。两侧对联为苏州著名书画家吴湖帆先生所撰。上首(右侧)为"池边客约同邀",下首(左侧)为"帘外禽言莫损"。显然,上下联倒置。吴湖帆先生是不可能犯这种低级错误的,此联估计为整修时集字而成吧。——酷爱精通书画金石的潘祖荫如地下有知,定将哭笑不得。

* 小提示:
最靠近的公交车站站名:"醋坊桥观前街东"

星级指数：☆

吴大澂、吴湖帆故居——新宅大门

祖居前的叹息，新宅中的费解
——吴大澂、吴湖帆故居

接驾桥在《平江图》中称为"能仁寺东桥"，能仁寺改成承天寺后，改称"承天寺东桥"。清代以来又因附会康熙南巡、官绅在此接驾的故事，改名"接驾桥"。熟悉的人都知道，虽然说"接驾桥"是苏州的重要去处，但如今的桥早已于1956年被拆除，"接驾桥"没有桥。但不管怎样，没有桥的"接驾桥"仍是苏州的交通要冲，南北向的主干道人民路通过此处，东通白塔西路可出娄门，西连东中市可达阊门。

双林巷为人民路西侧的横巷，位于接驾桥南两三百米，东起人民路，西至河沿下塘，与东中市平行。《宋平江城坊考》载："宣统《吴县志稿》：'春草闲房，在卧龙街西双林巷，金俊明孝章所构书斋也。孝章高蹈不仕，日与四方名流歌咏其中，以终其身。乾隆初，里人郭麟雯即其故址重新之，彭启丰为之记，后为吴中丞大澂所居。'"双林巷原名"迎宾坊",一般认为巷改名是由于吴大澂与其弟吴大衡同中进士,入翰林,故得名。

双林巷18—26号,悬挂"控制保护建筑"标志牌的就是吴大澂祖居。

吴大澂(1835—1902),苏州人。原名大淳,同治帝名为"载淳",故避讳改名"大澂"(因吴方言没有后鼻音,"淳""澂"同音),字清卿,一字止敬,号恒轩、白云山樵等,后得"宋微子鼎",其铭文"客"作"愙",故作斋名为"愙斋",并以之为号。清同治七年(1868)戊辰科进士,授翰林院编修,历任陕甘学政、河南河北道、左副都御史、广东巡抚、湖南巡抚等职。作为封建时代的士大夫,吴大澂给人留下了几多印象:

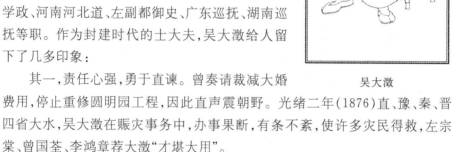

吴大澂

其一,责任心强,勇于直谏。曾奏请裁减大婚费用,停止重修圆明园工程,因此直声震朝野。光绪二年(1876)直、豫、秦、晋四省大水,吴大澂在赈灾事务中,办事果断,有条不紊,使许多灾民得救,左宗棠、曾国荃、李鸿章荐大澂"才堪大用"。

其二,目光远大,国家利益为上。光绪十一年(1885),与沙俄代表会勘边界,严斥沙俄的侵略行径,据理力争,最终双方签订了《珲春界约》,收回了被沙俄侵占的黑顶子要隘地区。《珲春界约》是19世纪中国收回失地的唯一条约。任广东巡抚期间,反对把澳门划归葡萄牙管辖,态度坚决,由此暂时延缓了条约的签订。

其三,不善领兵。1894年2月朝鲜发生"东学党事件",日军借故侵占朝鲜,中日甲午战争爆发。吴大澂主动请缨,带领湘军三万,出山海关应战。由于仓促上阵,不幸失利。后自请治罪,光绪帝赞许吴大澂的爱国行动,认为战败非其罪,"令回湖南巡抚任"。后因戊戌变法失败,慈禧排除帝党,重新追究其兵败之责,处以革职遣返苏州,受聘任龙门书院山长。

其四,善书画,喜收藏,尤工篆书,精鉴别。吴大澂书法以篆书最为著名。他起初学秦代小篆刻石,书法酷似李阳冰。后受杨沂孙的启示,将小篆与金文相结合,并用这种方法书写《论语》《孝经》以及信札。他的篆书大小参差、渊雅朴茂,在当时是一种创造。他对金石文字研究颇深,他的篆书从中汲取了不少的营养。吴大澂曾与顾沄、费念慈等于怡园结书画社,传世之作有《梅花图》

祖居大门

《匡庐瀑布图轴》《临黄小松访碑图册》等。

现在双林巷的吴大澂祖居坐北朝南,有房屋五路四进。这座当年的豪宅,如今早已黯然失色,湮没在了时光的淙淙里,令人扼腕叹息。走进门厅,但见各家各户"割地"而居,物品摆放凌乱不堪,几座砖雕门楼早已破败,只有两座门楼的下额枋还残留着"鲤鱼跳龙门"的浮雕,也正在接受烟火的熏染,令人无语。传说同治丁卯(1867)六月,春草闲房庭前榴枝上忽然生出一个大灵芝,当时人人称奇。但我们在宅内几进几出,也未曾找到这棵榴树。

吴氏"春草闲房"数世同居,因支派繁衍,居住多有不便。光绪甲申(1884),吴大澂购得十梓街南仓桥(如今的十梓街与凤凰街的交接处,桥早已没有)旁康熙朝江苏巡抚宋荦的旧居,整治一新,作为自己的新居。吴大澂把此宅名之为"瑞芝堂",堂名应该因上文说过的老宅石榴树生灵芝而来。书斋即命名为"愙斋"。原为朝南三路六进大宅,大门在十梓街上。吴大澂的嗣孙、现代著名书画家、文物鉴藏家吴湖帆先生即出生于此。

吴湖帆(1894—1968),江苏苏州人,为吴大澂嗣孙。初名翼燕,字遹骏,后更名万,字东庄,又名倩,别署丑簃,号倩庵,书画署名湖帆。三四十年代与吴待秋、吴子深、冯超然并称为"三吴一冯"。建国后任上海中国画院筹备委员、画师,上海大学美术学院副教授,中国美术家协会上海分会副主席、上海市文史馆馆员、上海市文物保管委员会委员。收藏宏富,善鉴别、填词。

1920年夏日的一天,就在吴湖帆与友人高谈阔论时,突然间风雨大作,新宅正厅瑞芝堂轰然倒塌。倒塌后五十多天,吴家请工人重新在原宅翻建瑞芝堂。

由于凤凰街与十梓街的多次拓宽,瑞芝堂的大部分已被陆续拆除。1998年,有关方面将所余房屋就地改建为朝东两进建筑,即大厅三间和堂楼三间带两厢。如今成了"明楼"——一个高档的会所式餐饮场所。这个明楼平时大门紧闭,门牌号为"凤凰街139号"。门上悬挂的木质标志牌为"吴大澂故居"。

趁着有人订餐,我们跟了进去。看见两侧都是餐饮的包厢。当中第一进为餐厅的迎宾间,应该是三间的大厅只剩了中间和南间,北间已被隔出。迎宾间正面为吴大澂书法雕屏,抱柱联为"四座了无尘事在;八窗都为酒人开",平仄和谐,且颇有意境。然而由于北间的隔出,厅内只剩下一根步柱,这副抱柱联竟然挂在柱子的正反两面,实在令人费解。为什么就不能挂在正屏的两边呢?完全有地方。

绕到屏后,通过一座砖雕门楼,就是第二进楼厅,有厢楼,看模式也是餐饮的包厢。这座砖雕门楼就是名闻遐迩的"螽斯衍庆"门楼。"螽斯衍庆"出自《诗经·周南·螽斯》,螽斯:昆虫名,产卵极多;衍:延续;庆:喜庆。旧时用于祝颂子孙众多。然而这座门楼题额的上下款却让人大吃一惊:上款为"同治辛未十月","同治辛未年"为1871年,比这座新宅的重建期早了100多年,也说得过去,因为门楼可以从老宅搬过来。但下款为"陈德铭书",却令人百思不得其解了。苏州人熟知的陈德铭,1949年生,1997—2002任职于苏州,为主要领导,期间正好是这座宅子重建的时候,题个字顺理成章;但这又如何与1871年的"同治辛未"挂得上钩呢?——或许是同名同姓吧!

走出"明楼",正夕阳西下,重重的矛盾也在心头纠结:每当我们深入那些小巷深处破旧的老宅时,总会有人殷切地问道,这里何时能拆迁?因为这些宅子早就难以和现代生活的节奏合拍了。然而,重新修建后的宅院,又有哪座能供原来的住户享用呢?难道凝聚苏州历史的建筑就这样陷入困境?难道以后只有"上层人物"才能和宅院"会晤"?就我们而言,只能祝愿修建后的宅院能传承老宅蕴含的建筑风格和历史文化,永远相伴苏州、厚泽百姓。

* 小提示:
最靠近的公交车站站名:祖宅"接驾桥",新宅"第一人民医院西"

星级指数：☆☆☆

姑苏建筑"西风东渐"的实证
——三茅观巷沈宅

文物保护标志碑

姑苏城在19世纪末到20世纪初"西风东渐"之际，虽比不上上海、青岛等地，但也不甘落后，不管是致力于改革者，还是崇洋媚外者，都将西方先进的理念引进自己的生活，使生活更为丰富多彩，是一种勇敢的尝试。

住宅建筑上的"西风东渐"，有的人一步跨出很远，甚至直接盖起了小洋楼；有些人羞羞答答，将旧式住宅的某一进改建成洋楼；而有些人却在厅堂的外部装饰与内部装修上导入"西风"，一批批中西合璧的宅子逐步出现。三茅观巷沈宅就是这样一组中西合璧的雕花院落。

因岁月的变迁，如今这个沈宅可以分为两大板块，东南板块由三茅观巷26号进入，西北板块从宋仙洲巷横巷4号和6号进入。具体的分界线就是三茅观巷26－2号的"鬆春茂华"之东的那条陪弄。这个"鬆春茂华"为一户人家的门额，估计主人认为繁体字好看，却不知"松树"的"松"没有繁体，就误作为"鬆"了。

"三茅观巷"东西走向，东起中街路，西至汤家巷。巷子因"三茅观"而得名。苏州城内旧有"三宫九观"之说，"三茅观"就是其中之一观。"三茅"是指西汉时得道成仙的茅氏三兄弟，大茅君茅盈、中茅君茅固、小茅君茅衷，后世称茅氏三兄弟为"三茅真君"，以祀奉茅氏兄弟名义所建的道观，当然就是"三茅观"了。然而如今"三茅观"早已难觅踪迹，"三茅观巷"却仍然在姑苏城内占有一席之地。

沈宅东南板块的正中开的门应该是三茅观巷26－1号，但长期封闭不开，只能隔着巷子北侧的围墙看到里面高耸的楼厅屋脊。

三茅观巷26号门牌在三茅观巷向北的一条短巷中,"苏州明贝电子有限公司"的西侧,门向东。"三茅观巷沈宅"的省级文物保护标志石碑就在短巷口,朝东,实际上就是在沈宅东南板块东路第一进的东山墙外。遗憾的是,边上就是一个垃圾箱。

门内,就是沈宅的东南板块,为了方便,我们将这一板块当成独立的三路宅院进行叙述。

三茅观巷26号门直接连接东路第二进的厅前走廊。

在沈宅的东南板块中,如今能辨识的为三路建筑,东路剩两进楼厅,中路剩三进楼厅,西路剩四进楼厅。

东路两进楼厅平行,没有厢楼,如平面俯瞰,就如一个"二"字;北侧的原第三进部位已另建了一幢砖混结构的房屋。

中路的三进楼厅西侧有厢楼前后相连,东侧阙如,如平面俯瞰,就如一个大写的英文字母"E";第三进北部有一块空地,再向北是一座新盖的一般公寓房。

西路的四进楼厅,构成一个完整的"目"字。

这三路宅邸之间没有陪弄,紧紧地靠在一起,构成一个整体。然而这三路楼厅的对应各进都在一条横线上,且第二进楼下的走廊相通,组成一条长廊。长廊最西面的出口就是西路之西的一条陪弄,而最东面的出口就是三茅观巷26号门,——估计,这个门就是当年的边门。

东南板块九进楼厅的二楼,纵横相通,构成了特殊的大型走马楼格局。

最值得提及的是这三路房子的建筑风格与装饰装修。虽然说屋顶都为传统的小瓦,但整个风格以西式格调为主,外墙青砖红砖相间,构成拱形门窗,不论是色彩的搭配还是线条的勾勒都极具张力,让人大饱眼福。雀宿檐的镂刻也甚为精美,而玻璃门窗上简洁的窗花图案和这一切构成了统一和谐的整体。

东路第二进前的廊柱用数根外方内圆的车木件构成,室内全部用石膏吊顶。

中路第二进的雕镂最为精

砖柱上端的雕饰

致,檐下是四根如罗马柱般的砖砌承重柱,组成三个拱圈,衔接处雕刻着精美的图案。楼上阳台本来是铸造精致的铁栏杆,但在上个世纪50年代的"大炼钢铁"运动中被塞进了"小高炉",早就化成了"黑疙瘩",如今被木质栏杆替代。第三进中式风味颇浓,楼层采用雕花扁作梁架,并有双桁菱角轩。

西路甚为简朴,就是一般的圆木柱,但四进楼厅明显南面的阔,北面的窄,也就是说,这个"目"字下大上小。

总之,东南板块将中西建筑艺术精华发挥到了极致,融合得恰到好处。

当我们走进"鬆春茂华"边上的那条很深的陪弄时,终于对这座宅子的本来布局有了进一步的认识。实际上,这条陪弄是真正意义上的正路的东陪弄。其西,就是真正意义上的正路,再向西,还有两路宅子;其东,就是东南板块的三路楼厅,紧贴陪弄之东,就是东南片的西路。

真正意义上的正路,在三茅观巷26-2号,前半部分早就卖给人家,在前两进的地基上已经改建为一座砖混结构小楼。在大约第三进的部位,陪弄西侧有一个圆洞门,里面正在大兴土木,附近住户说,这是买主在重建,里面有一座古老的砖雕门楼。笔者几番前往,都吃了闭门羹,后来终于觅机入内。圆洞门内正路大厅已消失,成了一个庭院:东、北两侧建廊;西侧有假山,山上建有半个六角亭;北墙正中有石库门通向后面的第四进楼厅,石库门背面就是那座精致的砖雕门楼,保存完整。

门楼砖额上款为"道光己酉清和月",道光己酉是道光二十九年(1849),这明确了正路房屋的竣工时间。中间题字为"瓜绵启瑞","瓜绵"典出于《诗经·大雅·绵》"绵绵瓜瓞,民之初生",以后均作子孙昌盛的解释;"启瑞",指新屋落成是今后祥瑞的开端,这是题撰者对主人的祝颂之辞。下款为"李淼书"。

门楼之北,即原来的正路第四进,是三间两厢楼厅,石板天井正在重新铺设。底层前置双桁鹤颈轩,扁作梁架上有精细的雕刻。看到门楼两侧有明显被封没的花瓶状门宕时,笔者颇费了一番思量,忽然想到门宕南应是原来正厅后面的两个蟹眼天井,其中点缀着庭院小品,所以北向有花瓶状门宕。这是中式传统建筑的典型造景手段。

从宋仙洲巷横街6号可进入沈宅的西北板块。"宋仙洲巷"是三茅观巷北面一条与之平行的巷子,原名"宋筅帚巷",因几代制作筅帚的一户姓宋的手艺人而得名。不知是哪位文人雅士,一时兴起,将之改为文绉绉的"宋仙洲巷"。宋仙洲巷横街,就是三茅观巷30号之西的一条南北走向的百来米的短巷,它连接三茅观巷与宋仙洲巷。

进入宋仙洲巷横街6号,沿着一条有点曲折的陪弄通往东,就能找到两座楼厅，呈扁扁的"口"字形走马楼结构。这就是沈宅的西北板块。从方位来看，这两座楼厅应该在真正意义上的正路基建工地的北面，也就是说，这是原来正路的第五、第六进。南面一进楼厅最西面连有一座单间楼，保护得甚是完整。这座单间楼前置弓形轩，雕花长窗，檐口下垂花篮，柱顶斗拱雕刻精致，最东部还有纱帽翅般装饰。听住户说，这里原是宅子主人的书房。相比东南板块的装饰来说，此楼的"中"味更浓，看来，主人还是难以舍弃那份传统的情怀。

西北板块书房

笔者推测陪弄以东的建筑略晚于西侧三路，以陪弄为界，两侧完全体现了中西不同的艺术风格。

所以说，我们认为这座宅子当年总共为六路六进，真正意义上的正路之东有三路楼厅，就是我们见到的东南板块。正路的西面，还应该有两路房子，应是如今的三茅观巷28号与30号，但除了北侧的一些从宋仙洲巷横街4号、6号出入的附房外，早就不姓沈了。

如此庞大的宅院，其主人一定不平凡。听一位上世纪50年代就嫁到此处的老太太说，这座房子的始建主人是"沈道台"，叫"沈陂影"（音），她家先生小时候见过沈道台的后人，这位后人就是后来住到卫道观前的开凿义井的沈惺叔（详见《沈惺叔故居》）。

凭我们的能力，一时难以考证这位"沈道台"的履历，但如此中西合璧的一组雕花楼，正好是姑苏建筑在清末受"西学东渐"影响的实证。至于这位"副省级别"的"道台"，其思想开明程度更是非同一般！

* 小提示：
最靠近的公交车站站名："宋仙洲巷"

星级指数：☆☆　　　　　　　　　　　　　　　　　　　　　　洪钧故居——义庄享堂

沉浮于外交漩涡的状元
——洪钧故居

洪钧(1839—1893)，字陶士，号文卿，苏州人。原籍安徽徽州歙县。先世经商至苏定居。"洪钧"一词，源于《文选》，李善注："洪钧，大钧，谓天也"。洪钧从小家道中落，生活贫困，父亲要他弃儒就商，但他执意读书。清同治七年(1868)考中状元，后奉命出使欧洲，担任大清驻俄国、德国、奥匈帝国、荷兰四国公使，四年后离任回国。

洪氏老宅在西支家巷11号。洪钧考取状元后，在悬桥巷新造一座状元府第，宅占地约3 000平方米；另一说，此宅为光绪十七年(1891)洪钧出使回国后所造。

宅院现为市级文物保护单位。坐北朝南，2路7进，后门临菉葭巷河(河已于1958年填没)，原有廊桥，过桥即菉葭巷。

如今的"洪钧故居"牌匾与文物保护标志牌都悬挂在东路门口,即悬桥巷29号。实际上,东路是洪氏桂荫义庄(洪氏祠堂),如今能见到的是一进门厅、一进享堂,左右以两庑相接,就如北京的四合院。

东庑现为"状元文化展示馆",主要展示了洪钧的生平与外交成就。此外,还有书法作品以及他和赛金花之间的故事。可惜的是文字表述不甚严谨,有损"状元"的名号。如果这种"文化重地"失去了其最核心的部分,那如何能让到访者感受到巨大的文化能量呢?西庑现为"平江书画廊"。享堂屋檐下悬"状元及第"匾额,但款式不合常规,将"同治七年岁次戊辰科"置于左边下款。很想在书画中享受一回审美大宴,可是大门紧

洪钧

闭,只能作罢。据记载,享堂应是面阔三间11米,进深8.6米,扁作梁架。祠堂北,有楼屋3间,为当年洪钧所住,是一个独立的小院,但需从西陪弄进出。洪钧儿子洪洛早逝,后从安徽老家过继一子,如今此院住着的是洪钧嗣子的孙子洪传心。

从王仁宇《苏州名人故居》所附示意图看,东路之东另有几进房子(北端)属于洪家,或许,这才是真正的东路,而如今的东路是当年的中路。

由于现在的东路是祠堂,所以,西路是主轴线,以前隔巷有照壁,入内依次为门厅、轿厅、花厅。花厅前原有旱船、亭子、假山、桂树,现已无存。如今西路前三进散为民居,第四进大厅已拆除,厅后尚有两进楼房,第五进堂楼就是当年赛金花的住处。末进下房通后门。

西路与东路祠堂之间原有陪弄,但如今已没有了屋顶,成了一条短短的小弄堂。

说到洪钧,不得不提的就是在中国近代史上一度声名显赫的赛金花。光绪九年(1883),洪钧在京升詹事府詹事,内阁学士兼礼部侍郎。十年(1884)母亲去世,丁忧守孝。两年后,复职回京,临行前,友人请他到"花船"上吃花酒,巧遇傅彩云(即赛金花),聪明美丽的傅彩云颇得洪钧青睐,后经朋友牵线,洪钧出钱替她赎身。

赛金花(1872—1936)本姓赵,名梦兰,榜名富(傅)彩云。原籍安徽休宁,

赛金花

生于苏州。清光绪十三年(1887)被在籍状元洪钧纳为妾侍。

清光绪十三年(1887)作为清朝皇帝的特命全权公使,洪钧奉命出使欧洲列国。按西洋礼仪,夫人该随同前往,但洪钧夫人是深受封建礼教熏陶的大家闺秀,无法承受西洋那种握手、拥抱甚至亲吻的礼仪,故将诰命服饰借与傅彩云,让傅彩云以"夫人"的身份随洪钧出使。在西洋的三年多中,傅彩云以大清公使夫人的身份出入于各国社交场合。在交际圈中悟性较高,甚至能用德语与当地人对话交流,迅速赢得了"状元公使夫人"的美名。也就是说,傅彩云为大清朝赚得了很大的面子。其间,洪钧曾带她拜见过德国国王与皇后,并与他们合影,也曾见过欧洲"铁血宰相"俾斯麦。到英国也颇受维多利亚女皇的欢迎,并与之合影。

洪钧担任驻外使节期间,充分利用外国著作,靠译员的帮助,补证中国史实。经数年努力,编撰成《元史译文证补》30卷,为中国史学界利用西方资料研究中国历史的开端。洪钧认真考察各国的政治、经济、文化,对欧洲各国形势均有研究,认为"欧洲多事","不出十年将有战争",相对而言"中国稍安"。他建议清政府抓紧时机,搞好自身发展。后来第一次世界大战爆发,事实证明了洪钧分析的正确性。

洪钧回国后的光绪十八年(1892),发生帕米尔中俄争界案,洪钧依据外文地图误绘中俄边界,将帕米尔地区诸多哨卡画出中国国界,遭到朝中官员们的联名弹劾。洪钧心理上遭受沉重打击,在悔恨交加中抑郁成疾,于光绪十九年八月二十三日(1893年10月2日)病逝于北京,年仅五十四岁。

洪钧病逝后,傅彩云被迫离开洪家,至上海重操旧业,以曹梦兰为艺名,不料又被江苏士绅以"有伤风化"的名义强行驱逐。光绪二十四年(1898)至天津,组"金花班",翌年迁北京。八国联军攻陷北京时,烧杀抢掠无恶不作。凭着当年曾与德国贵族、八国联军总司令瓦德西的一段交往,赛金花孤身前往,劝瓦德西约束军纪,北京市民感激涕零,尊她为"赛二爷",甚至称"护国娘娘"。后来,由于小说家的渲染,赛金花被称为"中国的羊脂球"。她晚年穷困潦倒,1936年病逝于北京。几个文人解囊,将之葬于陶然亭侧。

洪钧身后葬苏州宝华山西南,今年(2014)春笔者去当地考查,邂逅85岁的洪氏坟客孙女,由其带领至洪钧墓址,其坟茔、祠堂、丙舍皆已毁于十年动乱,徒增惆怅。

洪钧嗣子的孙子洪传心告诉笔者,光绪十九年(1893),山东义民在威海卫打死一名英国水手,英政府抗议并提出要皇帝发配充军到大西北。据说洪钧主动提出"代皇上充军",满朝震惊,皇帝感动,让洪钧戴上为其特铸的一副金手铐脚镣,赴边陲充军。光绪皇帝曾下诏将洪钧所戴金铐脚镣奉还苏州原府,埋藏地下,以表彰其功勋。——当然,至今没人亲见过。

* 小提示:

最靠近的公交车站站名:"醋坊桥观前街东"

星级指数：☆☆☆☆☆　　　　　　　　　盛宣怀故居——西路楼厅

亦官亦商,亦中亦洋的弄潮儿
——盛宣怀故居

留园位于江南古城苏州阊门外留园路338号,以园内建筑布置精巧、奇石众多而闻名,与苏州拙政园、北京颐和园、承德避暑山庄并称中国四大名园。

1961年,留园被中华人民共和国国务院公布为第一批全国重点文物保护单位。1997年,被列入《世界文化遗产名录》。

留园始建于明代万历二十一年(1593),为太仆寺少卿徐泰时的私家园林,时人称东园,其时东园"宏丽轩举,前楼后厅,皆可醉客"。徐泰时去世后,"东园"渐废,清代乾隆五十九年(1794),园为吴县东山刘恕所得,改建后更名"寒碧山庄",俗称"刘园"。同治十二年(1873),园为常州盛康购得,缮修加筑,比当年更增宏丽。乾隆十年(1745),袁枚买下了原江宁织造隋赫德的隋园,加以葺治,取谐音,改"隋园"为"随园";盛康循袁枚故事,因前园主姓刘而园俗称

"刘园",乃取其音而易其字,改名"留园"。

盛康殁后,园归其子盛宣怀,在他的经营下,留园声名愈振,成为吴中著名园林,俞樾称其为"吴下名园之冠"。

"吴下名园"匾

上世纪30年代以后,留园渐见荒芜。1953年苏州市人民政府决定修复留园,并延请了一批学识渊博的园林专家和技艺高超的古建工人入园策划维修。经过半年的修复,一代名园重现光彩。90年代,又修复了盛家祠堂和部分住宅,使宅、园相连且各放异彩,相得益彰,更让留园南部大门西侧的这一组建筑——盛宣怀故居更有风味,更具魅力。

盛宣怀留园故居分为东西两路。

东路为盛氏祠堂,共分四进。门厅现为留园游客的"出口",门口有一对石鼓,上面的浮雕是三狮戏球。

与网师园李鸿裔故居一样,东路的门厅与轿厅被穿堂船棚轩连接,构成一个"工"字形结构。

第三进为楼厅,三开间,两侧另有耳房。厅中陈列着有关留园的资料,主要内容为介绍留园历史,尤其是与文化艺术的关系。

第三进后有一个砖雕门楼,无字,也没有令人难以忘怀的雕刻,显然是新造的。

第四进也是楼厅。东侧有厢楼,连接砖雕门楼的东翼;西面是一条走廊,实际上是陪弄,有小门通向更西的院落。厅内,一个正方形的槅扇状"屏风",矗立于中,而正方形的当中是一个大大的整圆,如此,就将中国传统的方与圆作了完美的整合。上面的匾额为"片雅爿臻",《康熙字典》曰:"左半为'爿',右半为'片'";"雅",当然是不俗;"臻",达到。从字面上看,其意大概为"雅"与"臻"无法剥离,有了"雅"就能"臻"。——左与右之间的配合犹如方与圆之间的融合。

西路前二进,如今设为留园沿马路的卖品部。

前两进与第三进之间已被院墙隔开,第三进前有一个长方形的天井,房基方位与东路第三进平。这座楼的式样有些特殊:底层六间,各自隔断,正间之西为四间,正间之东为一间;楼上一整间不作分割。——或许就是原来的结构。《易》曰:"天一生水,地六成之。"宁波"天一阁"藏书楼,取"以水克火"之意,把藏书楼定名为"天一阁",阁前凿池,名"天一池"。这座楼上层"天"为一,底层"地"为六,估计就是受了这种理论的影响,所以说,这座楼房应是当年园主的藏书楼。如今底层东面三间内部打通,作为留园"吴歈兰薰"演出剧场。西三间封闭,不知作何用途。

第四进房基方位与东路第四进平。二楼的结构较为特殊,其西面的厢楼与前面藏书楼的二楼通过一间"过街楼"相连,过街楼下的通道可通往留园的西部园林区。楼上的东部向东延伸,跨过陪弄,与东路第四进楼房直接相通,也就是说,陪弄东西侧四座楼厅的二层是全部相通的。这种形式的走马楼结构甚为罕见,但笔者觉得更有曲折迂回之美。苏州水巷纵横,小桥流水,孕育了苏州人骨子里的那份浪漫情怀,也许这样的建筑风格就是一种很好的体现。

西路之西还应该有两路厅堂,但如今已被彻底改造,成了苏州市的"园林档案馆",从留园马路出入,门牌为留园马路400号。

像盛宣怀这样的人物,有多处宅院并非怪事。据说在他的故乡常州曾有三处。在苏州也另有一处,这就是"天库前48-2号"。

"天库前"这条巷子东西向,"48-2号"是一条与之成"丁"字交错的向北的仄仄的小巷子,走到底就是挂有"盛宣怀故居"文物保护标志牌的一座楼厅,如今正在维修。盛氏后人已经将其卖给了别人,楼房的现任主人召集了一些志同道合的朋友,成立了一个"苏州市现代名人俱乐部",经常聚会,就某一文化方面的主题展开研讨。从这座楼厅到小巷"天库前"之间的距离来看,前面还应该有四座厅堂。确实,这座楼厅之前还有一座被改造了的楼房,依稀能辨出当年楼厅的模样。也就是说,眼前的这进应该是第五进。留守"苏州市现代名人俱乐部"的马老师向我们提供了两个信息:首先,这里是盛宣怀发妻庄氏夫人养育儿女的住处;其次,这座楼厅的后面过去还有一座楼厅,也就是说,这个宅院原来至少有六进厅堂。暂不论这个宅院的真实规模有多大,能够有这样的有识之士成为新主人,就是一件让人欣慰的事,而把"现代名人"召集于此共叙文化主题,更是可喜可贺之事,因为这是对原来建筑文化基因的传承和发展,只有流动的文化,才可能形成新的文化力量,而这,也是对主人盛宣怀最好的纪念。

让我们把关注的目光聚焦到宅子主人的身上。

天库前楼厅

盛宣怀(1844—1916)，字杏荪、幼勖，号次沂。祖籍江阴，出生于江苏省常州府武进县，死后归葬江阴。

盛宣怀既是清末官员，又是洋务派的代表人物，还是著名的政治家、企业家和慈善家，被誉为"中国实业之父"和"中国商父"。他创造了11项"中国第一"：创办第一个民用股份制企业轮船招商局，创办第一个电报局天津电报局，创办第一个山东内河小火轮公司，创办第一家银行中国通商银行，建造第一条铁路干线京汉铁路，接办第一个钢铁联合企业汉冶萍公司，创办第一个勘矿公司，创办第一座公共图书馆，第一个创办了中国红十字会，创办中国第一所正规大学北洋大学堂（天津大学），创办第一所高等师范学堂南洋公学（交通大学）。

盛宣怀

如果分析一下盛宣怀一生中的几组关系，或许就能明白他之所以能如此成功的原因。

其一，与李鸿章。李鸿章是盛宣怀一生中的"贵人"。盛宣怀的父亲盛康（留园的主要建设者）是清朝的官员，与李鸿章有交。同治九年(1870)盛宣怀被李鸿章招入幕府，受到赏识，第二年就升迁到知府的官阶。在李鸿章手下工作是盛宣怀一生中最重要的转折点，赏识人才的李鸿章把他推上了历史舞台。盛宣怀追随李鸿章"防剿"回民起义，筹办洋务企业和外交事务。盛宣怀并非出身科举"正途"，他倍加珍惜李鸿章给予的机会。

盛宣怀毕生感念李鸿章的发现和提携之功，他曾谦恭地说，未来的历史如果能将他的名字附列在李鸿章的后面，得以传世，自己就足慰平生了。

其二，与胡雪岩。胡的后台是左宗棠，盛的后台是李鸿章。而左与李矛盾极深，路人皆知。胡雪岩与盛宣怀分属不同的利益集团，这就是盛、胡争斗的缘由。坊间流传着盛、胡争斗的"生丝事件"：盛首先主动出击，设计使胡生丝库存日多，资金周转困难。然后釜底抽薪，设法让外国银行向胡要钱。再放出风声，让客户到胡控制的阜康钱庄挤兑提款。再扣留胡雪岩发给左宗棠的求救电报。最终，胡雪岩只能把自己的地契和房产押出去，同时廉价卖掉积存的蚕丝，希望能够挺过挤兑风潮；不想风潮愈演愈烈，各地阜康钱庄门前人山人海，钱庄门槛被踩破，门框被挤歪。不久，一代红顶巨商胡雪岩在悲愤中死去。

这个事件中,盛宣怀可谓心狠手辣,其结果,一方面为恩人李鸿章拔除了左宗棠的得力助手,一方面也摧毁了自己事业上的竞争对手。当然,也有人说胡雪岩的垮台与盛宣怀无关,另有种种错综复杂的原因。

其三,与孙中山。上海图书馆曾展出了"珍档秘史——上海图书馆藏盛宣怀档案展",其中有一份落款为"孙文"的致盛宣怀信函。信中,孙中山称国民党遇到财政困难,希望向盛宣怀借款渡过难关。而盛宣怀的复函则是,其本人也"债台高筑,有欠无存"。事实上,盛宣怀与孙中山关系极为密切,孙中山通过盛宣怀,向李鸿章提出改良中国的建言;1911年,盛宣怀被朝廷革职逃亡日本,孙中山对盛宣怀家产进行保护。这些历史事实在其他"盛档"中都有反映。盛宣怀推辞的理由似乎很充分,但不知盛宣怀是否真的"债台高筑,有欠无存",或许是不愿卷进孙中山推翻清廷的革命活动?

其四,与慈善事业。盛宣怀热心公益,积极赈灾,1871年畿辅大水,父亲盛康捐助衣物粮食,由盛宣怀购买并运到天津散发,这是盛宣怀第一次从事慈善福利事业。后来,盛宣怀不知多少次拿出白花花的银子从事救济灾民、修桥铺路等慈善活动。苏州人印象最深的是关于"石路"的事。上文说过,盛宣怀的家眷住在阊门内天库前,而私家花园留园却在阊门之外。为了便于家眷游玩留园,盛宣怀修筑了一段大马路,因路面铺有弹石,故这条路被称为"石路"。当然也有说盛宣怀修建石路并非是为了家眷出游,但有一点,修筑石路,最得益的是苏城百姓。

其五,与教育事业。在盛宣怀的11个"中国第一"中,创办洋学堂占了重要的地位。以"铜臭"之身,聚书香之气,盛宣怀在中国教育史上的地位的确耐人寻味。一般认为这与他自身的经历关系密切。一方面他是传统科举制度的受害者;另一方面,他在从事洋务事业中,深知"西学"的重要。不管怎样,办学校得益的是中华民族。

提起盛宣怀,不得不说的是遗产风波。1916年4月27日,盛宣怀撒手人寰,家业由其遗孀庄德华夫人接管。1927年秋天,庄夫人突然患病去世。就盛家子孙而言,最敏感的问题,莫过于遗产分配。根据盛宣怀的遗嘱,在恩师李鸿章长子李经方的斡旋下,将实际应分的1 160余万两银子,五成分给五房盛氏子孙,每房各得遗产116万两。另五成捐入"愚斋义庄"。然而老四盛恩颐却无视父亲遗嘱,突然向法院提出,要将早已归入"愚斋义庄"用于慈善基金的遗产,由盛氏五房分掉。这一下,在家族内部引起了轩然大波。当时的江苏省政府趁此机会马上插手。1928年10月,省政府委员会主席钮永建下令,限时将义庄的资金股票一律冻结,派员接收。这个结果盛恩颐始料不及,却也无可奈何。

盛宣怀离世已经近百年了,如果回顾一下一些著名人物对他的评价,或许对我们全面认识这个人有所帮助。慈禧太后认为盛宣怀为不可缺少之人;李鸿章认为盛宣怀"志在匡时,坚韧任事,才识敏瞻,堪资大用";张之洞称盛宣怀可联南北,可联中外,可联官商;孙中山认为盛宣怀热心公益,而在经济界又极有信用;而鲁迅对盛宣怀的评价为"卖国贼、官僚资本家、土豪劣绅"(《从盛宣怀说到有理的压迫》);当今华东师范大学教授、《盛宣怀传》的作者夏东元对盛宣怀的评价是"处非常之世,走非常之路,做非常之事的非常之人"。

* 小提示:

最靠近的公交车站站名:"留园"

星级指数：☆

败落的老宅，兴盛的家族
——王颂蔚故居

文物介绍牌

在乌鹊桥东 100 余米的十全街南侧，如今的 737 号"故宅新居"门口，悬挂着一块木质文物保护标志牌，其上部为"王颂蔚故居"五个大字，下部是对王颂蔚的简单介绍。然而，这却是张冠李戴，737 号实际上是"慎思堂"王颂彬（王颂蔚的堂哥）的故居，而怀厚堂王颂蔚故居在 737 号东边百余米的一条叫"五龙堂"的小巷旁。对这种"错挂"的笑话，苏州市文保所有关人士已有察觉，据说将要纠正。

走进"五龙堂"，向南 10 来米立即右拐，再左拐，就进入一条与五龙堂并行的、如今称为"怀厚里"的小巷子。巷子两边，就是怀厚堂王颂蔚故居。实际上，这条小巷子由原来的西陪弄扩建而来。

王颂蔚故居"怀厚堂"建于清代嘉庆年间。虽然说在上世纪 90 年代苏州开始古城改造，大部分新建筑的风格都延续着古城原有的风貌；但随着时间的推移，很多古建筑由于保护不善而破损、倒塌，或被随意改造。怀厚堂难逃厄运，如今已面目全非。从当前的规模来看，尚能辨出当时应是三路五进，如今中路与西路由"怀厚里"进出，各剩三进，破败不堪，搭建乱七八糟，多户居民居于此。东路房屋翻修得较为整洁，为王氏亲属居住。东路紧靠中路，但从"五龙堂"的几个向东大门进出。

王颂蔚（1848—1895），字芾卿，长洲人，明代大学士、文学家王鏊十三世孙。光绪五年（1879）进士。学识渊博，办事干练。

王颂蔚为官清廉，曾任工程监督，厂商按常例赠送因工程节余所提奖金，他坚辞不收，说：提工价的十分之一奖人，虽为常例，但我不能随俗浮沉。潘祖荫和翁同龢都是他的恩师，官居高位，但王颂蔚除非请教学问，一般不去轻易拜访。潘祖荫高风亮节，待人严谨，一般不随意夸奖人，唯独对王颂蔚推崇备至。

中路与西路之间

王颂蔚与蔡元培的交往，被传为佳话。当年蔡元培参加会试，王发现了蔡试卷的与众不同之处，蔡得中贡士。当蔡元培按常规去王颂蔚府上执门生礼拜师谢师时，王颂蔚予以关键的点拨。光绪十八年（1892），蔡元培殿试成功，得中进士。1934年年底，王颂蔚夫人王谢长达逝世，蔡元培不忘师恩，在追悼会上说"鄙人于四十余年前，受蔽卿先生教训……"蔽卿（芾卿）先生，指的就是王颂蔚。

王颂蔚提倡"开贤良、登俊良、讲求实学"，希望士人学习测量、化学、光学等现代新技术。中日甲午之战爆发，翁同龢负责军机处，王颂蔚积极进言："军机处总持战局，更应该先知道战区地形，今军机处连高丽地图都没有，每当前方奏报军情，连所指地名在哪里都不知道，如何能运筹帷幄、决胜千里呢？"当时有友人从日本归来，带给王颂蔚日本报馆所印中国的地图，上面铁道、港口、电线等，一切罗列十分周详。王深为叹息："敌人准备已非一日，而我们则在临渴掘井，如何能制胜敌人！"不久，中国果然战败，割地赔款，他深为悲愤，抑郁寡欢，于光绪二十一年（1895）七月在北京逝世，年仅48岁。

说实话，一般的苏州人了解王颂蔚，还不如了解他的夫人王谢长达为多，因为王谢长达在苏州办学知名度甚大。光绪三十一年（1905）王谢长达与友人通过捐募创办学校，以"振兴中华"为办学目的，定校名为"振华女校"（现在的苏州十中和振华中学的前身）。翌年添设简易师范科，培养小学师资。民国元年（1912）因经费的缘故，简易师范科并入省立第二女子师范，另增设幼儿园一所。民国六年（1917），王谢长达因年事已高，乃将校长一职交由刚从美国学成归来的三女王季玉担任。

王谢长达除办学外，还积极从事社会活动。光绪二十七年（1901）在苏发起成立放足会(亦称天足会),自任总理,亲订章程,带头放足,并研究放足方法,印成"说帖",至四乡及邻近省县广为宣传。辛亥武昌起义,沪、苏等地组织女子北伐队,她出任苏属队长,亲率女学生百余人积极参加筹募工作。民国四年(1915),她与杨达权、卫更新、李师德等人发起成立女子公益团,她任德行部长,虽年迈多病,但每遇公益事,仍不辞辛劳,热心相助。

民国二十三年十二月二十五日晚,王谢长达患脑溢血不治逝世,终年87岁。翌年一月十九日,由张一麐等人发起,在振华女校举行追悼会。遵照王谢长达遗愿,所送礼金,悉数充作长达清寒奖学基金。

当我们徘徊在怀厚里,为破旧的断壁残垣的老宅叹息的时候,不由想起王氏这个声名显赫的家族,不仅王谢长达为苏州的教育做出了不菲的贡献,在下一代弟兄姐妹中,还有王季烈、王季同、王季点、王季绪、王季玉等科技专家、教育家,再后更涌现出王守竞、王守武、王守觉、王淑贞、何泽慧、何怡贞等一批科技界泰斗。败落的百年老宅,兴盛的王氏家族!或许,这个矛盾是历史的必然,更是历史的足音,它似乎在散发着姑苏悠久而厚重的文化气息。

* 小提示:
最靠近的公交车站站名:"南林饭店"

星级指数：☆☆☆☆☆　　　　　　　　　　　李经羲故居——第五进楼厅

任期最短的国务总理
——李经羲故居

位于娄门内东北街178号的拙政园，是苏州最著名的园林，中国"四大名园"之一，国家级文物保护单位。

就在这座园林当中，有一座名人故居常被忽略，它就是我国现代史上任期最短的国务总理——李经羲的故居。就具体方位而言，这座故居南临东北街，东面和北面都是拙政园的主要游览区，而西面就是忠王府李秀成故居。

据考证，这座宅子由富商王皋始建于康熙六十年(1721)，后几易其主。李秀成建忠王府时，这座宅子为其中的一部分。同治二年(1863)，太平军失守苏州，李鸿章据忠王府为江苏巡抚行辕。后来的几任江苏巡抚大人，虽然将行辕搬到了书院巷，却将东面的这座宅子当做家眷的居住地。民国九年(1920)，李鸿章的侄儿，退出政治舞台的最后一位云贵总督李经羲购得此宅，出巨资翻

"清芬奕叶"门楼

修,形成目前的规模。所以,称之为"李经羲故居"。

作为拙政园的一部分,如今的李经羲故居已经是"苏州园林博物馆",大门朝南开向东北街,后门与拙政园相通,门牌号码与拙政园合用"东北街178号"。目前能看到的这座故居,为中路与东路。

中路门厅已经不存,但是,隔着一条东北街和一条小河,照壁耸立着,仿佛从未间断过和历史的对话,又好像在告诉每一个来访者这座宅子昔日的辉煌。

走进"苏州园林博物馆"的门口,就是一个小小的院子。院子中有一株400多年的紫藤,与西面忠王府的那株文徵明手植紫藤既是紧邻,又如同兄弟,相互见证着这两座古老宅子的历代沧桑。

紫藤的北面,是一个砖雕门楼,向北雕有"基德有常",意思是事物的根本是立德。门楼后就是轿厅。轿厅三开间,扁作梁架。

轿厅后的那座砖雕门楼镌有"清芬奕叶"四字,上款为"康熙辛丑(1721)仲秋",下款乃"东皋鲍开书"。这座砖雕门楼是这座宅子始建于康熙年间的有力证据。"奕叶",累世,代代。汉·蔡邕《琅邪王傅蔡郎碑》:"奕叶载德,常历宫尹,以建于兹。"

门楼后就是正厅,正厅三开间,两侧有耳房。扁作梁架,厅后当中八扇白墙屏门,两侧各六扇白墙屏门,宽度一致。厅内展出有关苏州园林的珍贵藏品。

正厅后有两座楼厅,第一座楼厅后有一个小小的方亭,据说兼作戏台之用,唱堂会,说评弹,演昆曲折子戏,热闹一时。两座楼厅都是五开间,两座楼厅中间是宽畅的庭院,庭院四周回廊环抱,高耸的风火墙上开漏窗33个,仔细欣赏,能发现漏窗图案形态各异。

楼厅后,是一口有着六角形青石井栏的古井,井栏呈莲花瓣状。由于这口古井在中轴线上,所以称作"挡路井"。井北,一扇小门通向拙政园内的著名景点枇杷园,枇杷园被誉为拙政园的"园中园",因园中遍植枇杷而得名。典出南宋·戴复古《初夏游张园》诗句"东园载酒西园醉,摘尽枇杷一树金"。波浪形的云墙依山势高低蜿蜒起伏,将园"封闭"成一个独立的小院。那块著名的匾额"玉壶冰"就在这个园中的玲珑馆内。

宅子的东路为"苏州园林博物馆"的主要部分,有鸳鸯花篮厅、花厅、四面厅和楼厅等。

与中路正厅大致平行的是"鸳鸯花篮厅",之所以称为"鸳鸯厅",是因为有一道楠扇将此厅隔为相等的南北两个部分。南半部为扁作梁架,有两轩,靠

四面厅

外的为菱角轩,靠内的为双桁鹤颈轩;北半部为圆作梁架,也有两轩,都为船棚轩。南半部分向阳,适于冬天使用,俗称"冬厅";后半部分背阴,适于夏天使用,俗称"夏厅"。称为"花篮厅",是因为梁栋之间应有步柱的地方却不见步柱,而代之以下垂的花篮状雕饰物,此种建筑样式在苏州古宅厅堂中属孤例。如此大梁、轩梁混为一体,组成了立体的雕塑空间,令人叹为观止。

鸳鸯花篮厅后是一座花厅,三开间,中间六扇落地长窗。

花厅后就是四面厅,四面厅的方位大致与中路两座楼厅之间的院落平行,掩映于花草树木之中,甚是优雅。不知何故,这座四面厅以东、西两面为主要面向。如今的四面厅是茶室,厅内南部置有评弹演员的表演席。面朝园林,说唱相伴,已见江南悠长的雨巷,更何况是在四面都能见到美景的厅中品茗怡情,那该是多少有生活品位的高雅之士梦寐以求的事啊,套用今日流行之语:点赞!

李经羲

宅院的西部有一条陪弄,陪弄之西就是忠王府,估计原来(李经羲之前)的西路房屋被李秀成并了过去。

让我们把目光转向这座宅子的主人李经羲。

李经羲(1859—1925),安徽合肥人,字虑生,号仲仙。李鸿章弟李鹤章之子,光绪五年(1879)优贡生,1901年起历任广西巡抚、云南巡抚、贵州巡抚等职。1909年升任云贵总督。

李经羲督云贵时,曾兼任云南讲武堂的总办。李根源是这个讲武堂的协办。有趣的是,讲武堂由清廷出钱举办,却培养出一批推翻清廷的军事将领。想当

年,有一个青年报考讲武堂,到达时报考时间已过,门卫阻挡不让进入,该青年便与门卫大声争辩。李经羲闻声派人查看,当知道此人从四川步行到昆明求学时,料其必有大志向,遂当场拍板,破例录取。这个青年就是朱德。革命党人蔡锷、李根源等,在他眼皮底下进行革命活动,他睁一只眼闭一只眼,有人提醒他"讲武堂多革命党,虎大伤人",他置若罔闻。蔡锷身处困境时,李经羲还给予大量的经济资助,并将别人揭发蔡锷反朝廷的密信拿给他看,劝其小心谨慎。然而,一旦革命党真的要他选择何去何从时,他又念及满清朝廷对李家的世代恩典,宁死不从。深受其恩的蔡锷颇为无奈,只能礼送李氏全家出境。

1915年12月护国战争爆发之际,袁世凯请李经羲游说护国军的蔡锷,被李经羲拒绝,此后他拒绝了同袁世凯的一切合作。

1917年春开始,李经羲先后担任段祺瑞内阁、伍廷芳临时内阁的财政总长兼盐务署总办。"府院之争"中,大总统黎元洪一度罢免段祺瑞的国务总理之职,6月22日,李经羲就任国务总理。但是,7月1日张勋复辟,李经羲内阁被迫集体辞职。李经羲内阁成为北京政府正式内阁中最短命的内阁。此后,李经羲离开了政治舞台,再无出山之意,在家含饴弄孙,让孙子骑在自己的背上,嘴里念着:"爷爷给你做牛做马噢。"

李经羲长于诗文,早岁才名颇著,晚年藉吟事自遣,可惜未有成集传世。

民国十四年(1925)9月18日,李经羲在上海病逝,享年67岁。

人是复杂的动物,就李经羲而言,一方面深明大义,一方面却又执迷不悟。我们可以假设一下,如果他在国务总理的位子上待上几年,能够有所作为吗?——但不管怎样,他的这座故居作为拙政园的一部分,1997年12月4日已被列入《世界文化遗产名录》。作为苏州的园林博物馆,将不断地体现其应有的价值。

* 小提示:

最靠近的公交车站站名:"苏州博物馆"

星级指数：☆

由借钱买书到卖书还债
——邓邦述故居

邓邦述故居在苏州侍其巷38号，整个建筑坐北朝南，分东西两路。东路设石库门，门口挂着苏州市文物管理委员会的文物标志牌"邓邦述故居"，附有简单的介绍："邓邦述，现代诗人，著名藏书家。江宁（今南京）人，祖籍吴县洞庭东山。清两广总督邓廷桢之曾孙。光绪二十四年(1898)进士，授翰林，官吉林民政使。此处为邓氏1921年定居苏州时的住所，主厅署'行素堂'，西侧为藏书楼，称'群碧楼'。"

西路第一进楼厅

邓邦述(1868—1939)，字正暗，号孝先，晚号群碧翁，又号沤梦老人。邓家的祖先是金陵的望族，他的曾祖父邓廷桢在两广总督任上，协助林则徐查禁鸦片，击退英舰挑衅，是赫赫有名的民族英雄。

在吉林任职期间，邓邦述竭力促成了吉林省图书馆的创立。1911年辞官回北京，后移居苏州。

邓邦述祖上累世都有藏书。邓邦述早年客居于他的舅舅常州赵烈文（号能静）家，赵家有"天放楼"藏书数万卷。邓邦述在天放楼读到许多珍本、秘本，更坚定了自己藏书的信念。后来每遇有善本，总会借钱买书。当时学界都知道邓邦述不惜举债高价收购善本图书的趣闻。收集来的书，全放在这座故居的"群碧楼"中。光绪三十二年(1906)，邓邦述在苏州得到了黄丕烈旧藏宋本《群玉集》《碧云集》两书，同时还得到了一部宋本《李涪刊误》，邓邦述后来说，这是他"初买宋版书之始"。为表纪念，他将自己的藏书处命名为"群碧楼"。

群碧楼藏书近4万卷，其中有1 000余卷为宋刻本。所藏书中较为著名的有清初季直宜所纂《全唐诗》稿本等。刻印有《群碧楼书目》9卷，录有宋本800

余卷、元本 2 700 余卷及抄本、明本、批校本共约 25 000 余卷。

1927 年,经蔡元培介绍,邓邦述将大部分藏书卖给中央研究院以偿巨债,并改"群碧楼"为"寒瘦山房"。邓邦述去世后,后人将一部分藏书以 3 万余元卖给了苏州、北京等四家书肆,民国藏书家袁克文、王体仁等亦购藏不少;一部分以 5 万元售于中央研究院,共计 1 100 种,16 000 余册。

致使由借钱买书到卖书还债的原因颇多。

首先,当年邓邦述买书时头脑发热,奋不顾身,清醒之后,饭食何来?所借之钱能不还乎?

其次,正当他雄心勃勃,准备在藏书上继续发展的时候,辛亥革命爆发了。除了心理上一下子难以接受外,他首先遇到了生计问题,"辛亥国变,贫不自给",而且每况愈下,1922 年已是"老而益贫",而到 1926 年竟至"不克举火矣"。在这种情况下,他还能很好地收藏图书吗?为了温饱,卖书是惟一途径。

从侍其巷左右几家房屋的规模来看,邓邦述故居的门面缩进了不少,门厅已经没有了。

从石库门进入,就是一个小小的庭院,庭院西侧为一条走廊,实际上就是陪弄。庭院北端正厅位置是三间平房,东部有厢房,后来接上去的痕迹尚在。大厅后是一进三开间的西式楼厅,前有天井,现为邓氏后人居住。此厅由陪弄出入,但门上有锁,我们只能踮起脚尖,通过陪弄的镂空花窗向内张望,依稀可见保护得尚好。

西路第一进的二层楼房与侍其巷仅一条围墙之隔。从上面说到的陪弄可以进入西路第一第二进之间的小小院落。这两进楼房成"匚"形:两座楼房的西端相连,组成走马楼;东端两楼都紧靠贴陪弄的高墙,但彼此不相连。后面的那座楼就是邓邦述的藏书处"群碧楼",前楼下层是邓氏书斋。总的说来,这两座楼装饰十分简朴,没有雕梁画栋,也没有曲折回廊,与那些豪宅根本不能相比,颇能看出当年邓家的窘迫。

徘徊于这个小小的院落,不由得想起流传在坊间的一个故事:1932 年夏,有人请邓邦述为一幅宋画题跋,但这幅宋画竟在邓邦述家中的书案上不翼而飞。宋画乃无价之宝,邓

"匚"字形楼厅

邦述惊魂未定中请来了神通广大的名捕,也只能知道这幅画几个月内七易其主。可想而知,有多少人对这幅画垂涎三尺。据说邓邦述去世后,宋画原主人还来催逼这幅画。望着这几间房屋的窗口,想象着窃贼从何而来,从何而去,这幅宋画又是如何多次转手,总觉得匪夷所思,正所谓"天下熙熙皆为利来,天下攘攘皆为利往"。

邓邦述书法

邓邦述能诗善文,尤擅长填词,名重一时。晚年居家校书之余,作画自怡。自称"四十学书,五十学诗,六十学词,七十学画"。

穿越七八十年的时光,我们似乎仍能从墙角嗅出邓邦述当年留存的隐隐书香。当我们回忆起邓邦述悲剧人生的时候,是否想到他的前半生与后半生之间的必然联系呢?但无论如何,那并不遥远的书香,仍然能给后世的读书人带来一片温馨。

* 小提示:
最靠近的公交车站站名:"东大街"

星级指数：☆☆☆　　　　　　　　　　　　　　　　　　　　　章太炎故居——北楼

杰出的战士，渊博的学识，另类的生活
——章太炎故居

在中国近现代史中，章太炎可是个声名显赫的人物。周恩来总理称之为"一代儒宗、朴学大师，学问与革命业绩永垂史册，是浙江人民的骄傲"。

章太炎(1869—1936)，初名学乘，字枚叔，后更名绛，号太炎，后又改名炳麟，浙江余杭人。他毕生致力于资产阶级民主革命，虽历经磨难，仍矢志不渝；他学识渊博，文通古今，生平四百万字的著述，为中华民族谱写了光辉灿烂的历史篇章；在生活中，他却是一个迂腐可笑、不谙世事者。

章太炎自1932年起多次来苏州讲学。1934年，购得锦帆路新式洋房一所，定居苏州，在此创办"章氏国学讲习会"。现在的门牌是锦帆路38号。

锦帆路大有来头，它位于苏州市古城区，平行于五卅路和人民路之间，南起十梓街，北至干将东路。锦帆路原来是"锦泛泾"，又称"锦帆泾"。"锦帆泾"

原为春秋时吴国子城西城濠。"锦泛"或"锦帆"名称来历主要有三说：一说泾旁遍植桃柳，春日倒影水中，如铺满锦绣；二说春秋时吴王携西施乘悬挂锦帆之舟游乐于此；三说元末吴王张士诚携美女乘锦帆花舟游于此。据说南宋时锦帆泾尚宽三四丈，元末起锦帆泾逐渐堙塞。民国二十年填泾筑路，即名锦帆路。章太炎故居原为市级文物保护单位，2011年12月30日，升格为江苏省文物保护单位，但至今尚未挂牌。

章太炎

章太炎故居当年被称为"章园"，西式花园洋房，大门朝南向着体育场路（原名宋衙弄），后门朝西向着锦帆路。如今大门封闭，只能从锦帆路后门进出。故居现为"苏州市人民政府侨务办公室"和"苏州市海外交流协会"等单位的办公场所，我们想方设法找到侨办黄主任，方一睹真容。

现在我们看到的章太炎故居，实际上是当年的南部前院，内有南北两幢西式楼房，为章太炎当年藏书、著述、会客和生活起居之所。外观立面是中西合璧式建筑，清水砖墙，青平瓦屋面。据有关记载，上世纪中期，这前后两幢楼房在原二层上各加盖了第三层，该是政府行为。

南面的那幢，紧靠南围墙，墙外就是体育场路。该楼突兀孤立，为三层五开间，门在靠西第二间，青砖方柱支撑着阳台。最东面的两间，后接上去的痕迹明显，估计是加盖三楼时的同时行动。此楼南墙下部西侧嵌着苏州市文物保护标志牌，正门西侧挂着"美国唐仲英基金会捐助"的玻璃牌。

南楼设有章太炎故居陈列室，我们随侨办黄主任从正间楼梯登上二楼。东间前半部是先生的书斋，桌上有文房四宝和《古文读本》等书，先生自书横额"诚敬勤朴"挂在西壁。后面橱窗陈列"章氏国学讲习会"的内部刊物《制言》和《章氏丛书》《苏州国医学刊》等书籍。东间后半部是会客饮茶的雅室，圆桌一，方凳六。墙上有李根源的题字。太炎先生生命的

南楼

最后两年,就在这里埋头著述与讲学,以尽他"国学大师"的责任。穿过楼中间,来到西间。西间后半部是仆人住房,前半间是太炎先生起居室,有先生自书对联,有先生和汤国梨的婚照,证婚人蔡元培站在先生左侧。东墙有先生简要年谱。

北面的那幢比南幢"幸运"得多,尚能掩映于花草树木丛中。大门柱子仿罗马式,木门窗既有苏州传统建筑风味,又有国外洋房气息。该楼也为三层五开间,有两个门,东面的门柱明显与西面的不同,东面两间后接上去的可能也很大。西墙外有凸出的壁炉烟囱,现在三楼西山墙高于烟囱,并将其封闭,可证现在的三楼也是加建的。

据资料显示,太炎先生置业时该宅是两幢二层小楼。

北部后院国学会遗址建筑已拆除,改建平房五间,为章氏后裔所居,现有章太炎衣冠冢,碑镌张大千绘章太炎像。

1936年6月,章太炎先生病逝于此处,灵柩暂厝在园内的防空洞内。1955年4月,灵柩安葬于杭州西湖南屏山下。

徜徉于"章园"的树阴之下,思念先贤,有关太炎先生的"二三事",接二连三地在眼前浮现。

首先是他战斗的豪情。

章太炎,杰出的志士,幼年受祖父及外祖父的民族主义熏陶,通过阅读《东华录》《扬州十日记》等书,不满于满清的异族腐朽统治,奠定了贯穿其一生的华夷观念,后来与《春秋》的夷狄观以及西方的现代民族主义观点相结合,形成具有其个人特色的民族主义观。光绪十七年(1891)章太炎师从俞樾等大学问家。

1894年中日甲午战争之后,为强学会捐款的是章太炎。

戊戌政变后,遭清政府通缉,前往台湾避难,任《台湾日日新报》记者的是章太炎。

1900年义和团事件发生后,晚清趋新的士大夫严复、汪康年、唐才常等在上海组织"中国议会"以挽救时局。应邀参加,并在会上主张驱逐满、蒙代表,割辫明志的是章太炎。

1901年,因反清被老师俞樾骂为"不忠不孝",继而写下《谢本师》,公开声明与俞樾断绝师生关系的是章太炎。

1906年,自上海出狱,在东京留学生欢迎会上发表演说,主张发扬"国粹""宗教",受到举国推崇的是章太炎。

民国初年,袁世凯设宴款待京城名流,章太炎也在被邀之列。章太炎得到袁世凯请柬后,在上端大书四字:"恕不奉陪",随即投入邮箱。辛亥革命后章太炎常手执一扇,扇面写"悔不击碎竖子脑袋"八字。二次革命失败后,被袁世凯诱至北京,幽禁于龙泉寺,愤而以大勋章作扇坠,至新华门大骂袁世凯的是章太炎。

"九·一八"事变后,反对国民党的不抵抗政策,为抗日奔走呼号,要求张学良坚守国土、抗击日本侵略的又是章太炎。

鲁迅先生曾十分推崇他那"英雄一入狱,天地亦悲秋"的视死如归的英雄气概和"七被追捕,三入牢狱,而革命之志,终不屈挠"的豪杰精神,并誉之为"后生的楷范"。

其二,他学识的渊博。

早年的章太炎关注经、子之学,初步确立对"今文""古文"界限的认识。著有《膏兰室札记》《春秋左传读》等。辛亥革命后,他自敛锋芒,退居书斋,钻研学问,成为一代宗师。在学术上,他涉猎甚广,经学、哲学、文学、语言学、文字学、音韵学、逻辑学等方面都有所建树。一生著述颇丰,主要著作由后人编入《章氏丛书》《章氏丛书续编》和《章氏丛书三编》,自1982年起,上海人民出版社陆续出版《章太炎全集》,此书有"中国文化百科全书"之称。

为弘扬国学,章太炎曾数次举办国学讲习会。定居苏州后,便在北部后院开设章氏国学讲习会,自称"他日昌明文化,复兴国学,一线生机,胥系于此"。

章太炎为国学大师,他的大弟子黄侃也是国学大师,章太炎被称作"章疯子",黄侃也被称为"黄疯子"。章太炎和黄侃的相识,颇有戏剧性。黄侃早年留学日本,当时已经名满天下的章太炎也在日本。两人住同一幢楼,但互不服气,曾因一件小事而大声对骂。两人皆是骂坛高手,便你有来言,我有去语,来来往往不亦乐乎。有此一骂,他们便得相识,互相佩服。黄得知此人是国学大师章太炎后,便拜之为师。

此外,还有他生活的另类。

作为豪迈的战士、渊博的学者的太炎先生,在生活中却出尽了洋相,坊间流传着不少他生活中的轶闻趣事。由于长期埋头学问,章太炎对于人情世故毫不知悉,几乎到了一种"忘我"的程度。他非但不善营生,甚至连自己也料理不了。

经过蔡元培介绍,章太炎与汤国梨女士结为夫妇,据说婚礼当天,章太炎皮鞋左右颠倒穿错,引得宾客大笑。

章太炎吃饭时从来只吃摆在面前的两个菜,对摆在远处的则懒得举箸。久而久之,伺候他的听差便只把一些清淡的素菜放在他的近处,而把鲜腴的菜肴放在远处,等他吃完后,听差们便自己享用。就这一点而言,颇像当年的宰相王安石。

章太炎方位感极差,经常不识路。在日本办《民报》期间,常闹出不识归途误入别人家门的笑话。当时他住在报社,距离孙中山寓所很近,但是每次去孙中山那里必须要有人同行,否则他肯定迷路。这种情况到了晚年更加严重。一次,他坐车回家,车夫问他去哪里。他说:"我的家里。"车夫问他家在哪里,他回答:"马路上弄堂里,弄口有家烟纸店。"结果可想而知,车夫拉着他满大街转。

章太炎平时差遣仆人做事总喜欢写条子。有一次,他写了一张条子让仆人买肉,但是仆人跑遍了苏州城各个肉铺,最后空手而归。回来后仆人说:"你写的字他们看了都说没有。"原来,章太炎字迹潦草,将"肉"字写成了"月"字。章太炎晚年为人开药方,使用的是金文,药店不认得,章太炎愤然说:"不识字,开什么药店。"

章太炎嗜好纸烟,有一次,他实在是囊中羞涩,只好给一个名叫汪允宗的朋友写了一张纸条:"今已不名一钱,乞借银元两枚,以购香烟。"同室的蒋维乔看到后不解,问:"既已向人借钱,为何不多借几元?"章太炎回答:"与此君不过两元交情,多则恐怕不会答应。"

章太炎精通古今经学,自称全国第一。一次,某学者与他谈起胡适,章太炎以"不配谈"答之。

他任教东吴大学的同事黄人也是一个痴人。一次,两人在茶馆小坐聊天,结账时才发现都没带钱,遂决定将章留下作"人质",黄回去取钱。不料黄人回家后,正巧收到朋友寄来的书,于是一看成痴,竟然让章太炎无休止地担当"人质"的角色。

章太炎有三位"千金",由于他是国学大师,又是专门从事"小学"(中国传统语言文字学)研究的,识字很多,在给自己的三个女儿起名时,他从浩如烟海的古籍中找了三个生僻至极的、就连当时的学界名流也叫不出的字,分别给三个女儿起名——"章 lǐ""章 zhuó""章 zhǎn"(见图)。并且宣称,娶他女儿的男孩子要达到的最基本的条件是,得认识他女儿的名字,否则免谈。结果,三个如花似玉的女儿老大不小了,上门提亲者却左等不来右等还是不来。

当然,这些趣闻如今已难以求证确实与否了。

三个女儿的名字

无论是革命意志,还是学术成就,甚至是生活趣闻,作为一代大师的章太炎是不能以常人视之的。"唯大英雄能本色,是真名士自风流。"——但是,如今每日每夜经过"章园"门口的熙熙攘攘的人群,甚至在"章园"办公的那些官员,其中又有几位知道这座宅子和他主人的些许往事呢?

* **小提示:**
最靠近公交车站站名:"饮马桥"

星级指数：☆☆☆☆　　　　　　　　　　　　　　　　　　　席启荪故居——长廊

天香小筑驻风流

——席启荪故居

苏州人民路所跨之桥，最为著名的是接驾桥和饮马桥。在王謇的《宋平江城坊考》一书中记有"饮马桥"名称的由来。东晋佛学家、文学家、思辩家高僧支遁一生爱马。一次，这位支遁大和尚牵了一匹名叫"频伽"的宝马经过苏州，在这座桥下喝水，这匹马喝足了水，又随地撒了一泡尿，那马尿流过的河面上竟长出一丛莲花。于是，催生了"饮马桥"的名称。

饮马桥南，人民路80号，如今为苏州市图书馆南区。走进大门随即左拐，经过一个停车场，一处中西合璧的花园别墅欣欣然跃入眼帘，最惹人喜欢的是那一排排绿色琉璃筒瓦，整整齐齐地排列在晴空之下，一如夏季最靓丽的那抹清新色。而从整体而言，它又和朱红的门窗、葱翠的树木相互映衬，甚显和谐之美。这就是"天香小筑"。

天香小筑 1991 年被列为苏州市文物保护单位,2002 年被列为江苏省文物保护单位,2014 年升格为全国重点文物保护单位。

天香小筑坐北朝南,分住宅和园林两部分。住宅在西部,如今能看到的是三进。门口西侧竖有 2014 年 6 月份的国家级文物保护标志碑,石碑反面为有关天香小筑的介绍。

正厅

从前面的空地和房屋的结构来看,该宅的门厅和轿厅已在多次易主的改造中被拆除,如今见到的第一进估计是当时的第三进正厅,"中"味颇浓,硬山式结构。三开间,屋檐前的挂落、正间的六扇落地槅扇门、边上两间的镂花窗,无不透出浓郁的传统文化气息。屋后,有"留香""蕴玉"两座小门通向东西两端。

第二进建筑占地空间较大,呈"回"字形格局,四周为敞式回廊,走廊上为楼房,构成典型的回字形走马楼。"回"字的东侧,是一座南北长东西窄的"庑殿"状建筑,朝西,为当今的办公室。"回"字的西侧,是图书馆的一座报告厅,里面常举行一些小型的学术活动。

第三进为楼厅鸳鸯厅,如今的"贵宾接待厅",此厅窗户中西合璧,各得其妙。其西侧有厢楼。

花园在主楼东侧。园中堆土叠石为山,砌石阶小径,山上建有六角凉亭,树木葱茏,绿意盎然。山四周绕以水池,缀以湖石、花径,尤其是北部的亭廊,曲折蜿蜒,移步换景,美不胜收。长廊围墙上,有大量的名人字画书条石镶嵌,成为苏州颇负盛名的名人书画廊。在此小憩片刻,浓浓的书卷气息扑面而来,心旷神怡。

天香小筑是园林,但大多写苏州园林的著作中都不曾提及,或是因了它的"另类"吧。整个宅园以苏州传统宅邸庭园布局和结构形式为基调,同时又融合了西洋建筑的某些特征,虽有悖于苏州士大夫的审美情趣;但在外观、装饰等方面别致协调,既有时代气息,又独具风格。

天香小筑为东山席家花园主人席启荪所建,时为 1933 年。

席启荪(1871—1943),名裕焜,江苏省吴县东山翁巷村人。早年在上海从事金融业,历任鼎成、鼎元、荣康诸钱庄经理,同时从事内河航运业。1933 年,耗 10 万银元,借太湖的 3 万 6 千顷水面为景,在东山太湖边建造"启园"。如果说"天香小筑"如同手执象牙板,浅吟低唱"今宵酒醒何处,杨柳岸晓风残月"的十七八岁的袅袅婷婷的女孩儿;那么,"启园"就如手绰铜琵铁琶,引吭高歌"大江东去,浪淘尽千古风流人物"的关西大汉。后席启荪的各项产业皆因经营失利和中日战起而夭折。

另有一说,1932 至 1933 年间,东山人席裕昌(席启荪同族)律师包揽了一桩诉讼大案,胜诉后获得了一大笔诉讼费,于是在这里购地建宅,取名"天香小筑"(详见 2013 年 6 月 6 日《苏州日报》施晓平文)。

抗战时,苏州沦陷,天香小筑一度被汪伪省长李士群占为公馆。

李士群(1907—1943),民国十大汉奸之一。出生于 1907 年,浙江遂昌人,毕业于上海大学。早年曾参加群众革命运动,并加入中国共产党,后叛投国民党,又于抗战期间投靠日本侵略者,担任汪伪政府"江苏省长"。他在上海极司菲尔路 76 号组建特务组织,残酷迫害抗日军民,仅在 1939 至 1943 不足四年时间内,76 号竟然制造了三千多起血案。1943 年,因汉奸内部的狗咬狗,李士群被日本宪兵特高课投药毒死,一代巨奸死有余辜,大快人心。

解放后,天香小筑被框在苏州市政府和市人大常委会所在地内。后来,苏州市委与苏州市政府迁往三香路新大院。1998 年,苏州市委、市政府正式决定建设苏州市图书馆新馆,地址就选在原苏州市政府和市人大常委会所在地。于是,"天香小筑"就成了苏州图书馆的一部分,主要安排贵宾接待、古文献阅览等。

在本书的写作过程中,我们走访了近百座宅院,那里的"七十二家房客",往往把我们当成握有生杀大权的大人物,打探"何时拆迁"和"拆迁后还能不能回到原处"。在无言以对的同时,不禁为天香小筑的归宿叫好,因为历经世事变迁的古建筑不仅得到了很好的保护利用,而且成了服务于老百姓的文化场所。毫无疑问,这对于更好地继承和发扬苏州的传统文化,有着潜移默化的长期效应,实乃功德无量。

* 小提示:
最靠近的公交车站站名:"饮马桥"

星级指数：☆   丁春之故居——新宅南门内天井

"大挪移"，是非功过凭谁说

——丁春之故居

苏州丁氏，虽不如汉末朱、张、顾、陆四大望族那么显赫，不如唐宋归、范、文、王四大望族那么显赫，也不如清代彭、宋、潘、韩四大望族那么显赫；但也是响当当的角色。著名的有北宋时住于丁家巷的宰相丁谓，有悬桥巷丁氏宗祠的主要被祭祀者、明朝时的参议、清官丁元复等等，另有"哭庙"一案（详见《范烟桥故居》）中殉难的丁观生、丁子伟……如此等等。

原大儒巷6号丁宅，市控保单位，是一座七进的大宅。不知始建于何时，也不知它最早的主人是谁。我们只知道它民国时期的主人是丁春之（原名丁怀荣）。

丁春之，苏州人，生于光绪二年（1876），是悬桥巷丁氏的第十七代孙，现悬桥巷丁氏祠堂尚有丁春之题额的砖雕门楼"遗泽流长"。上款为"丁巳春"，于丁春之有关的丁巳年为1917年；下款为"怀荣书"。我们只知道他清末时曾任

"遗泽流长"门楼

山西定襄县知事,辛亥革命时曾被革命党逮捕入狱。1920年,丁春之回老家苏州,与人集资30万元筹创苏州电气公司,在枣市街建设发电厂,并设事务所于观前街。在丁春之的治理下,电气公司渐形成规模,击败了日资企业,成为苏州最大的发电厂。丁春之也因此成为苏州早期民族资本家的代表之一。

最值得一提的是,1923年,丁春之的次女丁达于(出嫁后改姓潘,称"潘达于")从这里出嫁,丈夫就是潘祖荫的嗣孙潘承镜。潘达于在抗战时期保住了国宝大盂鼎和大克鼎,成为苏州人津津乐道的豪举(详见《潘祖荫故居》)。

大儒巷6号丁宅紧靠临顿路的长发商厦,因高楼遮蔽,早已破败不堪。到本世纪初,仅存四进建筑,第一进为一明式楼厅,二楼原梁架明式气息浓厚,用料浑厚,雕刻的山雾云线条流畅。2011年6月23日因大雨而屋梁断裂、屋顶塌陷。第二进至第四进皆为楼厅,50年代后,陆续散为民居,甚是破旧不堪。第二进前有残破的门楼,第三进楼厅前有雀宿檐,第四进楼厅后墙花岗岩基础较高。

对于这座古宅的修复,古建专家们认为原地修复虽能比较完整地保留文物建筑历史信息,但周边环境已发生重大变化,原地修复难度较大,不利于文物保护。故确定丁宅前三进楼厅(历史建筑)在保证建筑"原汁原味"的前提下,整体移建至大儒巷东端原"大儒巷农贸市场"地块(大儒巷54号),融入到平江历史街区的大环境中。

2011年9月26日,丁宅移建奠基仪式在平江历史街区大儒巷54号举行。于是,对老宅原有建筑进行测绘、摄像,对砖瓦、屋架木结构等构件进行编号,然后在新的移建点,根据原有规模、建筑风格等,按照文物的标准实施整体保护性移建,尽量把原有历史信息传递保护下去。

历时一年,丁宅搬迁重建工程完成。

2013年9月16日,传来"王小慧艺术馆昨在苏州大儒巷丁宅开馆"消息。

王小慧,女,1957年出生于天津,旅德华人艺术家。上海同济大学建筑学硕士。20年前赴德国留学,从事艺术创作、写作及讲学等活动,现主要往返于慕尼黑和上海。她在世界许多美术机构举办过大量艺术展,屡次获得各种国际国内奖项,作品被许多著名文博机构及私人收藏。国内外多家著名出版社出版过她的数十部个人摄影集和书籍,其中影响最为广泛的是在中国出版的自传《我的视觉日记》。

在移建的古建筑中开办艺术馆,被称为是"苏州引进'现代创意设计产业'来保护利用古建筑的新实践"。

艺术馆的正门在大儒巷,可以说是坐南朝北。但我们还是按照介绍古宅的一般顺序,由南向北介绍移建后的丁宅。关于各"进"的编序,也是由南向北。

"回"字形走马楼

从大儒巷南面的萧家巷的一个石库门进入丁宅("艺术中心"的后门),首先映入眼帘的是一个小小的天井,天井中一组金属雕塑的莲蓬别具一格,引人瞩目。石库门后的砖雕门楼虽较为精致,但尚未镌上文字,也许,留白也是一种艺术吧。

第一进是两侧带厢楼的楼厅,三开间。厅内悬挂着王小慧的摄影作品,当中书桌上是各类有关建筑与艺术的书籍,而两侧厢房则是办公室。

第一进屋之北也是一座"留白"的砖雕门楼。门楼后,就是第二进与第三进楼厅,这两座楼厅呈走马楼状,构成一个"回"字,而"回"字当中之"口"的顶上,盖有玻璃,也就是说,"天井"的上面有"玻璃盖"。这种表现手法,在现代建筑中称为"共享空间"。两座楼厅的下层与第三进的两侧厢房,很艺术地置放着王小慧的摄影以及雕塑作品。有"盖"的天井中,也是一组金属的莲蓬雕塑。

第三进和第四进之间是一个花园,主体是一个荷花池,以苏式庭院的风貌呈现,铺着旧石板、旧道砖,并配以绿树花卉。池中最为瞩目的,是一组不锈钢雕塑的含苞待放的荷花。——想必,艺术馆的主人对江南水乡的莲藕情有独钟。"出淤泥而不染"的君子古风映衬着主人的内心,也彰显着现代艺术之美。

第四进楼厅通向后门大儒巷 54 号,这是宅子的后门,却是王小慧艺术馆的正门。

整幢宅院的东侧还建有一条"陪弄",但已失去了它原有的功能,仅仅是"陪衬"而已。

整个移建过来的丁宅既有古典传统美的深沉,又有现代艺术美的时尚。或许,这就是对"苏州引进'现代创意设计产业'来保护利用古建筑的新实践"的印证;或许,紧邻平江路的丁宅能和周边环境能达到协调和互补的统一。但当我们来到大儒巷6号,看着一片废墟上正在拔地而起的高楼时,不禁想问:当年古宅所承载的文化内涵到了哪里?一座古建筑,多少年来一直伫立在这个地方,也正是它在那个地方才产生了文化价值,这就是所谓的"苏州之所以是历史文化名城,是苏州千百年的城市格局和平江图上刻画的图案至今基本保持一致"。是非功过,留与后人评说吧。

* 小提示:
最靠近的公交车站站名:"醋坊桥观前街东"

星级指数：☆☆

"吴门画派"烟火的延续
——吴待秋、吴㐨木故居

苏州白塔西路，东起临顿路，西至接驾桥。白塔西路之北数十米，有一条小巷与之平行，这条小巷东起皮市街，西到人民路，这就是"装驾桥巷"。关于"装驾桥巷"的得名，民间有两种传说：其一，相传吴王嫁女于此"装驾"，故得名；其二，宋嘉祐中，浦城章粲为苏州教官，居于此，巷东有桥称为"东章家桥"，由于吴方言"章""庄"之音不分，故"章家桥"讹为"庄家桥"，"章家桥巷"也就讹为"庄家桥巷"，又由于紧靠"接驾桥"，故"庄家桥巷"讹为"装驾桥巷"。

鹤颈一枝香轩

从人民路一跨进装驾桥巷，就能看见矗立在前方不远处的一棵高大的广玉兰树，广玉兰下，就是装驾桥巷 34 号，吴门画派的传人吴待秋、吴㐨木故居残粒园。

整个宅园有三路五进。

令人叹息的是，中路的门厅、轿厅如今住着多户人家，基本没有了昔日的风光。正厅三大间已被分割，前面的船棚轩保存完好，映射着宅院曾经的不同凡响；但高高悬挂着的空调外机，让人顿生不和谐之感。正厅后有砖雕门楼，上款依稀能辨出"嘉庆辛未春日"等字样，下款无法辨认。正中额曰"庆协螽斯"，"螽斯"，昆虫，以产卵多，繁殖快著称，此额大约是希望子孙满堂之意吧。正厅后是楼厅，两侧有厢楼，但住着多户人家，晾满的衣物已使我们无法辨出原貌。

楼厅后还有一座楼房，也就是中路的第五进楼厅。此楼独立成院，如今住着吴㐨木先生白发苍苍的遗孀。敲门进去，老太太与她的外孙——一个小伙子热情地带领我们参观。楼厅前的砖雕门楼保存完好,上款曰"光绪甲申夏",下款为"吴大衡"。吴大衡者,著名书画家吴大澂之弟也。镌额为"庆既令居",出自《诗经·大雅·韩奕》,"令居",美好的居住之处,意思是庆幸拥有安家乐居的如意宝地。

这座楼厅保护得较好,四根又圆又粗的金柱挺立着,瞥上一眼,就能感受到悠悠的历史气息。长扇门外为鹤颈一枝香轩,门内为双桁菱角轩,都显示出这座宅园的古韵。厅内颇为宽敞,且有阵阵凉风徐徐而来,很是惬意。旁边有小门通向东西两侧的耳房。楼北有一座花园,已废。

西路如今散为民居。

东路南半部是吴效木先生长子吴雍的住所。北半部就是著名的"残粒园",应该是取盛唐老杜"香稻啄残鹦鹉粒"句意。苏州市文物保护标志牌就在园子的北门口。园子虽小,却能利用空间将亭台、假山、水池、花木组成曲折高低层次分明的景观。有水池居园中央,池岸西北靠墙角叠湖石假山。进山洞沿着石级盘旋而上,有一座半亭,双角飞翘,跨于山巅。亭取浙江括苍山名,称为"括苍亭",在亭中可俯瞰全园景色。榆树、桂花、腊梅、薜荔等花木藤萝绿被全园,那株瞩目的合抱广玉兰就在园中,另有一棵120年树龄的罕见龙鳞桂斜亸并罩在水池上,倒影在池中状如游龙。丰子恺先生曾经说过,人的生活可以有三重境界,分别主真、主美、主善。想来,宅院的主人一定极具审美情趣。一波秋月,闲庭信步,过着躲进花园成一统,管它春夏与秋冬的日子,那该是怎样的一种精神享受啊。步出残粒园的时候,同行者忍不住站在圆洞门口要求留影,美,不会因时光而飘逝。

从正厅后的砖雕门楼上款"嘉庆辛未"(1811),可以确定这座宅院始建于清代。光绪年间曾为扬州盐商姚姓所有。

吴待秋(1878—1949),名徵,以字行。别号抱铒(xuán)居士、疏林仲子、春晖外史、鹭丝湾人、括苍亭长,晚署"老铒"。浙江桐乡人,为名画家吴滔之子。十八岁中秀才,适逢父亲去世,他毅然接过画笔,子承父业,做了一个书画家。几年后,他的一笔丹青就名重桑梓。30岁后,画名更彰。后到上海商务印书馆工作,与印刷工人合作,发明了用珂罗版印刷书画册。这个成果,使过去的画册从木刻版到石印版,又从石印版进而达到照相版了。如此不但能把画家的长

吴待秋

卷大轴缩印得精妙入微,而且深淡层次分明,富有立体之美,更有利于学画者临摹。这是对学画人的一大功德。

民国十六年(1927)后,吴待秋从盐商手里购得这座宅子。1931年,他迁居苏州,并把东面的花园命名为残粒园,意寓终老于斯。

1937年抗战开始,吴待秋返回当时号称"孤岛"的上海。而吴湖帆、吴子深、冯超然也在同一时间聚集于上海,画坛"三吴一冯"的名声从此时远扬海内。

吴䍩木

1949年9月22日,吴待秋因脑溢血病故于残粒园,享年71岁。

吴䍩木(1921—2009),别名吴彭、吴小筠,吴待秋之子,师承家学,擅长中国山水画。1943年复旦大学经济系毕业。1958年后在苏州工艺美专、文化馆、博物馆工作。苏州国画院名誉院长,江苏省文史馆馆员,一级美术师。吴䍩木先生长期从事美术教育和艺术创作,成绩卓著,享誉艺林。早年,他创作的中国画《旅行在雁荡》在全国首届青年美展中获奖。上世纪60年代,他为苏州火车站候车大厅补壁作二丈巨幅中国画《虎阜春晓》和《天平秋艳》,至今仍在姑苏市民脑海中留有深刻的印象。1978年,应文化部艺术局邀请进京,在文化部国画创作组(中国画研究院前身)作画,其中《听瀑》在《中国画》创刊号上发表,并在全国巡展。他还为人民大会堂作巨幅《万竿烟雨图》,为周恩来纪念馆作《万顷浩瀚总理情》等。作品除被中国美术馆、江苏美术馆等收藏外,还先后应邀赴加拿大、日本等国展出,在海外有很大影响。吴䍩木先生一生热爱吴门画派,并为弘扬吴门画派付出了毕生精力。

2009年3月7日,吴䍩木先生因病医治无效,在苏州逝世,享年88岁。

当笔者走出这座已非畴昔的院落时,想起了六年前的一件事:吴氏父子作品展在苏州吴门艺苑画廊开幕,画展推出了吴门画派重要一脉——吴氏家族父子三人吴䍩木、吴雍、吴元的60多幅作品,都是他们近年来精心创作的精品。吴家的画笔有人继承,吴门画派将不断延续,堪称是苏州画坛的一大幸事。

* 小提示:

最靠近公交车站站名:"接驾桥"

小王山李根源塑像

星级指数：☆☆

酿畜树蔬，岂夺英雄之志
——李根源故居

李根源(1879—1965)，字印泉，又字养奚、雪生，别署高黎贡山人，云南腾冲人，民国元老、辛亥革命先驱者、杰出的爱国民主人士。1905年加入同盟会，1909年任云南陆军讲武堂监督、总办，是朱德委员长的老师。辛亥革命后，曾任云南军政府军政部总长兼参议院院长等职，参与反袁护国战争和护法运动。1922年任北洋政府航空督办、农商总长，兼署国务总理。

王仁宇先生《苏州名人故居》中曰："李根源对母亲阙太夫人十分敬重，故把苏州宅园称为阙园。阙园北向，依次有门屋、客厅、起居楼和书斋、庭园等。分别以'曲石精庐''蔚上草堂''彝香室'等署额。如今旧貌尚存，并留有李根源题刻的井栏、石阶、碑石多处。"

根据2006年编撰的《沧浪区志》记载，李根源故居在十全街111号；其他资料，也有说在十全街227号者。遍寻未果的我们，最终在十全街朝北的"277号"门牌西侧的279号短巷口找到了文物保护标志牌。然而走进故居，却要从279号的短巷进入。——因街坊改造而使得门牌号码乱七八糟，在姑苏乃至在全国何止一二!

如今的"阙园",可谓惨不忍睹,到处是凌乱不堪的违章搭建、蛛网般的电线和伸出墙外的空调外机,早已难寻昔日的痕迹!我们从北面进入,在第一进与第二进之间,终于找到了那个传说中的石鼓,上面所镌刻的"民国十年曲石精庐制"等字样依稀可辨。然而我们始终找不到那个井栏。

文物保护标志牌

一位租住于此的外来打工者,带我们来到了应该是正厅的北起第三进房子的南面,指着被砌为台阶侧面的一条青石,说是上面有字。这位热心者还特地打来了水,洗净了这条青石。经反复辨认,终于认出上面有"诗书倦时,酿畜树蔬。民国二十三年春三月李根源"20个字。这不由得使我们联想起1923年,因曹锟贿选总统一事,李根源愤然辞职,脱离军政,奉母亲阙太夫人隐居苏州的史实。所谓倦于"诗书",实际上是倦于"政事",于是乎酿些酒,养些家畜,植些树,种些蔬菜。在阙园的最南端,原来有一个花园,李根源所植之树尚在,但这一部分已被并入苏州饭店。如今饭店正在落地翻建,一片狼藉。

正厅的东南角,有一个小院落,根据资料介绍,当年李根源开凿的古井应在这个大门紧闭的小院里。资料上说,那口井的青石六角井栏,竖题"九保泉",右侧有款"民国十年李根源书"。因其诞生于云南腾冲九保乡,因以题井名。

或许真是厌倦了,李根源隐居苏州期间,寄情于山水,将姑苏城内内外外的虎丘、狮子林、拙政园等十几个古典园林都考察遍了。后来,他把目光转向城郊的横山、尧峰、皋峰、穹窿、邓尉、天池、渔洋、支硎、天平、灵岩、阳山等山,至今,好多地方还留有他的题词。1931年,李根源担任《吴县志》总纂,并撰冢墓、金石卷。同时,他还担任吴中保墓会会长,还创办"善人桥农村改进会"、阙茔小学、成人学校,另外还凿井筑路,绿化山岭,深为乡民称颂。

然而,李根源毕竟是李根源,"酿""畜""树""蔬"之举岂能困住一个英雄的豪情壮志!从1932年到1945年,李根源曾先后4次为英勇牺牲的抗日将士建造英雄冢。"霜冷灵岩路,披麻送国殇。万人争负土,烈骨满山香。"这是李根源在1932年写的一首题为《奉安东战场阵亡将士忠骸》的五绝。1936年,为营救"七君子"而奔走。抗日战争爆发后,积极投入抗日救亡运动,与张仲仁等

曲石精庐

倡议组织老子军。不久离苏去内地,以云贵监察使的身份,出现在云南抗日战场前线,指挥云南人民抗击日寇。

新中国建立后,李根源历任西南军政委员会委员、西南行政委员会委员、全国政协委员、文史资料研究委员会副主任等职。

在苏州,与李根源密切相关的是小王山。1927年,李母阙太夫人病逝,李根源经多方寻觅,选择小王山作为母亲的归葬之地。小王山又名琴台山,位于吴中区穹窿山东南麓。此山面向太湖,林木苍翠。李根源将墓庐命名为"阙茔村舍",并将此处命名为"小隆中"。从此李根源"庐墓十年"。

在小王山守墓期间,于右任、章太炎、黎元洪等民国元老纷纷前来吊唁探视,留下了大量珍贵的墨宝。李根源雇佣了一位石雕高手,将数百条名人书法一一镌为摩崖石刻,致使小王山成了"字帖书海",被誉为"露天书法艺术博物馆"。

1965年7月6日,李根源病逝于北京,同年归葬于"故里"吴县小王山。——李根源早已把自己当成苏州人了。

目前,李根源墓与小隆中景区已一起列为江苏省文物保护单位。章太炎最理解李根源隐居小王山、筑造小隆中的心机,曾一语道出李根源当年的心思:"退处十年,筑屋松海,自署小隆中,又追慕武侯为人,盖仕隐不同,故淡泊宁静,亦山林之趣。"

* 小提示:

最靠近的公交车站站名:"苏州饭店"

星级指数：☆

何亚农故居——灌木楼

灌木楼宝藏的秘密

——何亚农故居

南园宾馆的西北端，紧靠着十全街，有一幢别墅式的小楼，楼前山石叠嶂，树木葱郁，旧时山石下还漾着一汪池水，其景致绝佳。此小楼名曰"灌木楼"，相传楼匾为乾隆手书。

灌木楼主要建筑有三幢，一幢为灌木楼主楼，是砖木结构二层小楼，造得精致而合理，光线敞亮。小楼南面有一土山，上有青砖铺就的小径。七八支疏竹，两三棵芭蕉，还有一株高大的棕榈树，兀然而立。土山草丛中，间有草兰、野菊，花开时节，星星点点，十分迷人。路边屋前则植有修剪齐整的灌木，环境宜人，难怪何亚农自诩为"灌木楼主"呢。另两幢是东斋、西斋，居住着何亚农及其女儿与女婿，新中国第一代科学家何泽慧及其丈夫"中国原子能之父"钱三强。

何亚农(1880—1946)，名澄，山西灵石县人，和孙中山同时代，较早加入同

假山上的棕榈树

盟会。投身辛亥革命后，常年奔波在外，然而，政界互相倾轧的残酷事实让他愈加体会到了理想和现实之间的差距，加之生于书香门第，士大夫习气重，不同于行伍出身的军人，逐渐产生退隐之心。和苏州女名人王谢长达之女王季山结为连理后，决定把家安在苏州。

何亚农在苏隐居期间，曾发生过这样一件事。"七七事变"后，抗日战争拉开了序幕。8月13日，日军进攻上海，11月12日，上海失陷，同月19日，苏州也沦陷。几十万苏州老百姓于沦陷前没日没夜地向外逃生。何亚农一家也逃难出城。避往西乡的人，大多在光福避难。当时日寇曾限令在光福避难的人于一周内回城，而逃难的人群中有很多妇孺老弱，一时无法找到可以运送这七八万人的交通工具。何亚农就找日寇谈话，要求延长时日，并拿出预先写好的一封日文信，要求出见的市西少尉转给上海日本领事馆武官室的原田少将，并说明自己和原田是日本士官学校的第四期同学。起初，市西的态度很傲慢，但后来知道了何是个很有来历的人，态度大转。农历十二月二十七日，果然如何亚农信中所说，派来了两辆军用卡车到光福，给何亚农搬家。何离苏州时，还帮苏州几家银行把重要的账册带到上海交给总行。

新中国成立后，灌木楼被圈进苏州市外宾招待所，五十年代中期，外宾招待所正式改名为南园饭店，开始整修这灌木楼，无意中惊讶地发现了一个秘密。原来这小楼后头有一浴间，四周壁板平时看不出任何异样，但在碰撞中有人意外感觉一块门边壁板可以移动，移动后看见天花板上有一隐暗的阁楼，就上去查看，看到阁楼板层上有衣箱、书画、铜器、瓷玩、古墨、名砚及诸多书籍。这些藏品虽然仅仅是何亚农留下来的一部分，但价值不可估量。近五十件书画中不乏文徵明、王麓台等名人大师的笔墨丹青佳构，而且无一件赝品。那些铜器、瓷器也是上了年代，还有古书古砚等，荦荦可观，特别值得一提的是在藏品中发现了一批宝墨。这批墨可不是普通习书练字用的平常之物，不仅成套，而且墨上书法、绘画皆出名家之手，书体与画意相得益彰。后来，有关方面专家来苏鉴定后，确认这是批罕见之极的珍墨。这批藏墨在江苏当属第一；在全国，除故宫、上海等几个博物馆尚有类似藏品外，几乎难以寻觅其匹。这隐蔽在天花板内的小阁楼就像一个百宝箱,装着一份何家奢华的家世。

此事过后,不觉时光一晃已到 80 年代末,在南京工作的何亚农的小女儿何泽英偶然记起父亲可能还有批藏品埋在灌木楼前假山棕榈树下的土坡中。南京科学院领导决定委派南京博物院专人来苏挖宝,果真找到了一袋稀世石章,其中上等田黄、鸡血等名章数十方。众所周知,田黄名石产于福建寿山,有"一两田黄一两金"的说法,而如今田黄石因为极少采掘故更是珍贵,其价值远胜于黄金。何亚农这批田黄不仅石块体积大而且色泽纯,纹理透析;鸡血石亦是血色鲜赤,覆盖面大,实为难得的珍罕之物。南京博物院的专家得到这批宝贝,十分惊喜,小心翼翼地将之安全带回。经过反复辨析和研究鉴定,确定件件皆是真货,可见何亚农在收藏上绝非等闲之辈。如果不是何泽英知晓,谁还能摸得清这楼前几经风雨的假山泥石下会深深埋着一批价值连城的财富。南京博物院曾在 1992 年为这批名章办了个展览会,展览会轰动了当地收藏界和文博界,大家纷纷前往一饱眼福,此事至今仍传为佳话。

如今的灌木楼正在整修,一位穿着朴素,看样子是管理员的老年妇女告诉我们,这房子确实非整修不可,白蚂蚁很多,成群结队的。然而笔者想到的是,白蚁能蛀蚀物质的楼房,是否也能蛀蚀人们心中的记忆?秋去冬来,几番风雨,一座南园灌木楼在如今外人的眼里似乎是平平常常,生不出多少奇事珍闻,可是有多少人知道这两批财宝的故事呢?沿着灌木楼信步而走,看着眼前的一片郁郁葱葱,笔者仿佛看到了骄阳下,何亚农将轴上的捆扎线松开,然后拿把小丫叉,将轴子上端的系带挑起挂好,把长轴徐徐展开,眯着眼,或独自赏析,或与朋友共享。酷爱字画的何亚农一定在苏州的灌木楼曾经无数次地如斯快乐过、满足过。

* 小提示:

最靠近的公交车站:"苏州饭店"

星级指数：☆☆

著、度、演、藏各色俱全的曲学大师
——吴梅故居

吴梅

昆曲，又称昆剧、昆腔、昆山腔，是我国最古老的剧种，也是中国传统文化艺术中的珍品。昆曲起源于 14 世纪时的苏州昆山，后经魏良辅等人改良后走向全国，自明代中叶始独领中国剧坛近 300 年。昆曲被称为"空谷幽兰"，是一种歌、舞、介、白各种表演手段相互配合的综合艺术。尤其体现在各门角色的表演身段上，其舞蹈身段大体可以分成两种：一种是说话时的辅助姿态和由手势发展起来的着重写意的舞蹈；一种是配合唱词的抒情舞蹈，既是精湛的舞蹈动作，又是表达人物性格心灵和曲辞意义的有效手段。2001 年，昆曲被联合国教科文组织列为"人类口述和非物质遗产代表作"。

20 世纪初，昆曲一度处于风雨飘摇之中。1921 年 7 月，苏州"谐集"和"楔集"两个曲社合并组成"道和曲社"。同年 8 月，"道和曲社"骨干张紫东、贝晋眉、徐镜清三人发起创办"昆剧传习所"，曲友们一致赞成，捐款合计大洋 1 000 元作为开办费，并选出 12 人为董事，培养了"传字辈一代昆曲大师"，继之"继"字辈、"承"字辈、"世"字辈……代代相传，使作为世界三大古老剧种之一的昆剧没有被湮没在历史的长河中，而另两个剧种——古希腊悲喜剧和印度梵剧早已觅不到踪迹。吴梅，就是这 12 人中的代表人物。

吴梅(1884—1939)，字瞿安，晚号霜厓，苏州人。近代戏曲理论家、教育家和戏曲作家。清光绪二十七年(1901)，18 岁时参加县考，以第一名补长洲县学生员。后连续两次应江南乡试不中，遂无意科名。

吴梅早年曾受教于江南昆曲大师俞粟庐、诗人陈三立、词家朱祖谋、郑文焯。诗词、歌赋、散文、戏剧等造诣精深，尤谙音律、精词曲。他一生创作了 17 部剧本和众多词曲，成为影响深远的一代曲学大师。他早年的剧作多反映重大历史题材,如《风洞山》《湘真阁》《轩亭秋》等。戊戌变法失败后,为纪念死难的六君子,吴梅于光绪三十一年(1905)作《血花飞传奇》(后称《苌弘血传奇》),其后又写了以秋瑾烈士事迹为题材的《轩亭秋杂剧》。

吴梅重视戏剧实践,常去传习所拜访老艺人,磋商曲谱和唱法,并为传字辈艺人讲课,下海示范。在北京,著名的表演艺术家梅兰芳和韩世昌、白云生、鲜灵芝等,都得到他的指点,或指导排练、唱法,或修改剧本。

吴梅注重昆曲理论研究,他的主要曲学著作有《顾曲麈谈》《奢摩他室曲话》《曲学通论》《中国戏曲史》《中国戏曲概论》《奢摩他室曲丛》等。河北教育出版社出版有《吴梅全集》。

为整理词曲和戏曲遗产,他节衣缩食,觅求前代珍秘戏曲图书,多年所获达4万余部(册),藏室名"奢摩他室"。

吴梅是第一个把"昆曲学"引入高等学府的学者,民国二十二年(1933)应金陵大学之聘兼课,主讲金元散曲。他不仅将词学、曲学、戏曲理论推上高等学府的讲堂,还指导学生填词、谱曲、度曲,排演昆曲。

民国二十七年(1938)12月,吴梅应门生李一平之邀,由桂林乘飞机前往昆明。第二年1月14日至大姚县李旗屯,住李氏宗祠,3月17日病逝。

吴梅家老屋本在滚绣坊,毁于太平天国战火。成年后的他靠着"授徒东吴"的薪资购得蒲林巷厉氏破屋开始重建。1911年,新屋筑成,统称为"奢摩他室"。

奢摩他室在人民路蒲林巷35-1号,后门为双林巷33号,——对门向东不远就是吴大澂故居。这是一座典型的苏州知识分子居处,坐北向南,挂着苏州市文物保护单位的标志牌。

第一进为楼厅与厢楼组成的三合院,正门已经封闭,东厢房向南开门,门内违章搭建甚为瞩目,东侧厢楼应该就是当年的藏书楼"奢摩他室"。楼厅后为一个小院,院北有堂楼,面阔5间16.8米,进深8檩8.5米,扁作梁架。楼层东部就是原来的"百嘉室"。楼前石板铺地,据说院南石库墙门上嵌砖额,"乐居安天"四字为宣统元年(1909)吴梅自题,但我们没有找到,谅已被毁。堂楼后天井中一排平屋,原为厨房,东部有东西向的楼房,住着吴梅后裔。平房后门通双林巷,其东西墙脚砌有"吴宅"界石。1998年被列为苏州市文物保护单位。

临巷故居立面

编校《吴梅全集》的王卫民先生说,中国戏曲史上的大家,或以制曲见长,或以曲论见长,或以曲史见长,或以演唱见长,就是在昆剧的全盛时期,"集二三特长于一身的大家已屈指可数,集四五特长于一身的大家更为罕见",然而生活于昆剧衰落时期的吴梅先生,却能"集制曲、论曲、曲史、藏曲、校曲、谱曲、唱曲于一身",且在戏曲教育上也卓有建树,堪称奇迹。因此,我们没有理由不相信,他的故居对来访者有潜移默化的影响。如若宅院得到很好的修缮,并和昆曲演出相辅相成,让昆曲爱好者既能欣赏到原汁原味的戏曲艺术,又能在表演者委婉抒情的唱腔中想象当年吴梅的创作情景,那该是一种怎样的艺术人生啊!但愿这样的念想不仅仅是奢望!

* 小提示:

最靠近的公交车站站名:"接驾桥"

星级指数：☆

占尽小桥流水的风情
——庞国钧故居

平江路,占尽了姑苏小桥流水的风韵。如果说乘上一叶扁舟,听橹声欸乃,在河中缓缓而行能得到"望峰息心"的感觉;那么,小船向东拐进新桥河,向耦园行去,就能达到"窥谷忘返"的境界。在小船航行的过程中,会看见北岸"大新桥巷21-1"号门前悬着"苏州小雅国际青年旅舍"的铜牌,这里就是庞国钧的故居。

百年紫藤

庞国钧(1884—1968),字蘅裳,号鹤缘,别署梦鹤词人,吴江同里人,著名的书法家。他早岁受业于同邑钱自严(名崇威,光绪进士,工书法),年届弱冠"时已得授优贡,列于陈夔龙少保之门矣"。甚至有人认为庞国钧常为陈夔龙代笔作书。苏州虎丘"小吴轩"的匾额以及上面的题跋,就是庞国钧的书法作品;可惜的是,此匾1966年毁于文革破四旧,如今另请名家再书重制了。抗战前,庞国钧与吴湖帆、潘博山等创立正社书画会。新中国成立后,1950年柳亚子拟将庞国钧等举荐为中央文史馆馆员,柳在《与齐燕铭书》中有"庞蘅裳:江苏吴江人,文史专家,尤熟掌故,曾以拔贡充七品京官,年六十六"之语。1956年庞国钧应聘为上海市文史馆馆员,直至1968年去世。

说起这座宅子,不得不提到庞国钧的祖父庞庆麟。庞庆麟,字小雅,号屈庐,清同治十三年(1874)进士,位至刑部主事、户部主事。然而庞庆麟的仕途并不顺畅,《德宗实录》载:"裕禄奏甄别庸劣不职各员一折……候补同知庞庆麟声名平常……著革职永不叙用,以励官方。"庞庆麟无奈之下只得辞官,在大新桥巷购得一处宅子,举家从同里迁入苏城,从此"处江湖之远"。

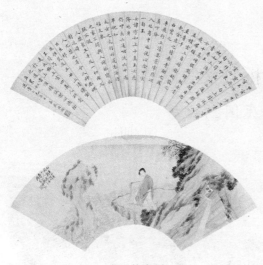

庞国钧书画

据说这座宅子的前任主人就是海宁陈世倌,这个金庸笔下乾隆的生身父亲有着太多的传奇色彩,然而,今天的庞宅已经找不到任何关于这位文勤公的蛛丝马迹了。

中国现代语言学先驱赵元任先生未满12岁时父母双亡,苏州的大姨妈(庞国钧的母亲,赵元任称为大寄娘)庞冯氏接他到大新桥巷住了一年,像亲生儿子一般疼他。赵元任先生后来回忆说,大寄娘相貌举止都很像母亲,让他觉得非常可亲。后来赵元任长大成人后,总要接大寄娘到自己家中过年。

宅子坐北朝南有两路,东路六进,西路四进。

东路依次是门厅、轿厅、正厅、内厅、楼厅及厨房,应属当年的正路。

门厅就是"小雅国际青年旅社"的前厅,轿厅住人。进入正厅,要通过东陪弄。

正厅前有砖雕门楼,虽有葡萄藤遮挡,仍能辨出上面的四个大字"安斤自得",落款"宣统辛亥年"(1911)。"斤",斧头,用斧头者,樵夫也,隐士之谓。提起斧头砍柴,放下斧头自得其乐,是庞氏当时生活的写照。包括正厅在内的后面几进如今都为民居。

正厅后为两进楼厅,第一进楼厅前有吴大澂所书"温恭集木"的门楼。《诗经·小雅·小宛》有"温温恭人,如集于木;惴惴小心,如临于谷;战战兢兢,如履薄冰"。大意为对人温和,就像汇聚在树下;惴惴小心,就像身处在山谷中;战战兢兢,就像站在薄冰上。联想到庞庆麟被罢官回家隐居之事,就不难理解了。吴大澂是庞庆麟前二科进士,一样仕途失意、同病相怜、心气互通。

两进楼厅成走马楼。第六进厨房,就是庞宅的河埠水码头,有八字形石阶通向北面的柳枝河。河埠之上原建有廊棚,用以遮雨蔽日,泊船上下不受气候影响,棚下河面也成了宅的一部分。可惜的是,廊棚已拆除。

西路依次是书房、花篮厅、楼厅和花厅。

西路最值得一提的是书房前的那株紫藤。2013年3月,在苏州电视台开展的"寻找绿色年轮"活动中,笔者发现了这株紫藤的与众不同之处。它姿态优美,矫如飞龙,每到夏季,会开满紫色的花朵,花穗可漫到围墙外,就如一挂紫色的瀑布,清香四溢。从树形树径测算,并联系到砖雕门楼上的"宣统辛亥",这株紫藤应在百年以上。因此,此藤被认定为古树名木后续资源。笔者也因此得到了奖金和证书,苏州报刊与电视均有报道。

书房与花篮厅之间是一组较精致的假山石。花篮厅内的雕刻线条流畅,古朴大方。

楼厅天井面北原有砖额"鹿门栖隐","鹿门",指的是庞家,后汉庞德公携妻子登鹿门山,采药不返。后"鹿门"用来指隐士所居之地。[唐]杜甫《冬日有怀李白》诗:"未因乘兴去,空有鹿门期。"[明]杨慎《霞邱归引》:"鹿门栖隐处,行与老庞邻。"显然,宅主抬出自己的同姓前辈,以表示隐居的心迹;可惜的是,这个题额笔者未曾找到。

楼厅北原有月牙形池塘。遗憾的是,早在上世纪60年代就被新造的房子替代。池塘不仅是一湾清清的水世界,更是一幅流动的画卷,灵动的美时刻相伴。月圆之夜,树影婆娑,清辉满池,吟诗作赋,那是一种怎样的风流?如今,徒剩下无尽的想象。

宅中有古井两口,供日常饮用和洗涤。苏州民居与水的关系甚为密切,像庞宅这种同时具有河、井、池于一宅的,可称典型的"三水人家"。

充满诗韵的庞宅,前靠新桥河,后临柳枝河,与耦园就在咫尺之间。宅内有池、有古井,更有古藤相映成趣。多么令人羡慕!多么让人向往!现在,庞家后人在宅园西南开了"小雅国际青年旅社","小雅"乃其先祖之字,可谓占尽天时地利人和,也让这个旅社溢满了文人气息。当我们走出庞宅时,三四个拖着行李箱的青年男女迎面而来——不论他们来自哪里,又将去往何方,他们将暂离尘世的喧嚣,享受这小桥流水、古藤依依,一定会流连忘返。

* **小提示:**
最靠近的公交车站站名:"东园"

星级指数：☆☆　　　　　　　　　　　　　　　叶楚伧故居——两层洋楼

沉浮于宦海，驰骋于文坛

——叶楚伧故居

《吴越春秋》曰："子胥乃使相土尝水，象天法地，造筑大城。周迴四十七里，陆门八，以象天八风；水门八，以法地八聪。筑小城，周十里，陵门三，不开东面者，欲以绝越明也。"也就是说，伍子胥设计的苏州古城中，还有一个小小的子城，类似北京的"紫禁城"，为当年的吴王宫殿所在地。

这个"子城"可是一个颇有故事的地方。据说，项梁、项羽当年率江东八千子弟起兵就在此处，以后多个朝代的苏州"市政府"也在这里。元代末年，张士诚竖起义旗，占领苏州城，就在此处改建王宫，王宫的北面有座齐云楼，高大宽敞漂亮。后来朱元璋派大将徐达、常遇春攻城，张士诚见大势已去，叫妻妾宫娥齐上齐云楼，然后令养子放火，一时烈焰冲天，近两千年历史的子城，化成一片废墟。于是，此处被称为"皇废基"（也称"王府基"）。民国时期先后在这块地方建起了体育场、公园、五卅路。就地势而言，"皇废基"是苏州古城内地势最高处，笔者年轻时在五卅路附近学骑自行车，就发现了这个"秘密"，无论向何方，都不用踩脚蹬，可以趟车数百米。1982年版《苏州地名录》将此处的一条东西向的小巷定名为"皇废基",但2006年的《沧浪区志》上仍称之为"王府基"。这条小巷东临体育场,西到锦帆路。

民国时期西风东渐,这里成为达官贵人居住的"洋房"集中区,如章太炎故居、信孚里、金城新村等。同盟会元老叶楚伧故居就在皇废基13号,由一座正楼(东楼)和一座附楼(西楼)组成。现为"苏州市文物保护单位"。

笔者幼时,因为被这些神奇的传说吸引,曾多次在这座小楼旁徘徊,但始终没有进入的机会。据说,这座小楼的底层和走廊上铺着的彩色地砖,都是从英国进口的;房间里的企口地板,也从英国进口。在院子内还有一口老井,水位一直固定,不干不溢。井边还有一座水塔。先用水泵从井中抽出水来,送到水塔上,而楼上楼下的生活用水,全部由水塔供应。后来大了才知道,这种自成给水体系的"自流井",是当时民国时期高档洋楼的一个重要的特征。

如今,这座老宅住有多户居民,大门紧闭,久扣不开。南门西侧墙上挂有"叶楚伧故居"的苏州市文物保护标志牌。我们登上宅东正在修建的苏州体育场西看台,得以俯瞰院内的大致情况。正楼上下两层,为三开间,从东到西,各以四根古朴的罗马柱支撑,柱顶有浮雕花卉图,欧式风味,颇为典雅。进深连阳台为四间,现二楼阳台已被住户封闭成内室。

还是让我们关心一下这座房子的主人吧。叶楚伧(1887—1946),原名单叶,以字行,别字小凤。出生于江苏周庄一个书香门第。目前周庄也有他的祖宅。

1910年,叶楚伧参加了陈去病、柳亚子等人组织的"南社"。南社以"文字革命"为宗旨,借诗文来鼓舞气节,推动革命思想的传播。之所以取名南社,是因为"南者,对北而言,就是反对北廷的标志"。叶楚伧在《梦吴江行》中写道:"君王不向鼎湖去,五革何处非疆场。朝以太庙负矢出,暮挟胡俘北门入。"以表达自己反清和参加资产阶级革命的雄心壮志。

1916年,与邵力子合办《民国日报》,任总编辑,抨击袁世凯称帝。

1924年,正逢第一次国共合作,叶楚伧与毛泽东同在国民党上层工作。由于叶楚伧代表的是右派势力,毛泽东十分气愤,由他领衔,与恽代英等14人联名上书孙中山,控告叶楚伧"主持不力,迹近纵容"破坏国共合作的罪行。

此后,毛泽东和叶楚伧的斗争公开化。毛泽东多次揭露叶楚伧的分裂行径,叶楚伧也因此忌恨毛

叶楚伧

泽东,但碍于毛泽东是国民党中央候补执行委员,奈何不得。后来,叶楚伧参加了反对孙中山联俄联共政策的西山会议,被选为西山会议派的国民党中央执行委员会常务委员,其所主持的《民国日报》也为西山会议派所控制。

北伐战争开始后,叶楚伧任职于蒋介石总司令部。1927年参与清共的"四·一二"事变。南京国民政府成立后,任国民政府委员、国民党二届中央特别委员会候补委员。他又先后任国民党中央党部宣传部长、江苏省政府主席、秘书长、中央政治会议秘书长等显赫职位,1935年任国民政府立法院副院长。1946年叶楚伧在上海病逝,终年60岁,葬于苏州木渎灵岩山。

叶楚伧自幼聪慧好学,胸有大志,不屈不挠,辗转多处求学,因而学识渊博。据说叶楚伧常对人说:"做人不可露锋芒,做文章却不可不露锋芒。"他擅长国学,善作诗词、小说和小品文。其作品常发表于南社期刊和其它报刊。著作有《小凤杂著》《世微楼诗稿》《楚伧文存》等。1988年,在叶楚伧诞生100周年时,上海三联书店出版了他的遗著编集《叶楚伧诗文集》。

叶楚伧从一个江南的小镇走向苏州,再从苏州走向全国,既能沉浮于宦海,又能驰骋于文坛。如果避开政治立场分析一下其原因,其客观条件应是家庭氛围的熏陶,但更离不开自身的不懈努力这一主观条件。

* 小提示:
最靠近的公交车站与轨道交通车站站名:"乐桥"

星级指数：☆☆☆☆☆　　　　　　　　　　　　汪东故居——三开间的洋楼

"铁血"与"风雅"兼具的革命者
——汪东故居

在清代苏州的名门望族中，汪氏一族曾出过同辈弟兄汪凤池、汪凤藻、汪凤瀛和汪凤梁等四位知府级官员。其中，汪凤瀛的儿子汪东拜在章太炎门下，与黄侃、钱玄同、吴承仕齐名，称为"章门四大弟子"。

汪东(1890—1963)，原名东宝，字叔初，后改字旭初，号寄庵，另号寄生、梦秋，又署寄安。江苏吴县人，汪凤瀛之子，汪荣宝之弟。中国著名的教育家、文学家、学者、政治人物。

汪东可谓继承了章太炎的真传，他是一个铁血革命者。早年就读于上海震旦大学，1904年东渡日本，入早稻田大学预科，毕业后入哲学馆(后改为"东

汪东

洋大学")学习。留日时,他开始追随孙中山先生,参加同盟会,从事反对帝制、宣传民主革命等活动,是辛亥革命的积极参加者。他的革命文章如《论支那立宪必先以革命》《法国革命史论》等等,发表于《民报》《大共和日报》《华国月刊》《制言半月刊》等多种报刊杂志上。

汪东作为章太炎弟子,就深奥的学问而言,凡经史百家,无不研习,在音韵学、训诂学、文字学等诸多方面,都颇有成就。同时,汪东又是一个儒雅的文人。他擅书画,与沈尹默等交厚。书法初习董其昌,继而出入颜、米,饶有古法。作篆书,喜用柔毫,圆润遒劲,似软却挺,有时也爱用篆书笔法入行楷,别有情趣。亦能画画,画梅尤得同行称赞。汪东善于填词,功力颇深,他亲自编定的《梦秋词》(齐鲁书社1985年有影印本)收录从1909年到1962年之间的词作,计20卷1380余首。

解放前,汪东先后在国立中央大学、重庆的复旦大学等高校任教。全国解放后,汪东于1950年被选为苏州市人民代表、人民委员会委员。1954年起,先后任苏州市政协常委、苏州市政协副主席、江苏省政协常委、中国国民党革命委员会苏州市委员会主任、民革中央团结委员、民革江苏省委员会副主任等职。

1963年6月13日,汪东因患胃癌医治无效,在苏州病故,享年74岁。

对汪东故居,一般记载都是语焉不详。黄恽先生以汪东的词作《霜天晓角》中"断无消息,家在娄门侧。一色菜花黄处,溪流绕、小桥宅"为线索,根据《苏州明报》1934年2月4日的一篇报导《娄门外汪家骨董被窃——贼骨头以收取字纸为名》,到娄门外寻找汪东故居未果,最后作出了"汪东故居大概不存了"的感叹。

实际上,如今汪东故居门牌为东北街178号,这是拙政园和园林博物馆共用的门牌号。可以这么说,汪东故居是园林博物馆的一部分,而园林博物馆又是拙政园的一部分。从方位来看,汪东故居的西面是和它同属于园林博物馆的、用同一个门牌号的李经羲故居(详见《李经羲故居》),而它的东面和北面,就是拙政园的游览区域。

进入汪东故居,必须通过园林博物馆。如今,这个故居只剩下一座1934年建成的坐北朝南的洋楼,就是所谓的"寄庵"。从距离来看,楼前还应该有两三进房子,目前只是在最南端沿东北街处造了几间作为拙政园的西售票处。

这座二层洋楼在园林博物馆的一个独立的小院内,小院在绿色植物的掩映下,地面用鹅卵石拼成十字海棠图案。外墙为"水洗芝麻",用纵横的凹槽勾出大型石块砌就的模样。

如今,这座洋楼是"苏州市风景园林学会"的办公楼。

从南面看,楼为三开间。中间总宽约5米,底层八扇普通木格落地长窗,极为朴素。前面两根水洗芝麻罗马柱,其效果就是下层多了一条走廊,上层多了半间前突的房间。两侧两间各约4米,底层各有三组同样朴素的窗户。二楼的三大间,朝南基本都是与底层同样的窗户。

走进室内,就能发现这座洋楼由前后两进楼房构成,为"日"字形的走马楼。前后两进各进深8米左右,当中的天井进深5米左右。奇怪的是,这个天井以"日"字的中间一横为界,被一道石库门分割为前后两个部分,前面的半个天井现在上面盖着玻璃,而后面的半个天井则是标准的"露天"。晴天,能同享蓝天白云,而雨天,则境况完全不同了。

就是在这里,汪东读书写作画画,接待文坛好友,演绎着流传至今的文坛佳话。一次吴湖帆登门拜访汪东,见院内腊梅盛开,香溢四处,大为赞赏;汪东高兴之余,即画梅一幅相赠,而吴湖帆随手书对联一副以相酬。

当年东北街(过去叫"迎春坊")汪宅的规模是很大的。在"寄庵"这栋洋楼的周围尚有不少传统建筑,在房屋对私改造中大多数散为民居,这幢楼曾作为"东北街派出所"的办公场所而幸存。本世纪初拙政园改造,将东北街以北、忠王府以东、百家巷以西的地域全部划归拙政园。后来划出西南部的一块规划建设园林博物新馆,"寄庵"便成为园林博物馆内硕果仅存的一幢西式建筑了。

1997年12月4日,拙政园列入《世界文化遗产名录》,汪东故居的文保档次跟随"上涨",然而,由于"养在深闺",一般百姓大多不知。作为兼具"铁血"与"风雅"的革命者,汪东千万不能被忘怀。——或许,在拙政园的介绍中带上一笔是个简单的好办法。

* 小提示:

最靠近的公交车站站名:"博物馆"

星级指数：☆　　　　　　　　　　　　潘镒芬故居——"暗藏"的洋楼

高风亮节的治黄专家

——潘镒芬故居

苏州大儒巷西端北侧有一条小弄，南口有"潘镒芬故居"的介绍。这里有一所大宅，坐北朝南，东端从现停车场西出口开始，门牌是 51 号。西端直至 42 号一条很深的陪弄。整个宅第名为"端善堂潘宅"，苏州市控制保护古建筑 079 号。

说起这座宅子，有许多脍炙人口的故事，纵向贯穿三百余年。清康熙初，苏州贵潘迁吴的时候，潘其蔚开始建造此宅。传至四世奕字辈，弟兄三人才华横溢，被誉为"吴中三潘"。奕隽、奕藻分别于乾隆三十四年（1769）和四十九年（1784）中进士，另分别建门第于马医科和蒋庙前。幼弟奕基却未中举人，独守祖居，然而其子潘世恩在乾隆五十八年（1793）中了癸丑科状元。这一年潘世恩才二十多岁。乾隆皇帝召见时问他家居苏州何处，他一时答错。惶急之中，尽快设法在观前街南寻找宅第，重构新宅（详见《潘世恩故居》）。而大儒巷老宅便转手于苏州"富潘"家族。

富潘家族购得此处宅院后重新构建，形成五路七进的一个庞大建筑群。可谓庭院深深，屋宇鳞次栉比。从东面数起第二路为正路，主轴线上有门厅、轿厅、大厅、两重楼厅和北侧下房等建筑。其大厅面阔三间13.8米,扁作梁架,前置船棚轩,逢柱见斗,有棹木。正间匾额"端善堂",韩敏所书。

正路西陪弄现在已成了一条小弄堂,后门即为南石子街12-3号,面对传出琅琅书声的大儒中心小学。在南石子街12-2号,12-1号还有两条陪弄通往南侧,可惜因住户私自搭建,现已不能贯通;而大儒巷42号也是一条陪弄,也因私自搭建而北向中断,估计,如果打通,这条陪弄可通向南石子街12-1号。如今,三条陪弄就是现存四路房屋的分界。令人称奇的是,正路西陪弄第四进楼厅部位,有一座楼梯直达二楼,可见两路房屋楼厅相通。据房管部门介绍,这两座楼厅的楼板上铺有方砖,在苏州传统民宅中极为罕见。

陪弄中的楼梯

在清末、民国直至新中国时期,这座老宅里曾住过一个名载青史的治黄专家潘镒芬。潘镒芬(1893—1953),字万玉。早年就读于上海澄衷学堂、南洋公学,宣统元年(1909)毕业于江苏铁路学堂测绘科,即受南通状元张謇之聘,负责南通城市建设测绘。诸事就绪后,1919年由张謇推荐至山东黄河河务局,开始了他三十余年的治理黄河的工作。

北洋军阀时期,一次他赶往山东黄花寺决口处处理公务,路遇劫匪。但劫匪一听他的名字立马道歉,非但不伤害他,还特地护送他一程。"盗亦有道",因为劫匪知道潘镒芬是来堵口救百姓的。

国民政府时期,他担任治黄总工程师。1938年6月,蒋介石命令炸开河南花园口,滚滚黄水倾泻东南,数省受灾,上百万同胞丧生,灾区百姓流离失所,哀鸿遍地。潘镒芬对此痛心疾首却无能为力。抗战胜利后,国民政府任命他为花园口堵口工程处处长,他立即由重庆赴西安转道开封,直抵黄河边。其时他老妻病重,同事们劝他回家看看,但他坚持留在第一线,颇有大禹治水之风。直至1947年4月20日花园口堵口合拢,滔滔黄河水重返故道,他才回苏与亲人团聚。当时国人将他与明代潘季训、清朝靳辅两位治河功臣并称,甚至尊称其为"潘圣人"。他因功提升为黄河水利工程总局副局长。

1948年冬,开封即将解放,他拒绝国民政府将总局迁往台湾的命令,托病辞职,回到苏州大儒巷老宅。

　　新中国成立后,黄河水利委员会、中央水利部曾派员请他回"黄委会"工作,但他因中风卧床未能成行。后渐病笃,嘱咐家人将他的《关于山东宫家坝决口堵筑工程经过》《关于黄河郑州花园口堵口工程经过》《关于改进黄河水利方面的几点建议》等文献资料和他的《关于秸埽之研究》《关于河工备考资料》《关于山东境内黄河历年决口的调查》等18种著作,全部献给政府。

　　眼前的这座"端善堂",是潘镒芬的出生之地,也是他的终老之所。然而,如今这座宅院均已散为民居,沿大儒巷的门前一长溜房屋已改造得面目全非。东路已全被拆除,成了宽敞的停车场。从停车场外可以看出正路大厅与两进楼厅尚在。借着西二路一进楼房正在翻修的机会,我们得以俯视这座宅子西边的概貌。西侧几路还保留着几座楼厅等老房子,令人眼前一亮的是,西三路与正路大厅对应的部位"藏"有一座二层西式小洋楼。褪色的青砖黛瓦,似乎在诉说着历史的沧桑;而其西端的壁炉烟囱,似乎还在吐着轻烟。或许,这就是处于新旧交替时的潘镒芬的住房吧。

　　纵览潘镒芬一生,知识渊博,严以律己,宽以待人,受人敬仰。他刻有"守身如玉""无愧于心"两方印章以自勉,这也是他高风亮节的写照。据一位住在这座宅院里的老妇说,这座宅子的住户正在逐步搬走。或许,不久的将来,一座修旧如旧的豪宅将会出现在我们的眼前。

* 小提示:
最靠近的公交车站站名:"醋坊桥观前街东"

星级指数：☆

程小青故居——茧庐

红尘中的情节，绿荫下的茧庐
——程小青故居

小时候看过一部轰动一时的电影《徐秋影案件》，这部电影是根据"邵玉魁案件"的真人真事改编的。曲折严谨的故事情节，演员出神入化的表演技巧，也一度使自己产生了长大当电影演员的冲动。慢慢地长大了，才知道电影的剧本是编剧写的，于是，长大了当电影编剧的念头又占据了上风。无独有偶，一天，在望星桥"泰润"油酱店见到一个身材瘦弱、面容清癯的老人，店伙计窃窃私语，辨出他就是《徐秋影案件》的编剧程小青。目送着老人蹒跚的背影，敬佩之情油然而生。

后来，疯狂的"文革"开始了，程小青、周瘦鹃、范烟桥等"鸳鸯蝴蝶派"受到了批判，这反而使笔者对程小青有了一定的了解。

程小青(1893—1976)，原名程青心，别号茧翁，上海人。少年家贫，曾在钟表店当学徒,但从小酷爱读书,18岁时开始从事文学写作。22岁与友人合作开始翻译《福尔摩斯探案集》。程小青认为,推理小说是化了妆的教科书。它在讲故事的同时,也传播了许多西方的新科技、新思想。

程小青最富盛名的就是侦探小说《霍桑探案》。为了写好《霍桑探案》,还报考了国外大学的函授班,进修犯罪心理学与侦探学。他从理论上学习西方侦探原理,在实践中结合中国社会发生的案例,并在创作过程中进行合理的改编,让侦探小说既一波三折,又合情合理。更为吸引人的是,

《霍桑探案选》

福尔摩斯的侦探小说不管多么跌宕起伏、扑朔迷离,那也是舶来品,文本和读者之间始终有着说不清道不明的文化隔阂。而程小青笔下的故事在上海与苏州之间流连,身临其境感很强,因此,读者和文字交流的同时,犹如走进了险象环生、机关重重的现实迷宫,深陷其中,尔后拍案叫绝。程小青曾说:"写一件复杂的案子,要布置四条线索,内中只有一条可以通往真相,其余三条都是引入歧途的假线。"案件情节铺陈的匠心独运由此可见一斑,《霍桑探案》一举成名也就在情理之中了。

1917年,程小青应东吴大学之邀,为外籍教师教授中文,遂迁居苏州。

上世纪70年代末到90年代初,笔者住在望星桥北堍(南北向的小巷的名字)南端,离程小青的"茧庐"仅数十米。每天上下班,都要沿着绿树成荫的望星桥北堍,从近千年的古桥寿星桥东头经过。这十多个春夏秋冬,每每关心的是弹石路面如何变成六角道板路面;关心的是清澈见底、小鱼往来翕忽的河水何时变黑变臭;关心的是沿河的妇女逐渐不在河里淘米洗菜。桥东,是一条与望星桥北堍垂直的只容两人平行的20来米的小巷子。一天,突然听说这条小巷底处的那扇紧闭的望星桥北堍23号的铁门内,就是程小青的故居,如今住着小青先生的孙辈。一探虚实的念头一直萦绕于胸,然而铁门一直紧锁着。

难道探访程小青的故居也需如程小青笔下的故事那般——"只有一条可以抵达?"带着一份莫名的坚定,更带着程小青破案式的决然,笔者进入程小青故居隔壁的厂房,从远处楼上眺望。庭院坐北朝南,共分为两个部分。西南部是一座三开间的旧式平房,东边接出了一间厢房。屋东原来有一个花园,如今花园没有了,在北部有两座连在一起的两层楼房。据说,西端的那座小楼就是程小青先生创作的书房。于是,脑海里不断地想象:在创作侦探小说的过程

中,程先生一定无数次地踱出这条小巷,登上西面那座寿星桥,构思着各色人等的语言、动作以及对案情的推理。

徜徉在寿星桥头,程小青先生的一些轶事趣闻不时浮现。

程小青先生提笔写小说实属偶然。1914年,《新闻报》副刊举办征文大赛,程先生写了一篇两千字的文言侦探小说《灯光之影》,主角名为"霍森"。文章被录用了,但排字工人却将"霍森"误排为"霍桑",将错就错,"霍桑大侦探"就这样问世了。文章发表后好评如潮,读者纷纷来信,希望他再写下去,于是就"一发不可收拾","东方柯南道尔"的大名就越传越远了。——据说后来还真有人上门请程小青破案,弄得他哭笑不得。

当然,小青先生也"破过"案。一次,程小青朋友的老婆发现戴了20多年的戒指不翼而飞。程小青了解到钻戒前晚临睡前还戴在女主人手指上,当时门窗无损破,第二天早上洗过了头后就发现失踪,于是他在倒洗头水的阴沟中找到了钻戒。旁人疑惑不解,程小青眨眨眼:"这是一枚戴了很多年的戒指,必定很光滑,洗头时又少不了要用上滑滑的肥皂,戒指为乱发牵动,就极有可能滑到洗头水之中。"真相浮现。

"文革"开始前,程小青把自己关在家中,自题"茧庐"二字,想避开红尘的烦扰,独善其身。1976年,这位"侦探小说之父"落寞辞世,此时,那两位与之齐名的老友周瘦鹃与范烟桥,早已不堪迫害凌辱,先走了一步。估计程先生的孙辈受乃祖影响,如今也将自己继续织入"茧"中,很少和外人接触。可惜的是,那种引人入胜的侦探小说,不知何时再能读到。

* 小提示:
最靠近的公交车站站名:"苏州大学"

星级指数：☆☆ 顾颉刚故居

历史文化的守望者
——顾颉刚故居

　　苏州人文底蕴深厚，看似不起眼的小门小户，穿过幽静的一条通道，一座深宅大院也许就会迎面而来。

　　从临顿路转入悬桥巷，缓缓东行，离平江路 50 来米处，有一座平板石桥架在巷南侧河上，这座桥就是"顾家桥"，过桥向南即是现在称作"顾家花园"的小巷了。窄窄的青石板小路，曲曲弯弯的小巷，尽显老苏州的优雅僻静。走着，走着，就仿佛蹚入了苏州久远的历史长河。

　　沿着小巷向南数十米，西侧是一溜不高的围墙，围墙内就是原来顾家"宝树园"的范围了。

　　"宝树园"始建于明代，为顾家先人从唯亭迁苏后的老宅，因园中多植山茶,故以"宝树"名之。1860年太平天国占领苏州后,"宝树园"一度为听王陈炳文部所居。太平军失败后,被没收为官产,改为机织局,园中的房屋也被他人租赁,园景遭到严重破坏。

现在我们所见到的顾颉刚故居,实际上是顾宅老屋东路的第五进屋宇,东面有个侧门开向"顾家花园"巷,门牌号是"顾家花园4-1"。墙上嵌有"苏州市文物保护单位顾颉刚故居"的标志牌,另有一块镌刻着手写体"顾颉刚故居"的标志牌。走进小门,左拐右折,进入了一个坐北朝南的小小院落。房子为并排的四开间平房,屋前有方础方柱支撑的檐廊。中间为客厅,西侧一间,东侧两间。屋前的天井虽然苔藓斑驳,但也显得比较宽敞豁亮。天井前有砖雕门楼与第四进相连,但目前已经封闭,无法探知前面第四进的模样。砖雕门楼的门楣上刻有"子翼孙谋"四个大字,根据我们的理解,大意为子孙后代,顺应天下,代代相传。西侧挨墙是一条半廊,与正屋前的檐廊成直角相交,一直通到砖雕门楼的西翼。东侧贯通南北各进的备弄早已封闭,所以,现存的顾颉刚故居就是一个单独的院落。

顾颉刚(1893—1980)原名诵坤,字铭坚、诚吾,号颉刚,吴县人,享誉国内外的现代史学大师。1920年毕业于北京大学哲学门,历任厦门、中山、燕京、北京、云南、齐鲁、中央、兰州、复旦、社会教育学院等十几所大学的教授、研究所主任及中央研究院院士。1954年后任中国科学院历史研究所研究员。先后于1964年和1971年主持《资治通鉴》和《二十四史》的校点工作。

顾颉刚先生一生勤奋写作,著述等身。他是中国历史地理学的奠基人,主要著作有《中国疆域沿革史》《中国历史地图集》等等,与谭其骧在北京创立"禹贡学会",主办《禹贡》《文史》杂志。晚年又潜心研究《尚书》。

顾颉刚先生还是中国民俗学的奠基人。他将长期收集积累的四百余首吴中山歌编成《吴歌甲集》出版,对流传故事孟姜女作了系统考证,并发表《孟姜女故事的研究》。民国十六年(1927)创立民俗学会,次年与人合编了《苏粤婚丧》,并给《苏州风情》一书写序,还著有《顾颉刚通俗论著集》。

苏州百姓永远忘不了顾颉刚先生对甪直保圣寺泥塑的保护。民国十一年(1922)夏,他与友人陈万里去甪直古镇游览保圣寺,发现寺内相传为唐代杨惠之所塑罗汉像已处于危境之中,即请陈万里摄影,自己写论文呼吁抢救。最终,使得剩下的半堂罗汉得以保存。1961—1980年,他与叶圣陶、章元善、王伯祥、俞平伯等联名向有关部门建议修复俞樾故居曲园。

1980年12月25日,顾颉刚先生病逝于北京。

对我们的到来,女主人(顾颉刚先生的孙媳)非常热情,忙不迭地收起晾晒的衣物,让我们照相。正屋的沙发上,一位白发苍苍、面容慈祥的老人正在阅读一本厚厚的《中国哲学史新编》,边上放着《光明日报》。这位老人就是顾颉刚先生的嗣子顾德辉先生——一位从上海退休的高级教师。

女主人说,老爷子今年94岁了,头脑清晰,反应灵敏,就是耳朵不行;他特别喜欢看书,尤其是历史类的。看见我们走进客厅,老先生立即热情地让坐。我们不由得肃然起敬,如此高龄,仍是孜孜不倦地看书读报,家学渊源可见一斑。回首走过的诸多名人故居,大多是人去楼空。诚然,保留故居是对姑苏历史文化的一种传承,它能让我们的后代找到"家"的感觉,可是,如果这个"家"被拆得七零八落,或者面目全非,又怎能散发"家"的芬芳?顾德辉先生让我们真切地感受到了历史的延续和书香的气息,苏州人爱阅读,愿这条根脉能代代相传!

当我们走出"顾家花园"时,正夕阳西下。不由得想起了鲁迅先生与顾颉刚先生交恶的那段往事。如果双方静下心来,全方位地了解一下对方的学术态度,客观评价对方对中国民族文化的巨大贡献,那么,或许双方就能各退一步,海阔天空。往事已矣,孰是孰非,非我等小人物所能置喙!

* 小提示:

最靠近的公交车站站名:"醋坊桥观前街东"

星级指数：☆　　　　　　　　　　　　　　钱大钧故居——沿人民路外墙

修旧如旧？修旧不如旧？
——钱大钧故居

从苏州火车站进入古城区，过梅村桥（平门桥）向南，就是人民路。人民路北端右侧路西的一幢火车车厢式的民国建筑像一幅徐徐打开的长卷，散发着特殊的韵味；又好似一缕烟雨深处飘来的春风，在不经意间的邂逅中，迷醉了你的双眼，此处一度为人民路1号、人民路680号，如今的门牌号是人民路2211—2215号（单号）。

这就是钱大钧故居，被老百姓戏称为"平门第一家"。整个楼房坐北朝南，砖混结构，高2层，前后连接3幢。每幢面宽五开间，带两厢。总体来说，这座沿街宅院的南北"深度"是东西"宽度"的数十倍。房屋青砖坡顶，十分简朴。可喜的是，人民路数度拆宽，都是西部不动向东"发展"，让这座见证历史风云

南面与西面

的建筑长久地成了沿街的一道风景线。1983年,被定为苏州市控制保护古建筑,编号为"001",因此被称为"控保一号"。

钱大钧(1893—1982)字慕尹,吴县人,生于昆山正仪,四岁随父迁回苏州。辛亥革命时赴沪参加学生军,后入松江淞军干部学校,半年后毕业,任班长。二次革命失败后赴日,认识了孙中山,入"浩然学社"。回国后入武昌陆军第二预备学校、保定陆军军官学校,曾与蒋介石同窗。1924年孙中山创办黄埔军校,钱大钧担任教官。民国十四年(1925)参加第一次东征。北伐以后,钱大钧所部一度驻防苏州。其间,曾组织部队修筑阊门外上津桥至虎丘山麓全长4000米的一条马路,即当今虎丘路,当初曾一度称为"军工路"。北寺塔至平门的马路,也为钱大钧当时组织修筑。民国十六年(1927)"四·一二"反革命政变中,他在广州积极行动,清洗军队中的共产党员。1936年西安事变时拼死保护蒋介石脱险,后任蒋介石侍从室主任与侍卫长。抗战中曾指挥有关人员将七千余箱故宫文物抢运到重庆。抗战胜利后,钱大钧任上海市第一任市长,兼淞沪警备司令。民国三十五年(1946)辞职回苏,当选为国民党中央执行常委,并任吴县参议会议长。1950年,钱大钧去台湾,先后任台湾当局的"国策"顾问、国民党中央纪律委员会委员、中华航空公司董事长等职。1982年7月21日病逝于台北。

不少苏州人都记得三年前的那段"公案"。

钱大钧故居一度为苏州铁道师范学院招待所,后铁道师范学院大部分迁址上方山,继而又并入苏州科技学院,原校址于2003年被拍卖。始料不及的是,为了建造高档住宅小区"桃坞郡府",该处就变成了一个建筑工地,控保建筑钱大钧故居也被拆为一片废墟。2011年4月21日《苏州日报》发表文章《钱大钧故居被夷为平地》,详述了记者采访现场工地的经过。被记者采访的那些铁道师院的老员工,对此纷纷表示痛心。苏州市文化行政综合执法支队的一位工作人员对记者说,关于钱大钧故居的维修,苏州建设集团有限责任公司等相关企业曾向相关部门提交过一份维修方案。"维修要根据建筑本身的特点,我认为这种'落架大修'的方式并不适宜民国建筑。"

然而,建筑部门却说,"我们采取这种方式维修,是为了更好地保护";"里面的木构件被偷光了,房顶也坍塌了,外围的青砖也严重风化,已不具备修旧如旧的条件。"苏州建设(集团)有限责任公司总经理助理张伟说:"钱大钧故居修复的过程中,严格按原工艺、原材质、原特征进行复原,最大程度上保留更多的历史信息。"

　　这份郑重的承诺,是否在现实中得到了兑现呢? 2014 年 6 月,笔者来到崭新的"桃坞郡府",从外形看,"落架大修"后的门口铺着大红地毯的钱大钧故居与记忆中的模样似乎没有多大差别,但不论是维修之物的质地还是色彩,都给人"实在太新了"的感觉。置身其间,恍恍惚惚,不知自己是站在今朝的门口看历史的云烟还是历史的云烟来到了眼前:这是一个婆娑的世界,经历的路程,走过的人流,发生的故事,都在岁月的镜头中,渐渐成了影像,模糊不清。于是产生了一个疑问:其中究竟保留了多少建筑本身所传递的历史文化信息呢?

　　如今包括钱大钧故居在内的一些名宅究竟是文物还是复制品,这个问题一直在我们心头萦绕。据悉,目前苏州市已有近 20 来家控保单位升级为苏州市文物保护单位。而由于各种原因,作为"准文物"的控保建筑,"控而不保"却似乎成了它们共同面临的窘境。——何去何从,令人神伤。

　　＊ **小提示:**
　　最靠近的公交车站站名:"平门"

星级指数：☆　　　　　　　　　　　　　　　　郭绍虞故居——门前

中学未曾毕业的复旦一级教授

——郭绍虞故居

狭义的现代文学，指的是1919—1949这一个阶段的文学，在这一阶段中，"文学研究会"是成立最早、影响和贡献最大的文学社团之一，由周作人、郑振铎、沈雁冰、郭绍虞、朱希祖、瞿世瑛、蒋百里、孙伏园、耿济之、王统照、叶绍钧（圣陶）、许地山等12人发起。其宗旨是"研究介绍世界文学，整理中国旧文学，创造新文学"。

郭绍虞(1893—1984)原名希汾，苏州人，祖父是前清举人，父亲担任过文书、校对和家庭教师等工作。

郭绍虞是一个颇值得我们敬重的学者。

其一，自学成才。郭绍虞家境清贫，小学毕业后进过苏州中等土木学校，以后几乎都是自学。经刻苦努力，他竟然成了中外著名的语言学家、文学家、文学批评史家，对中国古典文学、中国文学批评、中国语言学、音韵学、训诂学、书法理论等方面都有深入的研究。最主要以《中国文学批评史》名世，他的宏观研究建立在微观研究的基础上，功底非常扎实，书中没有空言套话。曾先后在福州协和大学、燕京大学、同济大学、复旦大学等著名高校任教。

郭绍虞

其二，民族气节。"七七事变"后，北京沦陷，郭绍虞被日伪"华北作家协会"偷偷列入委员名单，他不顾个人安危，愤然拒绝。1942年，日伪强迫郭绍虞任教伪北大，他拒不接受，被关押两天。获释后，在燕京大学上了"最后一课"，声情并茂地诵读《诗经·黍离》："知我者谓我心忧，不知我者谓我何求？"悲歌当哭，满座泣下。后携眷南下。

其三，助人为乐。郭老乐于助人是有名的。据说他在燕京大学教书时，有一个学生在旅馆里生了重病，又无钱付房金。店主人要赶他出去，在百般无奈时，他说："我是燕京大学学生，你可以打电话找我的老师郭绍虞先生，他会给我想办法的。"郭老接到电话之后，果真为他付了钱，并把他接到家里来治病。

新中国成立后，郭绍虞历任同济大学文法学院院长、复旦大学中文系主任，是复旦大学中文系一级教授，首批博士生导师之一。

郭家世居苏州，由于家境贫寒，并无房产，一直租房居住，不仅条件差，而且经常被迫搬迁。郭绍虞生活较为安定，也略有积蓄之后，遂在苏州购下大新桥巷一处建于晚清的普通民居，以奉养父母安度晚年。

《中国文学批评史》

郭绍虞故居紧贴庞国钧故居的西墙，也是平江历史街区内的重要传统老宅，苏州市控制保护古建筑；但是，其保护程度却大为逊色，没有高大轩敞的楼厅，也没有引人瞩目的紫藤，如今散为民居。宅院坐北朝南，前临小河，门牌为大新桥巷20号；20号西面有一条向北的小巷"新桥里"，其内不远处向东还有一条小短巷，底处为大新桥巷12-1，是郭绍虞故居的后门。

根据门口的文物保护介绍,郭绍虞故居是一路五进,面积660平方米。

沿街的门厅没有传统大宅院的气派,是普通得不能再普通的姑苏民宅,或许这就是当初的模样。

20号实际上是一条陪弄,从陪弄西墙的屋架大致可以看出门厅、轿厅和大厅等前三进的框架结构,但无法进入仔细观察。

顺着陪弄,我们来到了第四进的院落,这里没有砖雕门楼,房子也不是传统的楼厅。看样子住在里面的居民对郭家很熟,郭家的人际关系应该很好。他们把这座三开间两厢的平房称为"花厅",尽管前面没有花园,说是后面还有一进院落。这座"花厅"前置鹤颈一枝香轩,青砖铺地,据说这就是郭绍虞的书斋"照隅室"。"隅"者,墙角也,从室名也可看出主人的低调为人。

走出郭绍虞故居,正是夕阳照隅之时。笔者突发奇想,如果是现在,郭绍虞能进入中小学任教,甚至高校任教吗?当今,中小学教师招聘以研究生为主,至于高校引进人才只重文凭而不重真才实学之风已经愈演愈烈,上升到了前所未有的高度,竟然划出了"非博士免开尊口"的"红线"。然而,那些博士、"博士后"又有多少能够胜任中小学或者高校的教学工作呢?毋庸置疑,大学是培养人才的重要场所,可不读大学,就成不了才吗?郭绍虞就是一个真实的例子,这样的案例值得当权者深思。

* 小提示:
最靠近的公交车站站名:"东园"

星级指数：☆☆

顾祝同故居——墨园主楼

民国风情的遗存

——顾祝同故居

顾祝同(1893—1987)字墨三,国民党高级将领,江苏涟水人。1916年入保定陆军军官学校第六期步科。1950年3月去台湾,曾兼台湾"国防部"代部长。1972年任所谓的"总统府"战略顾问。1987年1月17日卒于台湾。在蒋介石早年的得力干将"五虎将"和"八大金刚"中,顾祝同是唯一到台湾后晋升一级上将的,且军政高层对其有"军中圣人"的评价,足见其在国民党军界的地位。其人虽不以军功著称,却深受蒋介石信任,官运亨通,数次执掌军权。一生深受蒋氏父子信赖,在台湾甚至被指定为替蒋经国保驾护航的"辅政大臣"。

顾祝同在北伐战争和抗日战争中功勋卓著,这是众人皆知的事实,然而对于此人,笔者记忆犹新的是"皖南事变"。1941年1月6日,北上的新四军闯进了顾祝同预设的国军伏击圈。1月13日,新四军军长叶挺奉命要求谈判,顾却下令扣押。最终,新四军激战7昼夜,终因敌众我寡,弹尽粮绝而惨遭失败。除傅秋涛率2000余人分散突围外,少数被俘,大部分壮烈牺牲。军长叶挺被俘,副军长项英、参谋长周子昆突围后遇难,政治部主任袁国平牺牲。

1930年底,顾祝同任江苏省政府主席。

北伐战争后,国民党将领钱大钧率领北伐军一度占领苏州。钱大钧在平门路上建起了一座花园别墅,就是如今平门桥南堍的人民路2211号、2213号与2215号。顾祝同十分羡慕,就在钱大钧别墅路东侧的荒地上,也建了一座花园别墅。一般认为,此乃顾祝同金屋藏娇之处。顾祝同字墨三,因此,这座别墅就起了个十分风雅的名字"墨园"。奠基时,顾祝同亲自手书"墨园"两字,然后由石匠刻制成碑,镶嵌在花园的围墙里。

姑苏的人民路,门牌号几度更改,如今的墨园,在人民路2214号,即原来的核工业部苏州阀门厂(526厂)内。墨园距大门约百米,坐北朝南。如今的墨园依然是核工业部中核苏阀集团公司的领导们接待会客的场所,也是该集团公司离退休干部的活动场所,故门禁颇为森严,进出必须登记。

墨园明显最近整修过。就住宅而言,有两幢主楼。

从墨园主干道向前,南面的一幢主楼在路东,为两层的曲尺形欧式洋房。就整体而言,东面突出。但理应是青砖白缝的外墙被改造成沙灰涂抹拉毛,那不伦不类的色调,不仅破坏了房屋本来的格调,而且让这份民国遗存的建筑审美价值急剧下降。是岁月开了一个玩笑吗?曾经赏心悦目的一道风景线就这样被所谓的现代化装饰成了另类。

楼下为会客室,有木梯盘旋而上,可至二楼。二楼阳台颇为宽敞,可扶栏赏景。引人瞩目的是东西两头屋面上的烟囱,不由得使人想起电影中燃着熊熊烈火的西式壁炉。这显示着民国时期高档洋楼的特色。另外,小楼的雨落也颇具民国特色,四周屋檐下是长条的铁皮檐沟,这些檐沟集中于几个向下的方形管道,下雨时可将屋顶的雨水集中到地下。

第一幢楼

沿主干道继续北行,是新造的一幢大楼,为核工业部中核苏阀集团公司的办公楼。楼东北有一个八角形的亭子,应该是当年的警卫室。

再向北，路西侧是一幢两层楼的欧式建筑。墙面用清水砖扁砌，坚固美观。这座楼掩映在绿树丛中，甚为优雅，应是墨园的主楼。楼房为三开间，西面的两间前有走廊，走廊前是两根罗马式圆柱，支撑着上面的阳台，柱子的顶端饰斡旋花纹，应该是巴洛克风格吧。阳台为白色的雕花栏板，纹饰为几何图案。东面的一间前突，外墙与走廊平。东墙外，另

新桥巷宅

有一个八角形的半亭。亭上是东向的阳台。与前面的那座一样，整个楼房"搁空"，墙角下有几个通气孔，内外用铁丝网隔开。

楼前，最吸引我们的是周围的那些龙柏，其树龄都在百年左右，虬枝翠叶与这座小楼相互映衬，相得益彰，似乎在给予到此的人们一份怀想：如若时光倒流片刻，这儿会有怎样的一番情景！

据了解，墨园本有自己的给水系统，但我们没有找到，就如传说中的顾祝同手书的"墨园"石碑。

实际上，在苏州城内西南部的新桥巷26号，顾祝同还有一处住宅。这座宅子也是民国式建筑，上面有壁炉烟囱，下面有通气孔，排水沟也很典型。原有前后三幢洋楼，如今，前两幢都已拆除改建，仅留配有假山的第三幢。住着多户人家，保存尚可。有趣的是，这座宅子东面的偏门上方竟然有一个八卦图案，听住户说，这是一向就有的。这真是所谓"中西结合"了。

当我们走出墨园时，不由得想起了一个问题：民国虽离当前不远，但其遗留的建筑毕竟代表了那一时代的风格，千万不能因为"近"而不加保护。民国的一些人物，其功过是非应由历史裁定，但对他们留下的那些物质文化遗产与非物质文化遗产，千万不能"恨屋及乌"。

* 小提示：

最靠近的公交车站站名："平门"

星级指数：☆　　　　　　　　　　　　　　　　范烟桥故居——"丰芑贻谋"门楼

风流总被，雨打风吹去

——范烟桥故居

　　临顿路之西与之平行的就是苏州的第3直河，沿河西侧，有一条与临顿路平行的小巷，这条小巷各段名称不同，从旧学前到史家巷东口的那段叫"温家岸"。前几年临顿路拓宽改造，临顿河东岸的房子都已拆除，变成了绿地，于是临顿河的西岸，也就是温家岸等就直接面对着河对岸的临顿路。

　　说到温家岸，不得不提到的就是如今作为控保建筑的范烟桥故居。

　　范烟桥(1894—1967)，吴江同里人，北宋贤臣范仲淹从侄范纯懿的后裔。初名镛，字味韶，号钦，别署含凉、鸱夷、乔木等。他是著名的文学家、编辑出版家，与周瘦鹃、程小青齐名，都被称为"鸳鸯蝴蝶派"作家，自称为"礼拜六派"。范烟桥28岁那年，父亲范葵忱看中了温家岸这个地方，便买下了一幢房子，经过整修举家从同里搬到苏州城里。这儿原是明末清初时顾予咸雅园的一角。

顾予咸(1613—1669),字小阮,长洲人,居苏州史家巷(温家岸的东西向横巷)。顺治三年(1646)顾予咸中乡试第十九名举人,四年(1647)成三甲进士,曾担任过县令和京官。顾予咸归里后筑雅园,清初文坛颇负盛名的吴梅村、丁澎、曹尔堪等辈皆曾汇集其中,觞酒吟咏,感慨无限。顺治十八年(1661),吴县县令任维初贪赃枉法,诸生无处申诉,只能到文庙中的孔子牌位面前痛哭流涕,发泄内心的怨恨与牢骚。然而,秀才们哭庙之际正值顺治帝驾崩护灵之时,当时皇帝驾崩的哀诏已然到达苏

范烟桥

州,秀才们的举动被认为是触犯了顺治帝的在天之灵,犯下了大不敬之罪,金圣叹与诸生因此被捕。顾予咸因受"哭庙案"牵连,拘系大牢六十三天,几乎与金圣叹等同被处斩,幸得朝中贵要援手才免于死难。八年后,顾予咸以五十七岁的壮盛之年辞世。

范烟桥以住宅临近雅园而荣幸,有"一角雅园风物旧,海红花发艳于庭"之句。因而,这个宅子也被命名为"邻雅旧宅"。

邻雅旧宅,在如今的温家岸17号与18号。正路与北路(18号)坐西向东,面对着临顿河,南路(17号)坐北朝南,整体呈曲尺形。

18号正路的门厅,实际上就是一个门墙,反面的砖雕门楼上镌着"文正世家"四字,显示出主人的身世门庭,感觉上是后来制作的。轿厅的屋脊,还保留着旧时的风范,两只凤凰展翅欲飞,栩栩如生。

轿厅后的砖雕门楼为旧物,额为"丰芑贻谋"。"丰芑",就一般人而言,指对子孙的教育培养。"贻谋",也指长辈对子孙的训诲。[元]吴莱《遣儿谔初就学》诗:"丰芑务贻谋,宋苗宁揠长。"[明]章懋《芙蓉书屋》诗:"回视昔年读书处,溪上芙蓉即丰芑;贻谋万卷书传香,更有凤毛为世瑞。"下额枋主画面为两匹马,一匹马马身向南,一匹马马身向北,但都回头望着中间嘶鸣;上有"日""月"两字,很小,需用望远镜才能看清。《说岳全传》中,金兀术杀害了宋朝大将陆登,却收养了陆登的遗孤陆文龙。长大后的陆文龙武艺高强,随金兀术征宋,岳家军无人能敌。岳飞手下大将王佐施苦肉计,自断手臂奔赴金营,向陆文龙讲了一个《骅骝向北》的故事:北宋时杨六郎手下大将孟良到辽邦盗来一匹称作"日月骅骝"的名马,但那马到南方后向北而嘶,一点草料也不肯吃,饿了七日,竟绝食而死。马恋故国,人岂能不如马?讲了这个故事,王佐又伺机向陆文龙讲述了事实真相,后来,陆文龙终于弃暗投明。联想到范烟桥抗战时

"邻雅旧宅"

数度拒绝日伪的聘请,就不难理解下额枋图案的含义以及这个砖雕门楼的主题了。

正厅保护尚可,住着多户人家,屋脊上有双狮戏绣球图案,依稀可辨当年的规模。

正厅后有一座楼厅,带厢楼,也住着多户人家。长槅扇玻璃上的菱形图案,显示出民国的风格。

正路的北侧,另有一路房子,但很狭窄,几乎只有正路的一半。

正路的南侧,就是这座宅子的南路,门牌号为温家岸17号,范烟桥亲自题写的"邻雅旧宅"门额,与几乎被薰成黑色的文物介绍牌就挂在这个门口。南路原为范宅花园,内有方厅、花厅、书斋。1947年范烟桥弟兄析产,将花园部分分给范烟桥。之后,其子女将花园改建。如今里面住着范氏后裔,大门紧闭,只能从屋脊看出里面是两进坐北朝南的房子,但都很破旧。

范烟桥在吴江同里时,仰慕陈去病、柳亚子等人成立的南社,也与徐平阶、张圣瑜等人共创"同南社"。一时各地入社者数百人,影响很大。一个"同"字,表明了自己的进步意向。稍后,范烟桥由柳亚子介绍加入了南社。就是这样一位进步的知识分子,文革期间却受尽折磨和凌辱,1967年3月在忧郁中于苏州寓所病逝。竟连准备晚年出版的诗集、文稿也未及问世。"风流总被,雨打风吹去",岂不悲夫!

* 小提示:

最靠近的公交车站站名:"市立医院东区东"

星级指数：☆☆　　　　　　　　　　　　　　　　叶圣陶故居——院落

文学家的教育实践，教育家的文学创作
——叶圣陶故居

  1904年"癸卯学制"实施，"语文"独立设科。但"语文"究竟是什么，这个看似简单的问题却一直拖了半个世纪才得以解决。解决这个问题的人就是叶圣陶。叶圣陶说："平常说的话叫口头语言，写到纸面上叫书面语言。语就是口头语言，文就是书面语言。把口头语言和书面语言连在一起说，就叫语文。"从"国语""国文"，到统称"语文"，并不仅仅是简单的名称改变，而是根据"语"和"文"的关系，揭示出语文学科的性质和特点。

  叶圣陶(1894—1988)，江苏苏州人，原名叶绍钧，字秉臣，辛亥革命后改字圣陶，以字行。他是誉满中外的文学家、语文教育家。

  作为文学家，叶圣陶是现代文学中"文学研究会"首批12成员之一。叶圣陶小说的突出艺术成就，在于他对"灰色人生"的冷静观察和客观描写，表现了

叶圣陶

典型的现实主义的特征。如《潘先生在难中》就是历来被称为最能代表叶圣陶短篇小说创作成就的作品。这篇小说以20年代军阀混战下的江浙地区为时代背景,通过一个小学校长潘先生在逃难过程中的所思所想、所作所为,揭示了封建军阀的罪恶,同时也批判了小资产阶级知识分子卑怯自私、苟且偷安的思想弱点。他的小说语言流畅,是典范的白话文。结构多变、精于布局,结尾给人余音绕梁的回味。

作为语文教育家,他70余年如一日,身体力行,创造性地形成了独特的富有民族特色的科学的语文教育思想体系,为开创我国现代语文教育事业作出了不朽的贡献。他曾当过10年的小学语文教师,编过多种中小学语文教材,主要有《开明小学国语课本》《国文百八课》《开明新编国文读本》《开明新编高级国文读本》《开明文言读本》等。他长期从事语文教学的理论研究工作,写过多本有关语文教学的理论著作,主要有《作文论》《文心》《精读指导举隅》和《略读指导举隅》等。另外,他编写和参与编写了多份语文课程标准和教学大纲。他的语文课程观、教材观、教师观、阅读教学观、写作教学观、口语交际教学观无一不被当今语文教育界津津乐道。一言以蔽之,他是当今中小学语文教学的泰斗。

文学创作和教育工作是很难达到统一的,但叶圣陶例外。作为文学家,他颇为关心教育事业;而作为教育家,他又时刻不忘文学创作。

将文学创作与教育紧密联系起来,是叶圣陶的特色。他是新文学史上最早出现和最有成就的"教育小说家",主要作品有《倪焕之》等。《倪焕之》这部小说写于1928年。主人公倪焕之,是个热切追求新事物的青年。同辛亥革命失败后不少进步知识分子一样,他最初把救国的"一切的希望悬于教育",真诚地期待着用自己的"理想教育"来洗涤社会的黑暗污浊。但是,严酷的现实生活,破灭了倪焕之的许多不切实际的空想,使他在教育事业上多次碰壁。——能说倪焕之身上没有作者的影子吗?

他的作品《稻草人》《多收了三五斗》《苏州园林》《景泰蓝的制作》等,因为是典型的"范文",前前后后无数次被选入各种版本的中小学语文课本,直至当今。

1988年2月16日,叶圣陶在北京逝世,享年94岁。叶圣陶的墓地,在他曾经工作过很长时间的甪直古镇。

叶圣陶是土生土长的苏州人。他生于悬桥巷,后随家迁居大太平巷(今十全街西段),但以上两处故居都已难觅踪迹。1935年秋,叶圣陶以多年笔耕收入,在苏州青石弄择地建屋,举家自沪回苏定居。

紧靠十全街的北面与之平行的是苏州古城区的第三横河,河北岸,就是宋代苏州六十五坊之一"衮绣坊"。衮绣坊东起凤凰街,西至乌鹊桥。宋天圣五年(1027),官至参知政事的元绛(字厚之)归老后居巷内,知州章岵为立"衮绣坊"于巷西口,因而得名。"衮绣"指古代三公(最高级官员)的礼服;后来,"衮绣"逐步讹为"滚绣"。此处位于古城的腹地,闹中取静。滚绣坊28号是一条向

青石弄5号

北的20来米的小弄,小弄北端的20来米称为"青石弄",青石弄5号就是叶圣陶故居。

叶圣陶故居的石库门朝东。门额上嵌着砖雕,上为"叶圣陶故居"五个大字,为苏州著名书法家瓦翁所书。门北侧,是文物保护部门悬挂的介绍叶圣陶故居的木牌。

石库门内是一个错落有致的院落,树木掩映中景石点点,一派园林风光。中间部分鹅卵石铺地,主体镶成"十字海棠"图案,是别具一格的美。东面进门口处为象征福禄寿俱全的"五蝠捧寿桃金钱"图案。整个院落干净整洁,纤尘不染,给人以舒适的感觉。

院北就是一排四间朝南的正屋,青砖青瓦,具有中西合璧的建筑风格。总体长15米余,进深10米余。屋前为青砖铺地的走廊,廊前为砖砌方形檐柱,连以砖砌坐栏。室内泥墁吊顶,下铺地板。每间又用槅扇分为南北两半,南大北小。据说,东面第一间就是当时的"未厌居"——叶圣陶的书房。

院子的南面是一个小花园,石径逶迤,小桥流水,池鱼嬉戏。

院西,是后造的四间附房;院东有一架紫藤,藤后一条长廊,廊中玻璃框内是苏州文化界名人的签名。

这座小小的宅院,也有诸多故事。

据说房屋建成之初,正值乔迁大喜之际,叶圣陶居然受到了敲诈:有人把他当成"大款爷",上门"借钱"。后来,又收到一封要500大洋的恐吓信,要他

把钱放到北局国货商场(今人民商场)的抽水马桶上方的小水箱内,口气甚是狂妄。后来由于巡捕房的介入,此事不了了之。

叶圣陶原打算在此地长住,后因抗战爆发,举家离开苏州,辗转四川等地。临走前,叶圣陶将这处房子交给朋友照看。后来几经波折,几十年中,此处陆续搬进多户人家。叶圣陶故居的围墙南面就是十全街上的南林饭店,一度,这座宅院被圈入南林饭店,后经反复交涉,才得以物归原主。

1984年底,叶圣陶提出把这处住宅捐给国家,他说道,各地的作家若到苏州来体验生活,需要有一个适宜的地方居住,享受免费招待。高风亮节实为可敬!1985年,叶圣陶正式把青石弄5号这所私房捐赠给苏州市文联。1988年冬天,《苏州杂志》创刊,杂志社先设在文联大楼内。1989年,由苏州文联出面,迁出了在青石弄5号居住的五户人家,经过一年的整修,这里重新恢复了古朴而明朗的风格,房舍整齐端庄,园子花木扶疏,四季常青。《苏州杂志》社于1990年春天正式迁入此处。

《苏州杂志》社首任社长是著名作家陆文夫,交游颇广,许多作家到苏州,都来杂志社坐坐。这所看似普通的房子体现了真正的人文价值。

解放后的叶圣陶,曾担任国家出版总署副署长、人民教育出版社社长、教育部副部长。他也是第五届全国人大常务委员、第五届全国政协常务委员、第六届全国政协副主席、民进中央主席。上世纪末本世纪初的课程改革中,有人把矛头指向叶圣陶,认为他是语文教学效率低下的罪魁。然而如今,叶圣陶离开我们四分之一个世纪了,语文教学的效率究竟是提高了还是降低了?局内人心知肚明。"尔曹身与名俱灭,不废江河万古流",作为文学家、语文教育家的叶圣陶永远是现代语文教育的丰碑。

* 小提示:

最靠近的公交车站站名:"南林饭店"

星级指数：☆ 　　　　　　　　　　　　　　周瘦鹃故居——紫兰小筑

延年阁前叹"延年"

——周瘦鹃故居

笔者幼时，住在姑苏城的凤凰街118号(当时的甫桥西街18号)，如今的"第一人民医院西"东侧公交站牌处。在甫桥西街28号煤球店与30号烟纸店之间，有一条僻静的向东的小巷，名为"王长河头"。王长河头很短，西出凤凰街(甫桥西街)与民治路相对，其东端原是大片以池塘为中心的菜畦、桑林。就在王长河头3号，有一个"周家花园"，一般情况下大门紧闭。

周家花园的墙西，是一条与凤凰街相隔20来米并与之平行的小巷。这条小巷几乎无人行走，儿时，我们几个小伙伴常在这条小巷踢球。为了一探周家花园的究竟，笔者突发奇想，故意将皮球扔进墙去，然后敲门去取。"阴谋"终于得逞，当时的那个花匠老头，只放笔者一人进去。出来后，在小伙伴们羡慕的眼神中，吹嘘着里面有多大多大，房子有多好多好，花草树木有多少多少，很是得意了一阵子。

周瘦鹃

刚上初一时,学校老师颇为隆重地向我们介绍了一篇题为《花布小鞋上北京》的散文,并告诉我们这篇文章就是著名文学家与盆景大师周瘦鹃的作品,文章讲述了其外号叫"花布小鞋"的小女儿周全,随他进京赴会的经历。这时候笔者才知道,这位周瘦鹃先生,就是周家花园的主人。然而,再度进入周家花园的愿望一直没能实现。

记得一个冬日的傍晚,正当我们这帮孩子聚集在王长河头巷口玩耍时,一辆黑色的轿车悄悄地停在巷口,一个熟悉的身影缓缓走向周家花园的大门。这时候,围观的人越聚越多,我们想跟着溜进去,但被拦在了门外。猛然间,不知谁悄悄地喊了一声:"进去的是周恩来总理!"

不久,疯狂的"文化大革命"开始了,"打倒一切牛鬼蛇神"的口号响彻神州大地。

1968年8月12日,噩耗传来,周家老先生投井自杀……

粉碎四人帮后,笔者进中文系念书,对周瘦鹃先生终于有了一定的了解。

周瘦鹃(1895—1968)原名周国贤,江苏苏州人。现代作家,文学翻译家。曾任第三、第四届全国政协委员、江苏省人民代表、江苏省苏州市博物馆名誉副馆长。

36岁时,周瘦鹃购得王长河头原湖南道州著名书法家何绍基裔孙何维构的产业"墨园",改建后称为"紫兰小筑",俗称"周家花园"。

周瘦鹃是一个著名的作家,他认为文学作品的主要阅读对象应该为平头百姓,因此,他的作品多以平民关注的风花雪月为题材,与程小青、范烟桥等被称为"鸳鸯蝴蝶派"作家。

周瘦鹃又是一个文学翻译家、编辑出版家,经他翻译、编辑的书刊杂志数不胜数。

周瘦鹃还是一个园艺师,在周家花园,他培植了大量的奇花异草,声名远扬,老一辈的无产阶级革命家,除周恩来外,朱德、陈毅、董必武、刘伯承、叶剑英、陆定一等都到过周家花园,与其切磋园艺。

周瘦鹃更是一位由"旧文人"向"新文人"转型的过渡人物。全国解放后,周瘦鹃欣喜之余,一度封笔,自我陶醉于花木丛中。1953年,当时任上海市市长的陈毅突然慕名来访,

"爱莲堂"匾

同他亲切交谈,要他打消一切顾虑,为新中国歌唱。1962年4月,出席全国政协第三届第二次会议的周瘦鹃在中南海单独受到毛泽东主席的接见,毛主席亲自鼓励他继续写作。于是,他再出江湖,写出了一篇又一篇不同凡响的作品。

为了进一步了解这位苏州的名人,我们来到王长河头。周家花园大门向北,苏州市控保建筑的蓝牌和"紫兰小筑"的介绍牌悬挂在门口。出来开门的是周全女士,当年的"花布小鞋",如今已是苏州市政协委员、中国民主促进会苏州市委员会组织处长。

周全女士将我们引进客厅,就是这座客厅,当年接待过大批的党和国家领导人与海内外著名人士。客厅就是"爱莲堂",悬挂在上面的"爱莲堂"匾额特别引人瞩目,落款为周恩来。客厅的墙上,挂满了有关"莲"的名人字画。莲"出淤泥而不染,濯清涟而不妖",是屋主人的自喻。当年周总理就坐在这个客厅里,当时,院内腊梅盛开,年近七旬的周老先生让女儿去院里折了两束腊梅,献给总理。

走出客厅的南门,就是花园部分。从花园得以看到"紫兰小筑"的全貌。整个建筑为西式平房,坐北朝南,正屋四开间,西部有厢房。平房的东南部有一座二层楼的建筑,这就是周瘦鹃的书房"延年阁"。延年益寿,道出了人生的真谛。在这座阁前,可以想象周瘦鹃先生是如何地笔耕不辍,延续着自己的写作生命。

整个周家花园奇树异卉不胜枚举,园中的孩儿莲、雪柳都是稀有品种,再加上数以百计的盆景,令人目不暇接。那些白皮松、红豆树、重瓣紫藤等都有百年以上的树龄。园中的红豆树为苏州古城区仅存的两棵之一。红豆树要隔多年才能结一次果,今年(2014)上半年,这棵红豆树开花,笔者到时,适逢红豆成熟,坠落于地,就如绿茵中镶了宝石,随意捡起几颗,爱不释手。——树得以延年,然而树的主人却未得享尽天年。

花园的南部,是周家子女新造的房屋。

"延年阁"的东面是一座玻璃花房,花房之东有一座小轩,为周全会客之

处,额为"花间一壶酒"。在这里,周全告诉了我们这座宅院得以基本保全的原因。周瘦鹃的夫人,即周全的母亲得以延年,颇为长寿,享年91岁。老太太一直看护着这座宅院,拒绝了一切占领花园的要求。后来由于周瘦鹃得到平反,想动脑筋的人也就只能作罢。即使这样,周家花园的东南角,还是被侵占了数十平方米。

周全还告诉我们,1968年,张春桥在一次接见苏州造反派的会议上点了周瘦鹃的名,大意是你们苏州那三只"老蝴蝶"(笔者按:"鸳鸯蝴蝶派"的周瘦鹃、范烟桥、程小青)不可以再搞搞吗?特别是那个周瘦鹃玩盆景,腐蚀革命斗志嘛!什么爱莲堂,臭不可闻的地方。许多大人物感兴趣,我就不去。于是,大会小会批斗,周瘦鹃的身心受到了极大的摧残。或许是想到当年在上海当编辑时曾扣下"狄克"(张春桥解放前在上海的笔名)和"姚篷子"(姚文元的父亲)的稿件,或许是想到当年在上海对蓝苹(江青的艺名)了解太多……于是,老先生绝望了,1968年8月12日凌晨,投向了那口浇花用的水井……"延年阁",目送着自己未能延年的主人去向另一个世界。

告别了主人,我们回到王长河头。今日的王长河头已非昔比,僻静的小巷早已拓宽,成了进出苏州市第一人民医院西大门的必然通道。巷东的那些池塘、菜畦、桑林,早换成了苏州市第一人民医院扩建的几座大楼。如今,进出医院的人实在太多,整条短短的巷子车水马龙,川流不息。然而,进出医院的希望延年益寿的芸芸众生,又有几个知道这座宅院中有一个"延年阁"呢?

* 小提示:
最靠近的公交车站站名:"第一人民医院西"

星级指数：☆☆　　　　　　　　　　　　　　　　　　詹沛霖故居——家驹楼

龟玉岂容毁于椟

——詹沛霖故居

苏州阊邱坊巷，因为巷内曾有北宋朝议大夫阊邱孝终宅第和所立之坊而得名。这条小巷东连皮市街，西接人民路，全长405米，原为弹石路面，1982年改为沥青路面。闾丘孝终，苏州人，曾任黄州太守，《吴趋访古录》载："东坡谪黄州，孝终为太守，往来甚密。"苏东坡曾云："苏有二邱，不到虎邱，须访闾邱。"

就在阊邱坊巷与皮市街的交叉口，如今的阊邱坊巷4号，有个苏州市文物保护单位，石库门上镌着苏州当代著名书法家费之雄所书"五爱堂"三个金字。

"五爱堂"的主人就是人称"上海纸业大王"的詹沛霖先生。

詹沛霖(1900—1991)，出生于苏州，24岁时到上海闯天下，开设了"益记印刷材料行"，零售纸张、油墨和文具等，后发展为"益记兴纸号"。由于经营得法，业务兴隆，成为当时数一数二的纸业巨子，享有"纸业大王"的美誉。

五爱堂大门

抗战胜利后,詹沛霖更进一步投资兴建造纸厂,先后在上海周边地区创设了益中、建中和江南等多家造纸厂,其中以江南造纸厂最负盛名。詹沛霖也被公推为纸商业同业公会理事长及纸业银行董事长。同时他还大量投资房地产。

1948年,国民党政府试图利用币制改革缓和经济和政治危机,发行金圆券,限期收兑所有黄金、白银和外汇。为此,蒋介石还派蒋经国前往上海督阵。蒋经国亲自传讯了上海工商、金融界的头面人物,包括詹沛霖。詹沛霖一度被当作"老虎"打了,这就是著名的"金圆券"事件。此事让詹老心灰意冷,身心俱疲,之后离开上海转往香港、英国、美国发展,于1957年定居巴西圣保罗市,直至1991年逝世,享年91岁。

"五爱堂"原是明代的一座故宅。1943年,詹沛霖夫妇为儿子詹家驹结婚买下了这座宅子,整修后取名为"静中院"。

"静中院"坐北朝南,两路六进。后由于詹家移居巴西,宅子一直空置。上个世纪50年代,"静中院"除门厅及西花厅,其余都被占用。2002年,苏州市平江区政府落实相关政策,西路的房产归还詹家。当时,詹家驹就表示要把房子捐赠给苏州市社会福利院,为此詹家主动拿出17万资金将住户迁出,又花费了80余万元进行修复。当听说有关部门要将房子东路的建筑改造出售时,詹家又用20万元买回,并花费100万元进行修复,直到2005年10月,才全部修缮完毕。詹家驹还特意给社会福利院领导写信,建议在这个百年老宅里设老年公寓,让老人们多一个养老的场所。为了见证詹家五名子女家驹、家骏、家骅、龙珠、明珠的爱心,福利院特意把"静中院"更名为"五爱堂"。

在市社会福利院的捐赠记录上,清楚地记录着詹氏家族一笔笔爱心捐款:1992年,出资67万元建造了当时设施一流的老年公寓"沛霖楼";1998年再度出资120万元建造1 200平方米的老年公寓"荺君楼",詹家女儿明珠、龙珠则捐赠了床上用品、公寓内的家具等。此后,詹家还陆续花费了几十万元用于对公寓设施的完善。2007年,詹氏家族被评为"苏州市第十五届社会主义精神文明建设十佳新人"。

不知何故,"五爱堂"未曾设为敬老院,却被用来开办"苏州市五爱堂翡翠玉石市场",一度入驻经营户50余家。主要经营翡翠、白玉、和田玉,兼营水晶、钻石、奇石、字画。然而,2009年因经济纠葛和其他原因,"苏州市五爱堂翡翠玉石市场"被平江区人民法院封存,直至今日。整个宅院仅留一个看门人。

敲开平日里紧闭的闾邱坊4号(五爱堂东路)大门,里面是一个纵向的长长的天井,应是当年门厅与轿厅所在地。天井北就是大厅,大厅虽油漆剥落,但整体上保护较好。大门敞开,其中空空如也。

大厅之后绿树簇拥中的那座楼厅给我们留下了深刻的印象。楼厅前悬挂的匾额为"家驹楼",也是费之雄所书,应是当年詹家驹夫妇的住房。楼为五开间,前有船棚轩。底层的正中一间没有门扇,如走廊过道,畅通后楼。楼两侧有厢房,都带厢楼。此楼与后两进楼呈双回字形走马楼结构。

东路正厅前长天井的西侧走廊月洞门上有"尔圃"两字,圆洞门边的墙上有铁铸的群鹿图案花窗,边框近1.5米。通过圆洞门,可进入西路的花园,园内有假山两座,墙角处有角亭一座,花园中央有鱼池、小桥,与东墙洞门上的砖额"静观"两字相映成趣,园内植有桂花、腊梅,墙旁立有石笋,地面铺有鹅卵石,一口水井,泛着粼粼的波光。

花园之北是四开间的花厅,木结构,有翻轩、槅扇窗等。其方位大致与东路的大厅平,也是大门紧闭。六七十年代,笔者的同窗好友,詹氏族人詹永昌兄曾住此处二十余年。詹兄常眉飞色舞地与笔者说起当年夏天树下纳凉,冬天闭门读书,忙时匆匆而过,闲时隔窗相望的往事。

西花厅后也是三进楼厅,令人惊讶的是,西路的后三楼楼上不仅自身相通,而且也跨过陪弄,和东路的后三楼楼上相通,也就是说,这六座楼厅的二楼连为一体。

从楼上的各间房屋大致能看出当年所属的经营户名,但门窗都是紧闭,上面贴着苏州市平江区人民法院2009年的封条。透过窗户望去,里面空空如也,仅剩蛛网与岁月抗争。

这所宅院的"修旧如旧",无疑是成功的;这比起那些依旧房客庞杂,门窗、砖石皆为后来添置的控保建筑,要珍贵得多。然而,这座"修旧如旧"的被保护起来的旧宅却因"被保护"而大门紧闭,人迹罕至,致使屋顶渗漏、门窗朽蚀而无人过问。这不由得令人想起孔子"龟玉毁于椟中,是谁之过欤"的名言:龟甲、玉器,这些珍贵的器物既然因为珍贵而藏起来,又岂能因珍藏而让它们朽烂于盒子中呢?

* 小提示:

最靠近的公交车站站名:"观前街"或"接驾桥"

星级指数：☆ 　　　　　　　　顾廷龙故居——"恭俭庄敬"门楼

江南第一读书人家

——顾廷龙故居

　　在苏州打车,如果目的地是"苏州大学",那么,司机定会问你是"哪个苏大"？你如果回答"老苏大",那么,车子就会把你拉到"望星桥"。望星桥,原名"望信桥",坐落在第四直河上。桥东的街道旧称天赐庄,桥西至凤凰街口的街道旧名严衙前。天赐庄,据说是南宋皇帝以该处田庄(今苏州大学老校区一带)赐大将韩世忠而得名。严衙前,原有明嘉靖年间(1522—1566)大学士严讷府邸,故名。现在,桥东桥西都统一称为"十梓街",也就是说,望星桥将两条街"统一"起来了。

　　近现代,姑苏望星桥一带可是一个充满"洋"味的地方,常可见到大腹便便的绅士和金发碧眼的洋妞来回走过,他们是博习医院(第一人民医院前身)的医生护士。也可见西装革履或长袍马褂的学者在这儿漫步,他们是东吴大学(前苏州大学)的教授,使望星桥弥散着书卷气；此外,清贫的学子和一些崇洋的官宦子弟也常在此间来来往往。然而,望星桥更多的是民族文化的守望者。

　　望星桥西,有一座坐北朝南的深宅大院,四路五进,它的主人就是蜚声海内外的中国杰出的版本目录学家、文字学家和书法家顾廷龙。此处原为清代布政使朱之榛旧宅,1915年归顾廷龙祖父顾祖庆所有。顾祖庆在整修房屋庭院时,发现了一个八角形的青石井栏圈,上有"顾衙复泉义井"和"绍定三年十二月"等字眼,于是,便将宅院题名为"复泉山馆"。1981年,顾廷龙将此井栏捐给了苏州博物馆。

顾廷龙

顾廷龙一支,从明成化年间(1465—1487),顾昇始迁唯亭算起,历经了"由乡入城""由士而仕"的几大转变。清康熙皇帝到江南时,闻听顾家文风之盛况,欣然提笔写下"江南第一读书人家"以褒扬,后顾家人将御笔宸翰制成匾额以自勉。纵然历经时代变迁,但唯亭顾氏读书崇文之风却一如既往不改从前。顾廷龙为顾昇十五世孙,而年长十一岁的顾颉刚却为顾昇十六世孙。

顾廷龙(1904—1998),号起潜,苏州人。1931年毕业于上海持志大学,获文学学士学位。考取燕京大学研究生院,钻研古文字学,曾任燕京大学图书馆中文采访主任。后兼任暨南大学、光华大学教授。建国后,历任上海历史文献图书馆馆长、上海图书馆馆长,任华东师范大学、复旦大学兼职教授,任《中国古籍善本书目》主编和文化部国家文物鉴定委员会委员。著有《说文废字废义考》《四当斋书目》《顾廷龙书法选集》等。

1937年"七·七"事变后,他不忍江南文物遭日本侵略者肆意掳掠,与文化名人张元济、叶景葵等创办私立合众图书馆,藉以保存濒临毁灭的文献典籍。解放后,他将十余年来收集的合众图书馆近30万册古籍及近代中外珍贵文献悉数捐献给国家,使之成为上海图书馆馆藏的重要组成部分。

在望星桥西的顾廷龙故居门牌为十梓街116号,实在是很不起眼。一般人很难注意到路北那座沿街的中间留有一个通道的楼房就是顾廷龙故居原轿厅所在地,而门厅在十梓街拓宽时早就被拆除了。从这座楼房的通道进去,就是一个石库门,石库门上挂有控保建筑的标志。石库门内,就是原来的正厅,有砖雕门楼,但已经没有了文字,仅剩下额图案。正厅分别住了两户人家。

正厅后是原来的第四进,一座带有两厢的楼厅,厅前有砖雕门楼,上面四字为"恭俭庄敬",或许是家训吧。然而这个门楼早已封闭,砌成了住在正厅的人家的后窗。整座楼厅的门窗显然是新换的,在旧宅改造的浪潮中,这几个大厅前几年曾落地重建过一次,原来的落地长窗与楼窗等早已不知去向。

沿着东陪弄走到底,左侧就是顾廷龙先生的弟弟顾廷鹤家,这是这座老宅

顾廷龙书法

中路的第五进楼厅。门楣上镌有"洗心藏密"四字砖额,"洗心藏密"源于《系辞上传》第十章,原文是"圣人以此洗心,退藏于密"。大意是说荡除万物之心,洗涤人的私心,发挥着潜移默化的功用。门框上新贴着一联,曰:"江南第一读书人家,佳户首推顾氏;天下几多育杰灵地,众言玉赞唯亭。"据说原来是楼厅内的抱柱楹联。久扣门不开,住在前一进的一位妇女走来告诉我们,老太太走了,老爷子住到了儿子家。至于第五进后的花园,早就造了房子。

当我们缓缓退出这条黝黑的陪弄时,东路的一扇偏门突然打开。从方位来看,此处大致与正路的第四进在一条线上。原来这里住着苏州东吴画院的副院长章致中老师。章老师热情地把我们让进他的画室"寒剑斋",他告诉我们,顾廷鹤说过,这里就是顾廷龙先生的书房。显然,有人在哥哥当年的书房里画画写字,廷鹤老先生很高兴。如今章老师用为画室,也可以看做是顾氏文脉的延续传承吧! 章老师带我们敲开了原东路第三进的门,院内花厅保存完整。东侧小屋过去是厨房,当年的"复泉"古井便是厨房水源,是一口屋内井。章老师指着墙角说,那口"复泉"井就在这个楼梯下,如今已经封盖了。

从西陪弄进入,可看出故宅西侧实际上有两路房屋,但不知何故一般称这座宅子为"三路五进"。深邃的陪弄一直通向黝黑的内部,一扇扇小门紧闭,扣之不开。此处早已散为民居,多年来历经改建,已非昔日原貌。

走出这座深深的庭院,笔者忆起五六年前与顾廷鹤这位耄耋老人的几次接触。老人谈起望星桥的变迁如数家珍,但谈得更多是对顾氏"江南第一读书人家"的自豪,顾廷龙、顾颉刚、顾诵芬这些名字不知被念叨了多少遍。他的意思笔者明白,不管时代如何变迁,社会都需要不断涌出读书人。

* 小提示:
最靠近的公交车站站名:"苏州大学"

星级指数：☆　　　　　　　　　　　　　　　严家淦故居——严家花园

从木渎首富到国民党政要
——严家淦故居

苏州中街路，过去是古城区西北部一条南北向的小巷，南至景德路，北达东中市。中街路周边地区汇聚了众多清末民初的建筑。中街路105号朝东，一度为苏州互感器厂，现为"创元科技园"小区。其中有一座二层的青砖小洋楼，曾是严家淦先生的故居，现为苏州市第四批控制保护建筑。

笔者步测了一下，这座小洋楼，东西宽约11米，南北进深为13米，如果从顶上看，接近正方形。

楼房的东、西、北三面以及南面的上半部外墙，看上去都是青砖白缝，但与南面的下半部外墙相比，显得过分整齐，很可能是外贴的"青砖白缝"式的墙砖。——或许，这也是"修旧如旧"的无奈之举。

在房屋前驻足，引人注目的是楼房底层远远高出地面，而楼房底层的南部，三个砖砌的拱形门优雅地矗立着，给整幢建筑增添了弧线的空灵之美，又让门窗掩映在一番古韵中，很有意趣。拱形门内是宽宽的走廊，东西两侧拱形

小洋楼

门的下部是白色栏杆,呈菱形花纹。无论是远观还是在廊内小坐,都不失为放松身心的好主意。中门直通客厅,客厅的长扇玻璃门,也呈菱形花纹。——这是民国建筑的典型特点。走廊的最西端,悬挂着的玻璃镜框内是有关严家淦先生的说明介绍文字。东部下层,也有菱形花纹栏杆围着的走廊。

室内三间都分为南北两间,也就是说,各层都为六间;名义上的六间,实际上就住房而言是五间,因为正中间的后部是楼梯。

由于二楼没有阳台,二楼的房间更为进深。

严家淦故居的南面,就是中街路的一条横向的小巷"包衙前",估计当时故居大门向南,所以严家淦故居也被认为"位于包衙前"。

严家淦(1905—1993),乳名雨荪,号兰芬,字静波,江苏吴县人。出生于从事商贸金融的木渎首富之家,从小受到良好的教育。少时曾就读于木渎小学,后转入苏州桃坞小学高级部,中学阶段入学桃坞中学。在苏期间寄寓于叔祖家中,叔祖家,就是本篇介绍的"严家淦故居"。1926年毕业于上海圣约翰大学,这所大学与桃坞小学、桃坞中学都是英国基督教圣公会所所办的教会学校。1931年,26岁的严家淦得宋子文引荐,出任当时铁道部京沪、沪杭甬铁道管理局材料处处长,从此步入仕途。1950年后在台湾任"经济部"部长、"财政部"部长,甚至一度任台湾行政部门领导人和名义上的台湾当局最高领导人。1978年5月去职,为国民党中央常务委员会委员。1993年12月24日去世。

严氏为木渎首富,严家淦的祖居在木渎,就是著名的"严家花园"。严家花园的前身是清乾隆年间苏州大名士、《古诗源》编者沈德潜晚年的寓所,乾隆皇帝下江南,曾多次在此吟诗唱和。道光八年(1828),沈氏后

严家淦

人将此院落转让给木渎诗人钱端溪。钱氏叠石疏池,筑亭建楼。光绪二十八年(1902),木渎首富严国馨(严家淦祖父)买下此园,修葺一新,更名"羡园"。因园主姓严,当地人称"严家花园"。严家花园经过三姓主人经营,前后历时一百七十余年,经历了岁月的沧桑,积淀了深厚的人文底蕴,见证着木渎古镇的悠悠历史。

从木渎首富到国民党政要,这是严家淦的道路。严氏家族中,严家淦侄女严隽琪1998年2月加入中国民主促进会,1967年9月参加工作,丹麦技术大学机械学院海洋工程系毕业,研究生学历,工学博士学位,教授,现任民进中央主席,中央社会主义学院院长。2013年3月4日,被第十二届全国人大一次会议主席团推选为主席团常务主席。2013年3月14日,当选为第十二届全国人大常委会副委员长。——她走的是另一条道路。

* 小提示:

最靠近的公交车站站名:"皋桥"

星级指数：☆　　　　　　　　　　　　　　　　　吴晓邦故居——门口

以"舞"言志的艺术宗师

——吴晓邦故居

"诗言志，歌咏言。"的确，诗歌可以通过具体的语言来言志；同样，舞蹈作为一种特殊的艺术形式，也可以通过形体这种别具一格的言语来言志。作为我国新舞蹈艺术的开拓者和奠基者，吴晓邦可谓是享誉国内外的以"舞"言志的艺术宗师。

吴晓邦(1906—1995)，杰出的舞蹈艺术家、理论家、教育家，江苏太仓人。

由渡僧桥向北，经过喧嚣的山塘街东口，一道白墙围起了一处静雅的新翻修的园子"吴宅"，这座宅子坐东面西，它就是中国新舞蹈艺术开拓者和实践者、著名舞蹈艺术家、舞蹈理论家吴晓邦在苏州的故居。现门牌为"北浩弄2号"，石库门上砖雕匾额为"吴晓邦故居"。

如今,这座弥漫着一代舞蹈大师艺术之韵的宅子,已成了一个高档会所。苏州是一座文化积淀很深的城市,老房子是苏州特有的一种记忆符号,有很多像吴宅这样的老房子需要后人的保护。交给对文化情有独钟的开发商运作保护,确乎是一个可行的办法,因为这样不仅可以保存房子的旧貌,为历史作出良好的延续和传承;同时,在有人管理的前提下房子也可持续得到必须的维护。

现在的吴晓邦故居为两进楼房,第一进有厢楼,后一进也有厢楼,与第一进连接,成走马楼结构。走进大门,穿过一个小小的天

有厢楼的楼厅

井,就是第一进的大厅。大厅正上方是"禅茶一味"的匾额,正中是一张长条的大桌,桌面拼木,桌上是茶具。看来,这里常举行一些一二十人的茶话会。

第二进的背面供着佛像,但上面的题额"家和万事兴"却令人哭笑不得:繁体字,虽是从右向左,但却将"和"写成了"龢"。

宅园的北部和东部是一个小巧玲珑的花园,亭台轩榭与小桥流水、花草树木相互映衬,颇得苏州园林之趣。

凭窗倚栏,俯瞰被楼房围绕的小小天井,宅子主人的艺术思想、奇特人生伴随着悠悠往事迎面而来。

1906年12月18日,吴晓邦出生在江苏省太仓县沙溪镇的一个贫农家庭,未满周岁就被吴姓人家抱养,学名为吴祖培,留学日本时,因崇拜波兰爱国音乐家萧邦,遂改名为"吴晓邦"。音乐与舞蹈相通,然而更为相通的是热爱祖国的赤子之心。

1929年春至1936年10月,他曾三次赴日本留学。曾先后在日本高田雅夫舞蹈研究所等学习芭蕾舞及现代舞。同时,他还自学了邓肯和维格曼的舞蹈理论及创作方法,这对他拓宽视野、形成自己的艺术创作观有着非同寻常的作用,也拉开了他创作生涯的序幕。

1935年,他在上海举办了首次"舞蹈作品发表会",演出了《送葬曲》《黄浦江边》《傀儡》等11部作品。

1937年,抗战爆发,他参加了上海救亡演剧队,以抗战歌曲《义勇军进行曲》编成的舞蹈在前线演出时,战士们群情激越地和歌,成了舞蹈最好的伴唱。

继而又编演了《游击队员之歌》，将游击队员神出鬼没、乘敌不备击败敌人的革命乐观主义精神和昂扬的斗志，表现得淋漓尽致。

1945年，吴晓邦在周恩来的帮助下，和夫人盛婕一起到了解放区延安。先后在延安鲁迅艺术学院、华北联大文艺学院等艺术院校和艺术团体任教，并展开新舞蹈艺术活动，同时还创作出广受部队战士热烈欢迎的《进军舞》。

吴晓邦以"舞"言志的另一条主要途径，就是致力于舞蹈人才的培养。1932年在上海创办吴晓邦舞蹈学校、晓邦舞蹈研究所，1951年在中央戏剧学院开办"舞蹈运动干部训练班"，1957年建立"天马舞蹈工作室"……培养出大量的舞蹈师资人才和优秀演员。

他历任中国舞蹈研究会主席、中国舞蹈家协会主席、中国艺术研究院舞蹈研究所所长等职。他为后人留下了大量的舞蹈作品和著述论说，其主要理论专著有《新舞蹈艺术概论》《舞蹈新论》《舞论续集》等。其中，《新舞蹈艺术概论(1949)》是中国历史上第一本舞蹈理论专著，《舞蹈学研究》是中国出版的第一本有关舞蹈学的著作。

走出宅园南围墙的圆洞门，不由得心潮起伏：但愿吴晓邦对舞蹈艺术的痴迷能继续得到后浪推前浪的传承，就如这滔滔的护城河水。

* 小提示：
最靠近的公交车站站名："广济桥首末站"

星级指数：☆☆ 韩家巷4号——朱祖谋手植丁香

雅集酬唱，吴文化的传承
——韩家巷4号

苏州人民路乐桥之北，"大洋百货"南侧有一条东西向的小巷韩家巷，在韩家巷的最西端，靠近马医科菜场的韩家巷4号是一座坐北朝南的大宅子，这就是鹤园。宅园面积3 100平方米，其中花园1 900平方米，1963年被列为苏州市文物保护单位。鹤园与南面的吴云故居与北面的俞樾故居近在咫尺。

先让我们来关注一下这座宅子的历代主人吧。

清光绪三十三年(1907)，道员华阳人洪尔振(字鹭汀)居此地，于宅西空地建园，取名"鹤园"。但未及竣工，洪尔振离苏，鹤园一度为农务局。

宅院后归吴江庞庆麟(字小雅)，传给孙子庞国钧后，复加修葺，有宅5进。庞自新桥巷老宅(详见《庞国钧故居》)迁入。庞国钧迁入之前，先将宅院租与著名词人朱祖谋(1857—1931)，朱祖谋号沤尹、彊村，为词坛名家，常有四方名

鹤园大门

士来访,这座宅院便成了文人雅集酬唱之地。庞蘅裳居此14载,相与交往的都是姑苏城中俊贤文雅之士,于是,园中经常举行诗会、谜会、曲会,尤以曲会为盛。戏曲理论家、戏曲作家吴梅,昆曲名家张紫东与昆曲"传"字辈常集会于此。那段时间内,叶恭绰、张善孖、张大千等先后来访,尤其是民国二十一年(1932)梅兰芳夫妇来访的盛事至今仍为姑苏人津津乐道。

民国三十一年(1942),庞家将宅院廉价售予民族资本家、苏纶纱厂厂主严庆祥,作纱厂办事处,这里一度成了中共地下党抗日的一个重要联络点。解放战争时期,鹤园依然是中共地下党的一个重要联络点。苏州解放后担任苏州军管会主任的华东野战军首长韦国清也曾住过这里。

解放后,严氏将宅院献与国家,始为苏州市政协办公之所。"文化大革命"时,园中匾额多有毁坏。其后相继为苏州市印刷厂、物资局、汽车配件厂等所占用。1978年宅院复归市政协,1980年国家拨款10万元全面修葺,现由苏州市政协联谊会保护管理使用。

目前的这座宅院有两路,东部为宅,西部以园为主。宅与园之间以粉墙花窗间隔。东路无门,须从西路的园门进出。

如今的东路有五进住房。

第一进五开间,为办公室,南面无门,南屋檐与南围墙之间应该有个狭长的院子。

第一进后与第二进之间有个东西向长条形的天井。第二进为政协联谊会的活动室,也是五开间。中间一间为落地长槅扇门,大门敞开,放着一张乒乓桌;最西面的一间实际上是走向后院的"穿堂";其他三间都是短槅扇半窗。

第二进正间通过一个盖着屋面的穿堂通向后面的石库门,石库门后是砖雕门楼,但门楼没有题额,估计"文革"破坏后尚未补上。砖雕门楼后就是正厅"栖鹤堂",五开间带两厢。正屋前有双桁鹤颈轩,匾额"栖鹤堂"三字为胡厥文所题。厅后是一排窗户,厅内甚为明亮。

正厅后,另有两座楼厅,现代气息颇浓,应是新建的。最后的那座楼厅嵌有"苏州市吴文化研究会"的砖牌,为当今姑苏著名书法家华人德所题。

西路的前一大半是花园。门厅也就是鹤园的入口,挂有苏州市文物保护标志牌。另还有多块单位的牌子,其中最引人瞩目的是"苏州市政协联谊会"和"苏州市吴文化研究会"。

门厅后为四面厅,篆体额曰"枕流漱石",为著名书法家沙曼翁83岁时所书。厅中,一些老先生三五成群,边喝茶,边

栖鹤堂

聊天,琵琶弦子的琤琮声悦耳动听,将吴侬软语演绎得酣畅淋漓,令人驻足倾耳。庭前西侧,有一株当年朱祖谋所植的丁香,下围八角形花坛,花坛北侧有"沤尹词人手植丁香"八字。字为邓邦述篆题,其下款识为:"彊村师昔寓假鹤园,手植此花。'鹤缘'今爱护之,比之文衡山拙政之藤。弟子邓邦述记之"。"沤尹"与"彊村",朱祖谋之号也;"文衡山拙政之藤",详见《李秀成故居》。遗憾的是,由于四周树木高大蔽日,这株丁香明显"营养不良",病恹恹的令人担忧。

四面厅后是花园主体,正中为水池,池东有"风亭",池西是一座"扇子厅"。园中有白皮松、金钱松、罗汉松、黄杨、圆柏、桂花和石榴等古树,都是百余年的高龄。

再往北就是桂花厅,额题"携鹤草堂"。

桂花厅后有一个小花园,西面半亭,东边走廊。花园后还有一座楼厅,名"听秋山馆"。此厅五开间,实际上最西的一间是楼梯间。上下两层都有走廊,都有翻轩。下层最东间走廊外砌墙,但有漏窗,厅外侧下部青砖墙裙,上部雕花槅扇。二层走廊通长雕花栏杆。这座楼厅环境优雅,装饰古朴,也应是当年的住宅。

走出这座宅院,琵琶弦子的琤琮仍在耳边萦绕。鹤园得以成为"苏州市政协联谊会"和"苏州市吴文化研究会"的所在地,继续着"雅集"之胜,传承吴文化,幸甚至哉。然而,鹤园是否也该可以成为一般苏州人,或外地对吴文化有着浓厚的兴趣的人士了解吴文化的所在地呢?——进这个门太难了!

* 小提示:
最靠近的公交车站与轨道交通车站站名:"乐桥"

星级指数：☆

深巷老宅，往事如烟

——唐纳故居

东陪弄

平江路靠近白塔东路处，有一条东西向的小巷。这条巷子西起平江路，东到内城河，巷与小河并行，巷口小桥横跨，河中碧水盈盈，小桥流水人家的姑苏风味彰显无遗。这条巷子就是胡厢使巷。"厢使"是宋代设于京城四厢处理治安和民间纠纷的一个官职，苏州一度为南宋陪都，体制当如京师。但这位姓胡的"厢使"究竟为何人，无法查证。吴方言"shi"与"si"不分，所以在苏州人的口中，"胡厢使巷"演绎成了"胡相思巷"。然而，刻骨铭心的"相思"又岂能用"胡"来概括呢？

当年红极一时的影片《女篮五号》，部分镜头就拍自胡厢使巷。

胡厢使巷沿河，绿树成荫，石凳、花坛、水埠头点缀其间。石驳岸边有人持竿垂钓，烟雨濛濛中自有一番闲情逸致。巷口，有一座油漆斑驳的小亭和一个紫藤架，缀满了紫色的花朵，几个老人坐在那儿拉家常，迎面而来的是小巷深处特有的悠闲。就在胡厢使巷的东头，有一座破旧不堪的陈年老宅，标为"胡厢使巷40号"，这就是苏州市控保建筑——唐纳故居，民间称之为"马家墙门"。苏州人口中的"墙门"，就是石库大门，包括石库大门内的宅院。所以说，这座老宅当年定有座高大的石库门楼。

老宅坐北朝南面河，一般认为是三路五进。

文物保护标志牌悬挂在正路的门厅外。说是门厅，实际上早就没有了"门"，而"厅"，也只是一个通道而已。然而，夏天搬个凳子在这儿乘凉，确也胜过空调房间的气闷。第二进轿厅，面阔三间，当然早就没了"轿"和"厅"的踪影，因为是民居，"厅"前晾满了衣物。原来大厅的部位，已经被一座三层的普通公寓楼替代,这座楼房住户的铝合金窗,显得特别瞩目,更让人觉得突兀。古朴之味就这样被现代化的装饰吞噬,怎一个"可惜"了得!东陪弄已成了一条透着光亮的小巷,顶上是数十条电线,一直通向宅院的深处。沿东陪弄向北行走,经过那幢三层楼的东墙,能发现西墙上有一个镂空的花窗,透过这个花窗,老宅留下的惟一旧痕就进入了眼帘。这里是中路仅存的第四、第五两进楼厅,厢楼虽然已被住户换上了铝合金窗户,但仍能看出这前后两座楼房构成的"走马楼"格局。据说,第五进楼厅的北面原来是一个花园,但如今该处已建了房子,红砖外粉水泥,甚不协调。无可奈何花落去,旧颜早随风尘逝,唯有走马楼下的回字形坚守着曾经的高雅格调和主人的朴素情怀。

陪弄东面的那路房子,也是破旧不堪。

西路的第二进,正在维修,堆积的黄沙、水泥中,一座园林式的古典庭院已具雏形。我们发现,西路房子之西,另有一条备弄,陪弄之西还有一路房子,不知是否属于当年的"马家墙门"。按照门口悬挂的有机玻璃标志牌,这个"马家墙门"应该东至仓街,西至旗杆弄。笔者测算了一下,从中路到西头的旗杆弄至少100米,而且间有三条南北向的比较阔的弄堂,如果都属于"马家墙门",那规模足以吓倒一般人。

唐纳(1914—1988)其实是姓马,一说原名"骥良","骥",良马也,如此名之,甚为合理;一说原名"季良",三国时有"马氏五常,白眉最良"的赞誉,而白眉的"马良"字"季常",所以说如此名之,也颇为合理。出生在这个"马家墙门"大宅内的唐纳自幼聪颖,年长后出落得一表人材。曾在省立苏州中学(即今市一中)与著名学者顾颉刚、叶圣陶、王伯祥、袁水拍、胡绳等先后同窗。1932年暑期,考入一流的圣约翰大学,开始用"唐纳"的笔名向报纸投稿。不久,上海一流大报《申报·电影专刊》和《新闻报·艺海》等影剧专评栏目都争相刊登其文章。

1935年春天,以"蓝苹"为艺名的山东女演员李云鹤,在上海演易卜生名剧《娜拉》,唐纳看过以后,在报纸上著文推荐。此后两人堕入爱河,结为伉俪,唐纳特携蓝苹来到苏州"马家墙门"度蜜月,据说两人的爱巢就在西路第二进。在"马家墙门",蓝苹甚

唐纳

至还为长辈倒过洗脚水,在门前的小河里洗刷马桶,以示自己的贤惠。但是,两人回到上海不久,突然掀起了使唐纳两次自杀的"唐—蓝婚变",震动上海滩。蓝苹扬长而去,最后到延安成为毛泽东的"生活秘书"。于是,一位在中国政坛炙手可热的女人"江青"逐步登向她权力的顶峰。

　　1949年渡江战役之前,唐纳离开上海去了香港,最后远去法国巴黎,开始了长达40年的海外游子生涯。据说,有朋友深为诧异地问他"胡不归"时,他说:"江青这个人,我最了解她。"

　　实际上,定居巴黎的唐纳一直念念不忘苏州。粉碎"四人帮"后,曾两次回到苏州旧居。苏州是他成长的摇篮,因此,每到一处,都要向妻女详细介绍。小巷深处,流水潺潺,往事如烟,然而,一切尽在感慨中。1988年10月,唐纳在巴黎逝世。

　　* 小提示:
　　最靠近的公交车站站名:"东园"

星级指数： ☆☆

蒋纬国故居——丽夕阁

从"蔡贞坊七号"到丽夕阁

——蒋纬国故居

十全街南侧，如意弄与轴头弄之间，有一条僻静的小巷，巷口矗立着一块饱经沧桑的石牌坊，很早以前，巷子就被命名为蔡贞坊。小巷北出十全街，南达木杏桥，巷内墙壁上苔藓斑驳，藤蔓垂挂，好像在悠悠地诉说一段古老的历史。多年前，这条小巷已被南园宾馆圈入墙内。

1929年以后的一段时间，巷子迎来了它的主人——蒋介石二夫人姚冶诚与其次子蒋纬国。这里就是"蔡贞坊七号蒋公馆"，一座深宅大院。据记载，1927年，北伐胜利后，蒋介石为了政治上的需要，与宋氏家族联姻，并按照一夫一妻制的"规则"，与姚氏脱离了婚姻关系。姚氏便带着蒋纬国从上海移居苏州，先暂居东小桥弄吴忠信公馆，后在南园蔡贞坊买了一块地皮建造新居，该地原名十字圩，系菜农旱地，每亩地价一百元银洋。工程由宁波帮匠人负责，造价银洋二万元。1929年，门牌蔡贞坊七号的"蒋公馆"落成,（如今改造为南

大门

园宾馆"丽夕阁")占地约10余亩,主体建筑是一幢三层楼三开间的青砖洋房,建筑面积1 442平方米。主楼的四周,点缀着假山、亭子,园中遍植桃、李、杏、梅、枇杷等果树和各种花卉。在新居"竖屋"的那天,在苏州的姚氏亲属都纷纷送馒头、糕团去"抛梁"。苏州一位文史专家称:"虽然现在看起来这幢别墅并不算起眼,但是当时花费也是很大的,粗略算下来折合成今天的人民币也要上亿元了,足见蒋介石对这处宅院的重视程度。"

究竟什么原因,让蒋介石对已经与之离婚的姚冶诚还如此珍视呢?这里还有一个鲜为人知的传说。

历史对于姚冶诚的记载为:小名阿巧,吴县(今苏州)北桥乡人。阿巧是独生女,不幸父母早亡,由亲叔叔姚小宝抚养长大。后来,阿巧到上海五马路"群玉芳"里当细做娘姨,负责管理那些高级妓女的衣物首饰,为她们梳头,招待客人等。1911年,辛亥武昌起义爆发后,蒋介石在上海的革命党首领陈其美的领导下,经常往返于沪杭之间进行革命工作。由于秘密活动频繁,终为当局所警觉。一天深夜,他们突然采取行动,追捕蒋介石。猝不及防的蒋介石在匆忙逃跑之中,拐进一条巷子,又攀墙跳入一座院子中。这时,赶到的追兵不见了蒋介石的踪影,他们便沿巷砸门,逐家搜查。最后,当他们查到一座后院,推开一扇房门时,一年轻女子迎上前来,那女子十分镇静,回答不慌不忙,最终把官兵们打发走了。掩上门后,惊魂未定的蒋介石才从床后爬了出来,他深深敬佩该女子临危不惧,镇静自若,并对她感恩不尽,后与之结成连理。该女子就是后来成为蒋介石二夫人的姚冶诚。正因为此,不管时局如何动荡,蒋介石对姚冶诚始终念念不忘,感恩在心。

此后,姚冶诚和蒋纬国就入住新居,开始了母子二人宁静的生活。居住在附近的左邻右舍回忆起这座宅第的女主人,总是以"素雅大方,待人和气"概之。姚冶诚是虔诚的佛教徒,逢斋日便会准备菜肴分给邻居们,宅院里的桃李成熟,也会分送给附近的孩子们品尝。据说姚氏平时很爱干净,穿着打扮也颇讲究。她专门雇用了三个女佣,都是苏州本地人。下厨房做饭的娘姨是吴县光福人。南园宾馆客房部经理罗浩向笔者介绍,南楼为蒋纬国和姚冶诚所住,北楼则是一些佣人住所和放置杂物的地方,当时蒋公馆里有医生、园丁、厨师等众多佣人。为了保护这对母子的安全,"蒋公馆"四周不仅有高高的围墙,而且还有苏州警察局派来的两个门卫在这里站岗值班,实施安全保卫。

  姚冶诚居住在蒋公馆期间,蒋介石虽然不便直接去看她,但是他俩之间,鸿雁传书,联系不断。尽管很多书信都以关心纬国的生活和学习为主,然而,曾是夫妻的那份缠绵情愫不尽言表。有时,蒋介石路过苏州,便会通知姚氏,让姚氏带着蒋纬国赶到车站会面。有时,姚氏也会陪着蒋纬国到南京与蒋介石会面。据说,有一段时间,蒋介石忙于政务或其他要事,久未和姚冶诚联系,姚冶诚就以"纬国想爸爸了"为由写信给蒋介石,蒋介石一收到信,连忙派人把他们母子从苏州接到自己身边,一享天伦之乐,从另一个角度而言,天真可爱的蒋纬国也深得蒋介石欢心。

  1936年"西安事变"时,姚冶诚寝食不安,不但在家中烧香请求菩萨保佑,还备了香烛和贡品,坐着小轿,去请求高僧印光大法师为蒋介石斋戒三日,念三天佛经,保佑蒋介石平安无事。也许是天遂人愿吧,姚冶诚回到家不久,获悉蒋介石已经获释,即将乘机平安返回南京,姚氏悬着的一颗心终于放了下来,连忙去佛堂烧香,感谢佛祖。可见姚氏虽与蒋介石离了婚,但对蒋介石仍是一如既往地关心。

  蒋公馆中,陪伴女主人姚冶诚最多的当属蒋家二公子蒋纬国了。

  蒋纬国(1916—1997)虽贵为蒋介石之子,但活泼可爱,心地善良,和同学关系很好,在苏州度过的八年,也是他人生中最长的读书生涯,给老师和同学们留下很深刻的印象,更在苏州城里留下几多逸闻趣事。据说,蒋纬国经常带好朋友姚金和到家中来玩。姚氏得知姚金和是堂兄姚培芝的长子后,便将他视若己出,让他与纬国同学习、共玩耍。两个孩子很喜欢小动物,经常把家中的一条毛色油亮的黑狮子狗牵到街上溜达,有时玩得尽兴,还忘了吃饭。姚氏对他们不放心,就派佣人跟着他们,以防跑远或者忘了回家吃饭。姚氏对蒋纬国的喜爱和呵护也从中可见一斑,也正因为此,蒋纬国不管是年少时,还是成人后,一直念念不忘的就是姚氏。

  蒋纬国到了苏州后,转入东吴大学附中初一年级上学,完成了初中、高中的学业又升入了东吴大学。

  因为蒋纬国青年时代的正规教育,主要是在东吴的八年当中接受的,因此,他对东吴很有感情,堪称"爱校"学生。学校筹建体育馆,捐款在千元以上的共有6户,其中一户就是蒋纬国。体育馆正好有6对门,为纪念这6户捐资者,这6对门就以他们的名字名之,其中一对以"冶诚"命名,正是因为蒋纬国拿出的1千元就是以他养母姚冶诚名义捐赠的,可见蒋纬国对姚冶诚的感情十分深厚。直至1966年,姚冶诚病逝台中时,蒋纬国在其墓碑上镌刻"辛劳八十年,养育半世纪"的铭文,母子情深更是显而易见。

在苏州"蒋公馆",姚冶诚居住了十年光景,蒋纬国深知母亲对苏州的深厚感情,曾经多次提出将母亲的墓迁回苏州,但遗憾的是没有成行。

如今,在丽夕阁客厅的墙上,还挂着四幅照片,其中就有一张是姚冶诚在丽夕阁前和别人的合影,画中富态的姚冶诚手拿一串佛珠,神态平和,目光淡定。而在大厅后一隅封闭式的小院里,存留着一张年代久远的棋桌,为石料所做,上面刻有古文。笔者遗憾地看到,棋桌的一角已经损坏,心生感慨之余,抬起头,看到棋桌对面的墙壁上挂着一对年轻男女在对弈的油画。罗浩告诉笔者,油画中正和蒋纬国对弈的可能是他心仪的女友。静静地坐在石凳上,笔者顺着罗浩经理手指的方向,细细端详起那副形态逼真的油画:身着西服的蒋纬国双手交叠,聚精会神地看着棋子,对面坐着一端庄清秀的女孩,长发披肩,身体略向前倾着,低眉思忖,正欲挪动一颗黑棋,仿佛时间在这美好的一刻静止,静止得出奇安静而祥和。

再次低头,禁不住慢慢抚摩这张弥散温馨的棋桌,不由深深感叹:冬去春来,蒋公馆的蒋纬国由一个活泼率真的少年而长成英俊成熟的青年,在这里曾留下他多少爽朗的笑声、执着的表情、唯美的情感啊!罗浩告诉笔者:"对于蒋纬国在苏州蒋公馆发生的初恋故事,一直都有各种版本的不同说法,由于涉及的当事者本人都不在了,所以更加难以了解到最真实的情况。据说,前几年还因为此引起过一场旷日持久的官司呢!"如今,一切的一切,都"往事已成空,还如一梦中"了,作为后人,我们宁愿相信他们的爱情故事是真实地发生在苏州,演绎在蒋公馆,并且远比我们想象的还要甜蜜。

"既然大家都说这里是'蒋公馆',那么蒋介石到底有没有来过呢?"笔者向罗浩提出疑问。对此,罗浩表示,这个确实难以考证了,但是有一点是可以肯定的,就是姚氏和蒋纬国在此居住时,也曾多次外出与蒋介石见面。也有说法称,在一份蒋介石秘书的日记中透露,当年,蒋介石曾在一个晚上秘密来过苏州"蒋公馆"。当苏州沦陷时,蒋介石还将姚冶诚和蒋纬国接到重庆避难。众说纷纭,历史给蒋公馆蒙上了一层神秘的面纱,留给后人无尽的猜测和想象。

上世纪九十年代,蒋纬国曾经邀请自己就读东吴大学时的历史教师张梦白前往台湾,张老先生把蒋公馆新照带了过去,据说蒋纬国看后,非常激动,表示有生之年一定要回苏州来,但终未成行,1997年,蒋纬国突发脑溢血去世。

历史的年轮到了2007年4月,也许为了替蒋纬国完成遗愿,蒋纬国夫人邱爱伦一行,造访苏州这座宅第。虽然邱爱伦从没有在这里住过,更是第一次来,但是她对蒋公馆的情况,如二楼房间里的原有布局、姚冶诚的佛堂、楼房东侧的古井等等都"了如指掌"。毋庸置疑,蒋纬国生前一定经常跟她提起这座房子以及房间里的物品摆设。"众里寻他千百度,蓦然回首,那人却在灯火阑珊处。"如果蒋纬国生前能有机会重返故园,或许会有如斯的深深感慨。

"五七一"工程遗址

就在丽夕阁的西南二十来米处,有一座"善庆禅院",禅院北面砖雕门楼上额是篆书"大悲宝阁",北门东侧立有"善庆禅院重修记"石碑一块,记载禅院的历史。它始建于明末,清同治年间重建。据说,这禅院就是姚冶诚虔诚膜拜修行之所。

紧靠丽夕阁的西侧,就是著名的"五七一工程"遗址。

1965年冬,林彪来到苏州休养,住进苏州南园宾馆七号楼,即当年姚冶诚和蒋纬国居住的地方。"林副统帅第一号令"就在此处发出。1970年4月21日的深夜,在苏州的林彪口授了向中央政治局关于设立国家主席的建议。

1970年4月,林彪以"林办"的名义布置了一系列建筑任务,在此期间,南园大兴土木,建造了后称为南园"行宫"的地下指挥中心和地面建筑,并定名为"四二五工程"。主要项目有:连接丽夕阁和新房子的地下通道和地下指挥中心,丽夕阁二楼外加走廊,新建叶群学习室、电影放映室、游泳池以及直通林彪卧室的防护汽车库等等。

在罗浩的引领下,笔者有幸参观了整个地下通道。在弯曲的通道里,摆放着不少酷似置放弹药的木质箱子,罗经理介绍,那是放空气净化器中化学物品的。笔者亲眼见到了至今仍存放在地下通道里的手电两用通风机。每走一段通道,墙壁上都有近期工作人员配置的相关文字和图片说明。最叹为观止的是在通道的尽头,垂直摆放着一架梯子,罗经理告诉笔者,这是林彪为发生紧急情况而铺设的逃生通道(紧急出口),鲜有人知道这个通道的出口是何处。仰望着笔直的梯子,想象着当时林彪心中的多疑情节,不禁哑然失笑,如此一个在战场上叱咤风云的将军,考虑及自身的安全问题时,居然如此周密。定睛处,细数了梯子共有 20 个台阶,还看到梯子的两旁皆有扶手。内心一阵疑惑:如果昔日的林彪知晓他一手置办的宏大工程成为今日一般百姓的目睹,会是一种怎样的感受?

当有幸深入这神秘的地下室参观时,笔者却想起了约五十年前的一幕:那天,玩伴吴兄找到笔者,说是南园围墙外三步一岗五步一哨的解放军都撤走了,去捉蟋蟀吧。而当我们兴冲冲地提着工具走近高高的围墙时,一下子来了两个便衣,于是,只能悻悻地离去。走到远处,还踮起脚尖,企图探望墙内的秘密。而今,这秘密就在眼前,世事沧桑,岂不令人感叹!

那天,推开厚实的重重大门,笔者见到了那辆牌照为苏 E11097 的曾经载着林彪等人行驶在苏州大街小巷的车,不禁想象起当时林彪坐在车里的情景,也许,在车轮碾过处,留下了几多对"武装起义"成功后的喜悦,甚至有得逞后的辉煌时刻某一日到来的梦想。

往事已矣,如今的丽夕阁,大门西侧,立着一块石碑,镌着"苏州市文物保护单位 蒋纬国故居 苏州市人民政府二○○九年七月公布 二○一○年十二月立"。室内保留着装帧典雅、布局有方的风貌。设有会议室、行政套房、豪华套房、豪华标准间等。依旧能从这里的花木、砖石中追忆昔日的豪华。同时,"蔡贞坊7号"再次成为五星级宾馆的闪亮名片印刷在宣传资料上发放,一座带着浓重历史气息的古建筑,又开始焕发出新的生命色彩。

* 小提示:

最靠近的公交车站站名:"网师园"

星级指数：☆☆☆　　　　　　　　　　　　　　　志仁里阙宅——更楼

各档房型具备的民国建筑群
——志仁里阙宅

桃花坞,泛指今苏州市阊门内桃花坞大街及其周边地区。唐诗人杜荀鹤曾作《桃花河》诗,宋范成大《阊门泛槎》诗有"桃坞论今昔"句,可见桃花坞名称由来已久。明弘治年间,著名画家唐寅以卖画所蓄,购得章㮤的桃花坞别墅,取名为"桃花庵",并在四周种桃树数亩,唐寅亦自号"桃花庵主"(详见《唐寅故居》)。当时郡人多于此春游看花,一时鼎盛。桃花坞在历史上多有兴废,此处不再一一赘述。

笔者最早知道桃花坞,是由于桃花坞木刻年画。桃花坞木刻年画因为生产地集中在桃花坞一带而著名。苏州桃花坞木版年画是我国三大木版年画之一,具有400多年历史,与天津"杨柳青"年画并称"南桃北杨"。

年轻时,笔者就读于桃花坞大街西头的苏州市第四中学(最早为英国教会办的"桃坞中学")。同学中有阙中骏者,家住学校大门东侧巷南的志仁里13号。

志仁里是一组民国建筑群,坐北向南。背靠桃花坞大街前的桃花河;东接

第一排平房

仓桥浜;西至浒溪仓,而浒溪仓之西,就是著名的阊门饭店。

这组建筑群共有三排房屋,东西全长150余米。2009年,志仁里入选国家文物局主编的《2008年第三次全国文物普查重要新发现》,同年7月被市政府列为第六批苏州市文物保护单位,2011年12月,志仁里民国建筑公布为第七批江苏省文物保护单位。

苏州离上海仅80来公里,受上海影响是必然;民国时期,"海派"建筑风格影响到苏州,一些达官贵人、文人雅士从上海学来西式的建筑风格,建造自有一套给水排水系统的独居式宅院。上世纪20年代,一些经济实力雄厚、眼光远大的上海人也到苏州来买地造弄堂式公寓,在一个区域内建多个风格相似的独家小院落,进行最早期的房地产开发。一般认为志仁里建于1923年5月,其开发者,就是笔者阙姓同学的祖父。这组建筑群时代特色鲜明,规划意识明确,既有高档楼房,也有普通平房,是民国时期苏州房产租赁规模化的典型代表。建成后,房屋主要用于出租,租户大多为商铺经理、银行职员。

如今的志仁里,三排建筑的整体格局仍在。三排建筑的东西两端,第一排与第二排之间、第二排与第三排之间,都建有用于安全保障的过街楼巷门。

第一排建筑为带有石库门的六套平房,各自独立成院,如今从东到西依次为志仁里1号到6号。虽然陈旧,但仍颇为整洁,推开石库门,一股温馨的气息扑面而来。其格局前后两进,第一进门厅三间,后一进三间两厢,中间是一个水泥铺地的天井。属苏州传统建筑风格。

第二排为二层楼房,为"海派"旧式里弄房子的典型格局。总共有六个石库门,各自独立

第二排楼房

成为小院落,如今为志仁里7号到12号。门内,三开间正房带东西两厢包围着一个小天井,各有厢楼。东西两个院落的厢楼背靠背,合用一个屋脊。有的楼房的窗子上还保留着当年从国外进口的彩色玻璃。遗憾的是,由于住户各自改建,其外形已不甚统一。

最北面的第三排是三组花园洋房,东面那组为昔日阙姓主人所居。这几组房子外墙精细考究,青砖立面,凹凸分明。虽说是"洋房",但院内颇具中式风格:亭、堂、楼、轩俱全,布局古雅,雕刻精美。据这里的老住户说,过去还有池塘和九曲小桥。

如今这里正在维修,我们得以走进内部,登上东面那组最北面的一个屋顶平台。向南望,最瞩目的就是那座更楼,飞檐翘角,悄然兀立于屋顶,仿佛那是"会当凌绝顶"的超然心态之昭示。"海阔凭鱼跃,天高任鸟飞",建筑的格局,有时就代表了主人心灵的高度。

从志仁里东头的仓桥浜北行,100来米处是一座青砖抹角石条为桥栏的小石桥,人称"板桥"。桥北,就是苏州市文物保护单位"桃坞中学旧址"(苏州市第四中学)。这座笔者昔日的母校,如今高中部呈多元状态:其普高部既有与四星级名校第十中学联办的重点班,又有普通班;其职业教育部既有空乘服务班,又有空保飞行班,据说还要组建机修、空管等班级。——呈现不同档次的建筑群与彰显多元教育状态的学校靠在一起,是历史的巧合,更是时代的需求。

* 小提示:

最靠近的公交车站站名:"阊门横街"

星级指数：☆　　　　　　　　　　　　　　　　　　沈惺叔故居——主楼

喝水岂忘掘井人
——沈惺叔故居

2013年9月18日《苏州日报》登出一条消息《"升级版"平江街道老年公寓投用》，这座老年公寓在卫道观前与草庵弄的交界处，坐北朝南，门牌为卫道观前27号。

老年公寓就在卫道观之东数十米，隔着那条草庵弄。《苏州日报》载：

改造后的老年公寓占地面积1883平方米，建筑面积1770平方米，共有床位120个。据了解，改造后的公寓每个房间都加装了独立卫生间，同时，每位老人的床边还配上了呼叫系统，确保遇到紧急情况时服务人员能随叫随到。除此之外，公寓还新开辟了保健室、康复室、阅览室等公共活动场所,以保证大家在这里住得舒适。

大门朝南,门厅呈"八"字形,当中两扇铁门内缩,砖雕门额,上署"老年公寓"四个隶体字;东面是一扇平时进出的小门,有门卫;西面是一扇窗户。而门厅上有平台,围着栏杆,栏杆中间嵌着玻璃,估计是老人们晾晒衣物之处。

走进大门,就能看清里面的建筑布局。

紫藤长廊

一条爬满紫藤的长廊从门口通向北面的主建筑。紫藤架为钢筋水泥结构,白色的柱子和棚架,绿叶中缀着大红的灯笼、标语牌,甚是瞩目。老人们三三两两,坐在长条坐凳上聊着家长里短,十分融洽惬意。

长廊南端西侧,是几间沿卫道观前巷子的平房,上面就是门外能看见的晾晒衣物的平台。平房再向西,连着院子最西面那排与长廊平行的坐西朝东的楼房,实际上,这排楼房的西窗外就是与卫道观前成十字交错的纵向的草庵弄。

长廊的最北端,是掩映在绿树丛中的这座宅院的主楼。这是一座典型的民国建筑,宽敞的三开间,二层楼,水洗芝麻外墙,雕饰着正方形、长方形、菱形等各种几何图案。地面离地较高,地板下有透气孔朝外。

踏上白色水泥护栏中的几步台阶,就能来到底层正中间的前走廊,廊前是白色的水泥栏杆,却制成车木状。走廊与正中间的地面以六边形的马赛克铺设,拼有简洁的几何图案,泥墁屋顶。室内置有多组桌椅,应该是老人们休息、会客的地方。两侧房间前突,前窗下沿和走廊栏杆上部平,就如一般的厢房。

二层的结构与下面差不多,也是两端突出,当中前置阳台。两侧的屋顶南向斜坡上的雕饰甚为奇特,如伞状。

主楼东部的延伸建筑为食堂,我们去时正是中午,老人们津津有味地品尝着饭菜,几个志愿者模样的姑娘小伙子忙进忙出,给不便行走的老人把饭菜端到房间。此情此景,令人动容。

就在这座宅院的西南角,也就是卫道观前与草庵弄的交界处,路中有一口公井,构成三组的六根石柱围绕着它。附近的居民们忙忙碌碌,在井边涤衣、

"留韵"义井

淘米、洗菜。看着这些忙碌的景象,不由得想起这座宅子曾经的主人沈惺叔先生。

遍布于苏州大街小巷中的古井,最盛时有近万口,其中有相当一部分是义井。

笔者早就听说,民国二十三年(1934),住在三茅观巷的绅士沈惺叔因老来得子,发愿行善,曾在古城捐建十八口义井。据说他得到的是双生子,所以这些井都是双井圈。这是何等样的壮举!

但眼前的这口井不属于十八分之一,离这座沈惺叔故居最近的"十八分之一"在仓街北端与丁香巷的交接处。当仓街拓宽改造时,有关方面竟然将此井圈入一座围墙内并填没,在附近居民的一致抗议下,终于在围墙外另凿一井,仍用该井的名称"留韵",仍是双井圈的格局。但这种"移建"后的古迹是否还能算作古迹,又有谁能说得清呢?不过,附近络绎不绝的用水人不会忘了沈惺叔的善举。

真正的沈惺叔捐建的"留韵"义井,现存仍在使用的尚有两处,其一在白塔西路洪元弄内,另一在老阊门专诸巷内。

白塔西路 109 号,就是洪元弄,洪元弄是一条三折的向西南的小巷,井就在洪元弄 8 号门口。两个水泥井圈因时日长久,已微微显出紫色,开始误以为是武康石。井圈上有铁质扣件的残余,看来当年有井盖。"文革"中用水泥涂抹的井圈上的字,如今已逐步露出真容:最为醒目的是"留韵"两字,其他"民国二十三年""沈惺叔"等字样也能基本辨认。

如今,站在老年公寓墙角外的这口井旁北望,最瞩目的是老年公寓高耸的烟囱,看样子,这个烟囱是民国时的旧物,因为和周围的建筑颇为协调。建筑犹在,但是,对宅子的主人沈惺叔先生,我们只能知道他是保大钱庄的老板,只能知道他捐建义井的善举和推动"居士林"筹建的豪举;其他一片茫然。喝水而不知道掘井人,这仅仅用"遗憾"一词就能概括的吗?

* 小提示:

最靠近的公交车站与轨道交通车站站名:"相门"或"醋坊桥观前街东"

星级指数：☆☆

弦索琤琮，声声入耳
——中张家巷沈宅

姑苏平江路偏南段，有一条向东的巷子称为"中张家巷"。中张家巷西端与萧家巷东端对应，东至仓街南段。这条巷子原是"北巷南河"的格局，是典型的"河街相临、水陆并行"的江南水巷。巷子很窄；那条小河，一头连接原内城河，另一头连接平江河。上世纪中，河被填掉，中张家巷也就被拓宽，成了能驶汽车的宽巷子了。

中张家巷建成于北宋政和三年（1113），南宋·王謇《宋平江城坊考》有记。据笔者所知，苏州城里共有三条"张家巷"：北张家巷现仍在，位于中张家巷之北，东园之西北。南张家巷就是如今在中张家巷之南与之平行的"郏长巷"。早在六朝时期，"朱、张、顾、陆"为苏州四大姓，《吴郡续志稿》记元代海

陈云坐像

运一事，文章开头云："元起海运，朱清、张瑄出焉。两家第宅遍吴中。今朱张巷其故基也。""郏长巷"，即"朱张巷"的音变，而中张家巷因居南北张家巷之间，亦为张姓聚居，故冠以"中"为名。

巷内古建筑众多，中张家巷 3 号沈宅是一座老宅，具体主人是谁如今尚未考证出来。从两座砖雕门楼的上款都为"丙子"来看，此宅大约建成于 1936 年，若是前清的"丙子"，一般应标明皇帝年号。既然无皇帝年号，大约就是民国时期；而就其建筑风格而言，又颇具清朝特色。估计初建于清代，大规模整修于民国时期。很长的一段时间，沈宅曾作为振亚丝织厂的招待所使用，2004 年 6 月辟为"中国苏州评弹博物馆"。

评弹，苏州评话和弹词的总称。评话简单地说就是演员在台上手拿惊堂

门前铜雕

木,绘声绘色地讲故事,苏州人称为"说大书";弹词,主要为演员在台上边说表,边弹边唱,苏州人称为"说小书"。如果说评话像太湖般开阔,弹词则似小桥流水般婉约。似水长流的评弹诉说着苏州人的灵动、变通。评话仅一人表演,弹词则多为男女双档表演。

目前能见到的沈宅是一路三进,为苏州市级文物保护单位。

大门修缮一新,门左前方是一组青铜雕塑,一位说书先生从黄包车上下来,书场老板拱手相迎,生动地反应了苏州评弹艺术发展的往昔。门前抱柱联曰:"论世三千年惟妙惟肖,弹词廿四史亦庄亦谐。"

第一进为门厅,但从规模来看,似乎是当年的轿厅。面阔三间,穿斗式梁架,这是评弹博物馆的导引馆。正中额书:"中国苏州评弹博物馆",匾额下是一道屏风,画的是乾隆皇帝站着听书。厅西部,模仿当年书场的布置,架上放满茶壶,靠内是一块水牌,上悬木牌组成的节目单。厅东部,是一个青铜茶房的雕像,他左手提着茶壶,右手作欢迎状。厅中的录音机,正在播放着评弹唱腔,大弦嘈嘈如急雨,小弦切切如私语。嘈嘈切切错杂弹,大珠小珠落玉盘。玲琮悦耳,在这"中国最美声音"中,又有何人会高声喧哗!

厅后,是一个小小的天井,左侧竖有光裕社建社150年纪念石塔,乃与李根源齐名的吴中爱国名士张一麐(1867—1943)所题。天井北部是一道高高的围墙,有石库门通向第二进——博物馆展览的正厅。石库门北是砖雕门楼,额曰"紫气东来",感觉上是新制的。

正厅面阔三间,带两厢。厅前有"鹤颈一枝香轩"和"双桁鹤颈轩"。进深八界,扁作精雕梁架,有山雾云、抱梁云,雕刻精美,给人以艺术的享受。整个大厅布置成书场的形式。正前方台上是说书先生的两个座位,额曰"珠落玉盘",为苏州当代书法家费之雄所书。台前的抱柱联曰:"沧浪亭御前弹唱垂青史,光裕社启后箴言耀艺坛。"为费之雄自撰并书写。台前有百来个座位,每座之前都有桌几,上置茶杯。大厅的两壁,悬挂着多幅卷轴,分别介绍苏州评弹著名书目的大致内容。整个大厅装饰豪华,气势宏伟。在这"中国好声音"风靡一时的年代,能够静下心来,在品茗中倾听,在倾听中放松,不失为人生的另一重境界。

厅后有一座砖雕门楼,额曰:"福履绥之"。《诗·周南·樛木》:"乐只君子,福履绥之。""福履",福禄,"绥",安也。大意为祝福禄安康。

门楼后为第三进,面阔三间带两厢楼厅,门窗、地坪保

正厅

留。楼上楼下,都为评弹博物馆的主展厅。既有平面展板,又有立体雕塑,令人目不暇接。

楼下,最引人瞩目的是乾隆年间著名评弹演员王周士的画像。王周士,苏州评弹泰斗式的人物,生卒年不详,仅知为清乾隆时人。他的弹词以滑稽调笑见长,[清]赵翼说他:"自言名录教坊籍,焰段曾供宴燕九。华清承直知有无,唇舌君卿固罕偶。"坊间传说他曾在沧浪亭受乾隆帝召见,乾隆皇帝要他说书,他提出要求,必须坐着弹唱,皇帝竟然同意。也就是说,王周士是破天荒在皇帝面前翘腿而坐的艺人。乾隆四十一年(1776),王周士在苏州创建苏州弹词界同业组织"光裕公所",联系艺人和培养后人,颇起积极作用。正厅的那副抱柱联"沧浪亭御前弹唱垂青史,光裕社启后箴言耀艺坛",说的就是王周士为苏州评弹所作的功绩。

他的主要贡献在于总结了弹词艺术的说唱经验,提出许多有益的见解,这些总结虽是初步探讨,但为后世艺人所重视,产生了深远的影响。王周士留下了《书品》《书忌》等著作。

楼上,最引人瞩目的就是有关陈云同志关心评弹艺术的介绍。陈云自幼喜欢评弹,对苏州一往情深;对于评弹界的一些掌故,他如数家珍。据现任评弹学校校长、著名评弹演员邢晏芝回忆,陈云曾从她父亲邢瑞庭处借去大量三四十年代的说书脚本研读,归还时还夹了大量批注。年长一点的苏州人都知道,当年,炙手可热的江青因了一曲《蝶恋花·答李淑一》,大肆诬陷苏州评弹是"靡靡之音,听了要死人"。在那种背景下,如果没有陈云的力挺,苏州评弹早就寿终正寝了。陈云喜欢听评弹,每当欣赏完演出后,他还经常接见、宴请演员。陈云不愿烦劳评弹演员到宾馆演唱,经常在房内听录音,偶尔,也去书场听一两回书。据原苏州市文联主席周良回忆,1962年他曾两次陪同陈云去

苏州凤苑书场听书,那时陈云外出听书总带着个大口罩,台下观众无人能认出,台上演员也不知道观众席中居然坐着陈云。

目前评弹博物馆每天午后在正厅安排评弹节目两档,观众须购票入场"听书",演出前和终场后任何人都可免费参观。

回到第一厅,再度阅读那份《友情提示》,尤其是"本馆免费参观时间为上午9:00至12:00,下午15:30至17:00",实是感慨万千。无论怎么说,中张家巷沈宅是幸运的,它并不像有些名宅那样任凭风吹雨淋,在"民间"自然倒塌毁去;也不像有些名宅那样整修后当作高档会所,被锁在"深闺",平头百姓难识真容。同样,评弹也是幸运的,如果没有一代代艺人的不懈努力,没有陈云同志的真切关注,恐怕早就成为历史了。

* 小提示:

最靠近的公交车站站名:"醋坊桥观前街东"

后　　记

当我们奔波于姑苏城的大街小巷,沉迷于考察那些古老的名宅的时候,却发现了一些原先未曾估计到的问题。

目前的姑苏名宅呈多重管理模式,有的属国家所有,有的属某个单位所有,有的已变为高档会所,更多的是散为民居。所以,进入这些名宅,甚为费劲。然而,未曾亲眼所见,道听途说、网络与其他文本上的内容又岂能随便纳入文字中呢?有时候为了进入某个宅子,必须调动方方面面的关系;但如此操作毕竟有限,所以我们只能介绍那些能走进内部,能拍摄到照片的名宅。至于那些大门紧锁的宅子,只能忍痛割爱。幸运的是,凡江苏省文物保护单位、全国重点文物保护单位、世界文化遗产全部成功进入;也就是说,我们这本书中,凡属江苏省文物保护单位、全国重点文物保护单位、世界文化遗产的宅第全部入选。

宅是人的栖身之处,宅与人紧密相连,所以在介绍名宅的时候,应该也必须介绍与之相关的宅子主人。然而,在苏州的名人中,拥有多处房产者不在少数,我们只能择"优"选用。这个"优",一指众所周知者,二指保护完整者,更为重要的是指我们能够进行实地观察者。对该宅主人的其他宅院,只能尽量作些适当介绍。

另外,有些名宅历经多位宅主,我们也是如上般择"优"介绍,这个"优",既指名闻遐迩者,更指我们能收集到材料者;至于其他主人或有关人士,只能一笔带过。当然,也有少数无法分开者共同介绍。

再有,有些宅子在姑苏非常著名,但我们在其历代主人中找不出声名显赫之辈;或者说,我们无法找到其中某一个主人的生平概貌。对这些宅子,我们只能以介绍宅为主,对其主人一笔带过。

本书共撰文66篇,无非是想博个"六六大顺"的口彩。其中6篇介绍了两处住宅,故合计介绍名宅72处,又是一个"常数"。然而,与苏州古城的传统名宅和民国建筑的总量相比,不足其十分之一。

本书中述及的每一座宅子,我们都进行了实地考察并对之摄影,其中艰辛与欣慰并存。多数当今的宅主对我们十分欢迎,还有一些青年产生崇敬心理,执弟子之礼向我们咨询;但也有冷面相对,将我们拒之门外,甚至出言不逊者;

更有一些宅子常年大门紧闭,无法进入,我们只能在附近寻找"制高点",进行"空中作业"。为单位所有的宅院中,有些架子较大,费尽口舌也难以打动铁石心肠,甚至见到文物保护部门开的介绍信还支支吾吾。有些宅院,我们往来多次才得以一睹真容。"都云作者痴,谁解其中味",况且回来还有大量的资料查阅核对工作要做。

本书在介绍名宅故居的同时,兼及介绍街巷河桥、人物传奇、掌故轶闻,并作匾额楹联的赏析,力求较为全面地反映苏州的历史文化。有些成果为我们的独家考证,文责自负。只要资料能留诸后人,使之长久,也就不违我们著书的初衷了。

在本书的写作过程中,陈岚、毛昌宁、杨权栋、印铭、周颖等或提供资料,或事先预约,或亲身带领,或详细介绍,使我们的写作得以顺利进行,在此谨表感谢。当然,对那些宅子中我们虽叫不出名字,却向我们热情介绍宅院过去与现在的热情的老大爷、老大妈,以及其他帮助者,同样也表示衷心的感谢。

在本书编辑过程中,苏州大学文学院硕士研究生陈琼、冯启佳、郭晓琳、胡倩倩、胡霜、黄诗涵、刘舒宁、汪澄、王丽娜、许庄荔、袁娟娟、张梦瑶、张燕楠、宗琪参与了文字校对工作,在此也表示衷心的感谢。

书虽已付梓,但心中惴惴。挂一漏万在所难免,但更担心的是书中的谬误,写作时虽经反复查询核对,但必定还有疏漏,故请大方之家提出宝贵意见。——这厢谢了!

王家伦
2014 年 10 月于姑苏耕读轩

附录一　传统五路七进宅院布局示意图[①]

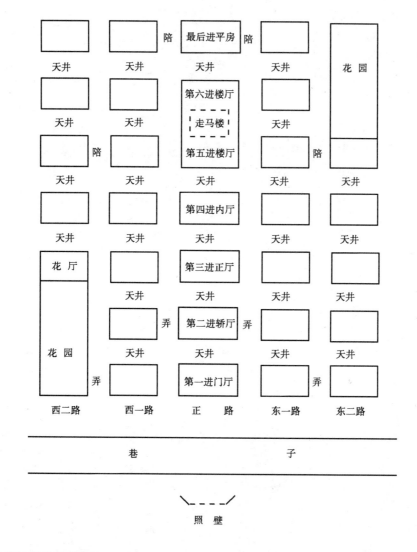

[①] 注：一般情况下，中路的规划比较规范，边路比较随意，也可设置花园，花园后的厅堂称为"花厅"。

附录二 姑苏名宅位置示意图

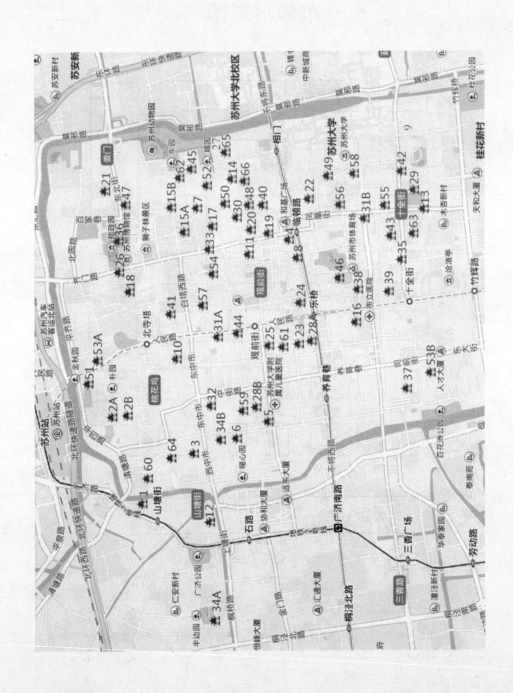

图中数字标记所对应宅名

1 吴一鹏故居
2 唐寅故居
3 杨成故居
4 张凤翼故居
5 申时行故居
6 文震孟故居
7 宋德宜故居
8 孙岳颁故居
9 彭定求、彭启丰故居
10 陆肯堂、陆润庠故居
11 吴士玉故居
12 叶天士故居
13 沈德潜故居
14 潘麟兆故居
15 东花桥巷汪宅
16 大石头巷吴宅
17 黄丕烈故居
18 西北街88号
19 潘世恩故居
20 韩崇故居
21 许乃钊故居
22 袁学澜故居
23 吴云故居
24 顾文彬故居
25 俞樾故居
26 李秀成故居
27 沈秉成故居
28 任道镕故居
29 李鸿裔故居
30 潘祖荫故居
31 吴大澂、吴湖帆故居
32 三茅观巷沈宅
33 洪钧故居
34 盛宣怀故居
35 王颂蔚故居
36 李经羲故居
37 邓邦述故居
38 章太炎故居
39 席启荪故居
40 丁春之故居
41 吴待秋、吴𣏾木故居
42 李根源故居
43 何亚农故居
44 吴梅故居
45 庞国钧故居
46 叶楚伧故居
47 汪东故居
48 潘镒芬故居
49 程小青故居
50 顾颉刚故居
51 钱大钧故居
52 郭绍虞故居
53 顾祝同故居
54 范烟桥故居
55 叶圣陶故居
56 周瘦鹃故居
57 詹沛霖故居
58 顾廷龙故居
59 严家淦故居
60 吴晓邦故居
61 韩家巷4号
62 唐纳故居
63 蒋纬国故居
64 志仁里阙宅
65 沈惺叔故居
66 中张家巷沈宅

参 考 书 目

赵尔巽.清史稿[M].北京:中华书局,1965
顾震涛.吴门表隐[M].南京:江苏古籍出版社,1986
王謇.宋平江城坊考[M].南京:江苏古籍出版社,1986
顾颉刚.苏州史志笔记[M].南京:江苏古籍出版社,1987
曹允源,李根源,等.吴县志[M].南京:江苏古籍出版社,1990
冯桂芬.苏州府志[M].南京:江苏古籍出版社,1991(与上海书店、巴蜀书社联合出版的《中国地方志集成　江苏府县志辑》(全套68册)中第7册至10册)
李嘉球.苏州状元[M].上海:上海社会科学院出版社,1993
苏州地方志编纂委员会.苏州市志[M].南京:江苏人民出版社,1995
王仁宇.苏州名人故居[M].西安:西安地图出版社,2001
苏州市房产管理局.苏州古民居[M].上海:同济大学出版社,2004
苏州市金阊区地方志编纂委员会.金阊区志[M].南京:东南大学出版社,2005
苏州市平江区地方志编纂委员会.平江区志[M].上海:上海社会科学院出版社,2006
苏州市沧浪区地方志编纂委员会.沧浪区志[M].上海:上海社会科学院出版社,2006
杨循吉.吴邑志[M].扬州:广陵书社,2006
皇甫汸.长洲县志[M].扬州:广陵书社,2006
张学群等.苏州名门望族[M].扬州:广陵书社,2006
苏州沧浪工商文化.胥江商肆[M].苏州:苏州大学出版社,2009
秦兆基.苏州记忆[M].南京:南京师范大学出版社,2009
王家伦,何大明.胥江商肆[M].苏州:苏州大学出版社,2009
汤钰林.苏州文化遗产丛书·文物卷[M].上海:文汇出版社,2010
柯继承.苏州老街志[M].扬州:广陵书社,2011
王家伦,谢勤国.苏州古石桥[M].南京:东南大学出版社,2013
张品荣.苏州老宅[M].苏州:古吴轩出版社,2014
欧阳芬.叶圣陶:在文学与教育之间[D].苏州:苏州大学,2010